ENCYCLOPÉDIE

DES

CONNAISSANCES UTILES,

IMPRIMERIE DE D'URTUBIE ET WORMS,
17, rue Saint-Pierre-Montmartre.

ENCYCLOPÉDIE

DES

CONNAISSANCES

UTILES.

Tome Seizième.

PARIS,

BUREAU DE L'ENCYCLOPÉDIE,
RUE PERCÉE, N° 11.

1836.

ENCYCLOPÉDIE

DES CONNAISSANCES UTILES.

CIV

CIVILISATION (Suite).—Les conquêtes d'Alexandre établirent d'une manière définitive la prédominance de l'Europe sur l'Asie. Il ruina l'empire des Perses, qui eux-mêmes, sous Cyrus, avaient renversé celui des Assyriens et des Lydiens. Cambyse, son successeur, avait dévasté l'Egypte et échoué contre l'Ethiopie; la Perse touchait à l'Inde. Alexandre y pénétra franchit l'Indus, et sur sa route, dans ces contrées, sema des villes et des colonies qui portèrent son nom. Il mêla plus intimement la civilisation grecque à celle de l'Asie; et à ce mélange des peuples, malgré les maux momentanés de la conquête, l'humanité gagna encore. Dès lors, l'histoire de l'Orient fut mêlée essentiellement à celle de l'Occident, et l'héritage d'Alexandre, disputé et dispersé entre ses successeurs, devint la proie de Rome qui, après la seconde guerre punique, s'élança

I.

hors de l'Italie, et engloutit rapidement la Grèce, l'Asie-Mineure, la Syrie jusqu'à l'Euphrate, l'Egypte, l'Afrique, l'Espagne, la Gaule et bientôt le reste du monde connu. Rome avait adopté toute la civilisation de la Grèce; après les premiers ravages de la conquête, elle savait ménager les peuples vaincus, y infiltrer ses lois, ses mœurs; et à la naissance de Jésus-Christ, le monde était devenu romain.

Certainement, la civilisation physique et intellectuelle était fort avancée alors; les arts florissaient; les sciences avaient découvert des vérités nombreuses, mais la dignité de l'homme était encore abaissée par le polythéisme et l'esclavage; une grande moitié de la population humaine était soumise à l'autre : on reconnaissait une nature libre et une nature esclave, et les lois les plus saintes de l'humanité étaient chaque jour foulées aux pieds. Sous le règne des empereurs, au milieu de cette civilisation brillante et factice, dirons-nous cette cruauté inhérente au caractère romain, ces supplices publics, ces tortures, ces combats de gladiateurs, cette humiliation des citoyens devant l'empereur, despote souvent vil et cruel, soumis lui-même au caprice de l'armée. Le christianisme vint, progrès immense pour l'humanité : posant en principe l'unité d'un dieu, l'immortalité de l'âme, l'égalité des hommes entre eux, rendant à la femme, jusqu'alors esclave aussi, tous ses droits, et fixant la marche que désormais l'homme devait suivre dans la voie de son perfectionnement intellectuel et moral.

Jusqu'à cette période importante de l'établissement du christianisme, nous avons vu la marche de la civilisation chez les différens peuples juxta-méditerranéens, chez qui se concentre l'histoire ancienne. La Chine, assise aux bornes de l'Orient, le Japon, l'Inde intra et extra-gangienne restèrent tout-à-fait étrangers à ce mouvement ; leur civilisation antique demeura la même ; les arts, arrivés tout de suite à un certain point de perfection, furent stationnaires jusqu'à nos jours ; car le respect, l'imitation servile de l'antiquité étaient dans les mœurs et dans les lois, et il fallait s'y conformer, ne pas même s'en écarter, sous peine de châtimens sévères réglés par les lois. La Haute-Asie renfermait les peuplades mongoles, toutes nomades et sauvages, qui, un jour, devaient s'élancer sur le monde et révéler leurs noms par le massacre et la ruine. Toute l'Europe septentrionale, sous son climat glacé, au milieu de ses forêts, attendait en silence l'heure de se montrer et de bondir sur la riche proie que l'empire romain allait lui offrir. César et Tacite nous ont donné la peinture des mœurs des Gaulois et des Germains, mœurs austères et farouches, qui s'adoucirent par le contact de la civilisation romaine qui ne pénétra pas toutefois au-delà du Rhin, dans le cœur de la Germanie, dans le Danemark et la Scandinavie, d'où devaient sortir ces torrens dévastateurs de barbares, Goths, Suèves, Hérules, Vandales, Lombards, etc., etc., sous les pieds desquels devait crouler le monde civilisé pour se régénérer de nouveau. Déjà plusieurs invasions antérieures avaient fait connaitre à Rome et à la Grèce ces nouvelles populations. Les expéditions de Brennus et de Bellovèse en Italie; celle de Sigovèse en Grèce, et l'établissement d'une colonie dans la Galatie, au sein de l'Asie-Mineure, avaient révélé les Gaulois 5oo et 3oo ans avant J.-C. Les Cimbres et les Teutons avaient menacé Rome sous Marius; sous l'empereur Claude, les Goths étaient venus échouer sur la mer Noire. Un murmure sourd et menaçant des peuples barbares se faisait entendre autour des frontières romaines; ils semblaient attendre le moment d'entrer à leur tour sur la scène du monde.

Le Ve siècle sonne la fin de la civilisation antique; les barbares, poussés par d'autres barbares, viennent heurter le colosse qui se

brise du choc, mais lentement, usé d'immenses efforts, et dans sa chute entraînant
avec lui les arts et les sciences qui ne repa-
raîtront qu'après dix siècles d'oubli.

Au nord et au nord-est, l'empire romain,
c'est-à-dire le monde civilisé, se trouvait cerné
par quatre grandes contrées barbares renfermant une multitude de peuples. La famille
scythique ou tatare, composée des Huns,
des Mongols, occupant l'Asie centrale, sur le
versant nord de l'Hymalaya, issus de cette race
mongole que nous caractériserons plus tard,
et qui, sédentaire et civilisée en Chine, était
nomade et sauvage dans les vastes steppes de
la Mantchourie; les Alains, les Bulgares, les
Avares, les Hongrois et les Turcs, habitant les
bords de la mer Caspienne, formaient un second rameau de cette famille. Toute la portion
de l'Europe au nord du Pont-Euxin et de l'A-
driatique, était couverte de la famille sar-
mate ou slave, formée des Polonais, des
Russes, des Bohémiens, des Moraves, des
Poméraniens, Welses, Obotrites, Serviens,
Croates, etc., etc. La famille germanique,
comprenait les Suèves, les Vandales, les
Bourguignons, les Lombards au nord de la
Germanie; les Goths, les Gépides et les Hérules, à l'est; les Angles, les Franks, les
Frisons à l'ouest; au centre, les Thuringiens,
les Allemands, les Souabes, les peuples

northmans restaient encore confinés dans la Suède et le Danemark. Une quatrième famille d'origine finnoise comprenait les Prussiens, les Esthoniens, les Tchoudes et les Livoniens, tous habitant les bords de la Baltique.

Ces barbares habitués au climat glacé du nord, vivant de chasse et de pêche, dans les plaines de l'Asie, sur les bords de la mer Caspienne, sur ceux de la Baltique, dans les forêts de la Germanie, se sentaient attirés par les douceurs d'un air méridional; déjà dans des temps antérieurs plusieurs peuplades avaient tenté, mais infructueusement, de se rapprocher de la lumière et du soleil. Fils d'une religion farouche, toute de sang, qu'avait importée chez eux Odin, dont on fixe l'établissement en Suède sous le règne de Mithridate, un siècle avant Jésus-Christ; Odin parti, à ce qu'on croit, des bords des Palus Méotides, et emportant avec lui les superstitions Scythes, mêlées au culte des grecs qui s'unissant à leur tour aux idées primitives religieuses du Nord, forment la religion des Scandinaves. Ces hommes à organisations fortes et énergiques le trouvèrent brusquement en contact avec les nations amollies du centre et du midi, et n'eurent pas de peine à les asservir. Le Christianisme achevait son combat de quatre siècles contre le polythéisme, et la providence avait décrété que la face entière du monde serait renouvelée, pour que la civilisation pénétrât chez toutes ces nations, que l'égoïsme de la patrie grecque et romaine qualifiait de barbares et repoussait orgueilleusement de son sein.

Enfin, au midi, d'autres barbares se taisaient, mais devaient aussi se lever à leur tour, fanatisés par une nouvelle religion, et achever la chute de l'empire ; c'étaient les Arabes partagés en trois familles, les Arabes proprement dit, ou Sabéens au midi dans l'Yémen, les Agarréniens ou Ismaélites au centre, et les Sarrasins au Nord. La grande presqu'île arabique renfermait cette population ardente et nombreuse qui allait à son tour changer la face d'une partie de la terre.

Les efforts et les talens de Constantin et de Théodose avaient maintenu à l'empire romain toute son intégrité pendant le quatrième siècle ; dans le cinquième, le torrent qu'ils avaient retardé roula sur l'empire et l'écrasa.

Sous les empereurs précédens, les Goths avaient fondé une domination puissante dans l'Europe centrale, empire qui s'étendait du pont Euxin à la mer Baltique ; ils venaient d'embrasser la foi arienne, par les efforts de l'évêque Ulphilas, leur apôtre ; lorsque, poussés par des divisions intestines, les Huns originaires du plateau central, de l'Asie, où, depuis les temps les plus reculés, ils étaient puissans et nombreux, s'avancent peu à peu vers l'Occident, et l'an 376, franchissant le Don, envahissen tles terres occupées par les Goths divisés en Ostrogoths à l'est, Visigoths à l'ouest, et Gépides au centre. Les Gépides et les Ostrogoths se soumettent, mais les Visigoths, après avoir obtenu des terre des empereurs, se révoltent, battent les Romains à Andrinople, font la paix avec l'empereur Gratien et ménagés par Théodose, sous ses indignes successeurs Arcadius et Honorius, ravagent en tout sens l'empire romain. Alaric leur roi, en 398 désole la Grèce tout entière qui ne se releva plus de ses ruines; Athènes vit périr les temples de son Jupiter Olympien, œuvre de Phidias, Corinthe, Argos, Thèbes et Lacédémone furent détruites. Les Visigoths se rejettent sur l'Italie; et tour à tour vainqueurs et vaincus finissent par prendre Rome en 410. Quelques années avant ce désastre, les Alains, les Suèves et les Vandales s'étaient précipités aussi sur les frontières Italiennes, mais Stilicon les avait forcés de retourner en Germanie d'où, joints aux Bourguignons, ils envahissent les Gaules, et ces derniers s'établissent définitivement dans la Séquanaise sous Gondicaire, leur premier roi. Les trois autres peuples chassés de la Gaule par l'usurpateur Constantin se jettent sur l'Espagne qu'ils parcourent et ravagent en tout sens, puis s'y établissent. Les Visigoths reviennent d'Italie sur la Gaule méridionale et le nord de l'Espagne, où ils fondent le royaume Goth de Toulouse, qui bientôt envahit toute l'Espagne que les Vandales viennent de quitter après l'avoir ravagée, appelés qu'ils sont sur une proie plus riche, l'Afrique Romaine dont Genseric fait la conquête et où tout périt encore sous la main des barbares. Les trahisons s'unissaient aux invasions sauvages pour la ruine du grand empire. la cour des empereurs était un réceptacle d'intrigues et de lâchetés qui n'inspirait plus que le dégoût, et la dégradation romaine ressortait encore davantage devant ces austères et chastes barbares. ennemis du luxe et des douceurs de la vie, toujours prompts aux combats comme au pillage et à la destruction. Genseric a pris Carthage, ses flottes en viennent rapporter à Rome de nouveaux fléaux ; elle est prise et livrée au pillage en 455, pendant quatorze jours et quatorze nuits ; chargé des dépouilles de la ville éternelle, des statues des dieux, des portes de bronze des temples, le roi barbare fait voile pour Carthage, où en vue du port une tempête engloutit une partie de ses richesses. A cette funeste époque pour l'empire comme pour l'humanité, Attila s'était élancé sur l'empire d'Orient traînant après lui la nation entière des Huns. La Thrace, l'Illyrie disparaissent devant lui, arrêté par d'immenses tributs que lui paie la cour de Bysance, il se tourne vers l'Occident et entre dans les Gaules déjà tant de fois ravagées, et où il achève de renverser ce qui restait encore debout; les Francs venaient de s'y établir, Aétius se joint à eux et aux Goths contre le roi barbare, et lui tue 160,000 hommes aux champs de Châlons. Attila non détruit, repasse en Germanie, d'où l'année suivante il revient encore sur l'Italie où le pape St-Léon l'arrête aux portes de Rome. Il meurt en Pannonie, et son empire est bien vite démembré; les Huns se retirent en Asie après avoir pendant quinze années accumulé sur le monde autant de ruines que tous les autres barbares réunis. Délivré de ce fléau l'empire d'Orient eut un peu de repos. Celui d'Occident continua à être en proie aux barbares établis en Italie, et enfin le dernier empereur Romulus Augustule est déposé en 476 par l'hérule Odoacre qui prend Rome et s'y établit roi de toute l'Italie.

Tous ces barbares, par leur séjour dans ces contrées civilisées, avaient adopté une partie des mœurs des vaincus; les Vandales s'amollirent bientôt en Afrique, et au bout d'un siècle offrirent une conquête facile à Bélisaire. Les Hérules, les Alains, les Gépides, toutes ces nations dont Odoacre s'était fait roi, et qu'il gouverna en paix pendant quinze ans, subissent le joug des Ostrogoths que Théodoric le grand amèn de la Pannonie. Ce furent les beaux jours de l'empire goth, qui comprenait alors l'Espagne, la Provence et tout le royaume visigoth que son gendre Alaric II lui avait laissé, que Théodoric gouverna pendant trente ans avec gloire, réparant les maux de la malheureuse Italie, effaçant les ruines accumulées par tant d'invasions, et civilisant les peuples qu'il commandait. Mais l'Italie ne devait pas se reposer encore. Justinien voulut reconquérir l'Italie pour l'empire d'Orient. Bélisaire et Narsès combattirent Totila ; cette guerre acharnée rendit Rome déserte, renversa ce qu'avait obtenu le grand Théodoric et força les Ostrogoths à quitter une contrée où les Lombards, nation féroce venue d'abord de l'Oder, et vainqueurs des Gépides, leur succèdent immédiatement et fondent dans sa partie septentrionale la domination Lombarde qui ne doit tomber que devant Charlemagne qui établira les prétentions toujours renaissantes désormais de l'empire Allemand à la suzeraineté de la haute Italie. Les villes maritimes, Capoue, Rome relèvent encore de l'empire d'Orient et forment l'exarchat de Ravenne. A l'autre extrémité de l'Europe, la Grande-Bretagne soumise par Agricola sous Domitien, ravagée d'abord par les Calédoniens, est envahie par les Anglais et les Saxons venus du Danemark et des côtes de la mer du Nord; la population bretonne est anéantie avec toute la civilisation romaine, et le peu qui en reste est confiné dans les montagnes du pays de Galles ou émigre dans l'Armorique. Enfin une autre invasion de barbares sous la fin du règne de Justinien vient menacer Constantinople. Les Huns Avares, originaires de l'Asie centrale, viennent, sous la conduite de Bacan, s'établir dans la Dacie et la Pannonie. Les Bulgares descendent le Volga, et viennent se fixer aux bords de la mer Noire sur les bouches du Danube.

Ainsi tomba la civilisation antique; tout disparut dans la ruine universelle, les cités, les arts, les sciences; dans la confusion des peuples, les mœurs des vaincus devinrent plus grossières sans cesser d'être corrompues, les vainqueurs dépouillèrent leur férocité primitive, le christianisme qu'ils avaient embrassé contribua immensément à les adoucir : mais tout devait périr, les terres étaient en friche, la dépopulation affreuse, et de nombreuses forêts couvraient les cités autrefois florissantes. Enfin en 552, sous le règne de Justinien, une peste épouvantable avait ravagé le globe. Tels furent les résultats de la grande invasion ; mais la terre était renouvelée, des vérités nombreuses étaient acquises à l'humanité qui allait marcher d'un pas plus hardi vers un but nouveau, alors surtout que la race romaine, décrépite et vicieuse, s'était retrempée du sang jeune et vigoureux des barbares du nord.

Depuis la fin de la grande invasion jusqu'aux croisades, quatre siècles se passèrent, siècles de guerres locales dans l'Europe qui achevèrent d'éteindre ce qui restait de la civilisation antique. Elle se réfugia dans les cloîtres dont les moines rendirent d'immenses services à l'humanité. Ils propagèrent le christianisme, défrichèrent les terres incultes, et en copiant les manuscrits conservèrent le dépôt précieux des sciences et des arts. Les papes aussi avaient conservé à Rome les restes de la civilisation antique, leur autorité temporelle concédée par Pepin et Charlemagne, le pouvoir moral qu'ils avaient sur les barbares qui presque tous d'ariens qu'ils étaient d'abord avaient embrassé le catholicisme, les aida dans ces nobles fonctions. L'empire d'Orient occupé de guerres continues, avec des empereurs la plupart lâches et vils ne fit plus rien pour la civilisation générale ; les disputes scolastiques et théologiques devinrent la grande occupation du peuple dégénéré de Constantinople et l'hérésie des iconoclastes anéantit, les arts dans l'empire grec.

Le septième siècle vit se lever un nouvel ennemi, Mahomet parut, les Arabes allaient avoir leur tour, et les provinces orientales de l'empire, vierges de toute incursion barbare, allaient être commel'Occident conquises et devastées. Dix ans ne se sont pas écoulés depuis la mort de Mahomet, que la Syrie et l'importante province d'Egypte, tombent au pouvoir des Arabes, l'Afrique est bientôt soumise, la Perse est conquise, le califat de Bagdad établi ; et les conquêtes musulmanes s'étendent jusqu'à la Tartarie et l'Inde. En Europe, Roderic, le dernier roi du royaume visigoth en Espagne, perd la couronne et la vie à la bataille de Xerès, qui livre à l'Arabe Tarick la possession de l'Espagne, à l'exception des Asturies où Pélage sait se maintenirla les Musulmans veulent aussi conquérir la Gaule, mais aux champs de Poiers Charles Martel sauve la France et la chrétienté en anéantissant l'armée d'Abdourhaman, lieutenant du calife Tesham. Les Sarrasins s'en vengent en faisant pendant plus de deux siècles des excursions sur le littoral de la Provence et de l'Italie, et en s'emparant de la Sicile sur les Grecs.

Après les premiers ravages de la conquête les Arabes ne furent point ennemis de la civilisation; leur système de colonies et d'établissemens commerciaux la favorisait, au contraire, ils cultivèrent avec succès les sciences et les arts, et ce ne fut que par eux que la littérature grecque ancienne fut connue en occident; on leur doit des découvertes importantes en chimie, en médecine et en astronomie.

Vers la fin du huitième siècle, apparut un homme dans l'occident, dont le génie fit des efforts incroyables pour surmonter la barbarie de son siècle, et reconstituer sur des bases solides cet empire d'occident, dont le nom avait tant de prestige encore sur l'Europe. Tout était barbare autour de lui, il fit chercher en Irlande alors paisible et savante, à Rome où restaient encore quelques étincelles, à Constantinople, enfin des savans qui pussent former sa cour et son peuple; il rassembla des poèmes et des chants teutoniques qui ont encore disparu, il encouragea les arts et voulut les tirer de leur oubli; Charlemagne est un de ces hommes véritablement grands, trop rares dans l'histoire de l'humanité que son siècle ne put comprendre, et qui, lassé d'efforts, eut encore en mourant la douleur de voir son ouvrage attaqué par de nouveaux barbares, les Northmans venus de la Norwège, et qui à cette époque avaient déjà peuplé l'Islande, et envoyé une colonie au Groenland. Ces barbares remontent les fleuves de l'Allemagne et de France, et forment des colonies de pirates sur l'Escaut, la Loire et la Seine, d'où ils sortent pour tout renverser, massacrer et piller sur leur passage. Les principes civilisateurs semés par Charlemagne s'éteignent sous ses indignes successeurs, son vaste empire est partagé, l'empire d'Allemagne est constitué, et la France reprend des limites plus étroites. Sous Charles-le-Gros, la Neustrie est cédée à Rollon qui reçoit le baptême et y établit et civilise ses soldats. En même temps la féodalité s'établit en France et dans une partie du reste de l'Europe, fondée sur la réciprocité des droits et des devoirs. Le roi est suzerain, mais le grand vassal n'est tenu envers lui qu'à l'hommage et a l'investiture, il a les droits de guerre privée, de battre monnaie, pouvoir législatif et haute justice, et puis une multitude de droits particuliers, chasse, pêche, parcours... etc.; le peuple est compté pour rien, il est serf, attaché à la glèbe, corvéable et taillable à merci et miséricorde.

L'Italie septentrionale appartient alors

toute aux Allemands, sa partie méridionale est disputée par les Grecs, qui possédaient l'Exarchat, les Lombards, les Allemands, et les Sarrasins; la puissance temporelle des appes est constituée, les Grecs perdent chaque jour de leur influence sur les villes maritimes, dont plusieurs s'érigent en républiques, déjà Venise, Pise et Gènes sont devenues des puissances respectables, et les croisades vont leur donner plus d'activité. Au commencement du onzième siècle l'arrivée de quelques pélerins Normands change la face des choses dans l'Italie méridionale, ils expulsent les Grecs et mettent fin aux incursions des Sarrasins, en Italie, et fondent le royaume des Deux-Siciles. Mais la civilisation avait peu gagné à tous ces combats, Rome vainement défendue par le zèle des papes avait vu le reste de ses monumens renversés encore, et la destruction s'était promenée pendant tout un siècle dans l'Italie.

En Angleterre, les Anglo-Saxons après s'être un peu civilisés étaient attaqués par les Danois, Alfred-le-Grand avait imité les efforts de Charlemagne sans plus de succès; les Danois embrassent le christianisme, mais ils reviennent encore sur l'Angleterre sur laquelle règnent les rois de Danemark, Suénon et Canut-le-Grand, les premiers que l'histoire nous montre comme civilisés: à cette époque aussi les rois de Suède Eric et Olarüs se font chrétiens, et l'histoire des peuples scandinaves vient se mêler à celle du reste de l'Europe; dans ce dixième siècle encore, les peuples Slaves embrassent le christianisme, Polonais, Bohémiens et Russes; les Hongrois et les Bulgares, deux peuples d'origine mongole qui se sont récemment établis dans la Pannonie, la Dacie et la Mésie, se convertissent également a près avoir tout dévasté comme leurs dignes prédécesseurs les Huns, et au onzième siècle toute l'Europe est chrétienne, excepté la portion de l'Espagne occupée par le califat d'occident, qui toujours en guerre avec les chrétiens de la Navarre et de l'Aragon, voyait lentement diminuer ses provinces. L'empire d'Orient, continuellement en guerre avec les califes d'orient, était réduit à la possession de l'Asie-Mineure et de la Grèce ; les califes de Bagdad possédaient le reste de ce qui avait appartenu à l'empire romain, et maintenaient ces vastes contrées dans un état assez florissant.

Les Turcs, les derniers des barbares, parurent alors ; ils sortent de la Turcomanie, de l'ancienne Bactriane, au-delà de l'Oxus. Enfans de la race mongole, toujours inquiète et conquérante, ils succèdent à l'empire de Bagdad, et, conduits pas Togrul Beg, petit-fils de Seljouc, attaquent l'empire grec

qui perd l'Arménie et la Cappadoce et, sous
ses successeurs, beaucoup d'autres provinces. Cette invasion des Turcs fut beaucoup
moins désastreuse que les précédentes; musulmans eux-mêmes, ils respectèrent les
vaincus, et ne succédèrent qu'à leur pouvoir.

Cette nouvelle invasion, les supplications
des Grecs menacés, le pélerinage de Jérusalem interdit aux fidèles, émeuvent l'Europe qui se précipe dans les croisades, et
pendant 150 années l'Occident se rue sur
l'Orient, fonde le royaume de Jérusalem,
conquiert pendant cinquante ans Constantinople, établit un royaume arménien qui dure
trois siècles, et se rassied enfin fatigué d'un
si puissant mouvement.

Les croisades sont un point des plus remarquables de la civilisation pendant le
moyen-âge. L'Europe par elle est sauvée
de l'invasion des Turcs, mais elle est épuisée
d'hommes et de numéraire. Le pouvoir
s'accroît, la noblesse perd en pouvoir réel
ce qu'elle gagne en titres, en illustration;
le peuple s'affranchit, les communes se forment, il y a un tiers-état. Par la nature
même de ces expéditions l'art nautique fait
de grands progrès; une carrière plus vaste
est ouverte aux spéculations, il y a de nouveaux objets d'échange, et les républiques

maritimes, Venise, Gênes, Pise, font un vaste commerce avec le Levant. Les villes manufacturières des Pays-Bas, les cités anséatiques du Nord s'établissent, et l'agriculture s'enrichit de quelques produits nouveaux : le maïs, le mûrier, la canne à sucre dans le Midi.

Au dixième siècle, déchirée, dépeuplée par les guerres sans fin, l'Europe était arrivée à un point extrême de misère et de découragement. Superstitieux et crédule, le peuple attendait la fin du monde pour l'an 1000 ; elle ne vint pas, et bientôt les croisades donnèrent aux masses du renfort et de l'activité. La civilisation s'avance par les relations des peuples entre eux et l'échange des connaissances usuelles. L'esprit chevaleresque répand de nouvelles idées d'honneur et de courtoisie dans les mœurs publiques, et les grands encouragent et cultivent la poésie qui chante leurs exploits. Les croisades donnent au génie poétique de nouvelles inspirations ; les romans de chevalerie naissent en foule, les langues vulgaires sont cultivées par les troubadours et les trouvères. Ces trois siècles, 11e 12e et 13e, féconds en grands événemens et en grands résultats, se distinguent surtout par un mouvement progressif dans les différentes classes de la société. Ce spectacle repose des six autres siècles de misère et de sang qui viennent de passer sous nos yeux. L'église catholique marche à la tête de la civilisation, le clergé possède les lumières et les sciences; il en use pour le bien commun en France; par lui *la trève de Dieu* est établie pour refréner les guerres particulières des grands seigneurs, et ce droit leur est peu à peu enlevé. En Italie les villes libres se liguent contre les gentils-hommes pour les assujétir à la loi commune; les communes en font autant en Espagne, les villes anséatiques dans l'empire germanique; l'affranchissement des serfs se fait individuel, collectif, ou général, d'un seul homme, d'un bourg, de toute une classe de sujets, et les rois de France en donnent de nombreux exemples; les communes se forment pour résister aux déprédations des seigneurs étrangers ou de leurs propres suzerains; elles obtiennent ou achètent des immunités et votent toutes leurs chartes sur la sûreté des personnes et des propriétés. Ces communes acquièrent bientôt une telle importance que Louis IX appelle leurs députés aux états du comté de Toulouse, et Philippe-le-Bel les constitue définitivement. En Angleterre, le roi Jean donne la grande charte en 1215, et sous Edouard Ier, 80 ans plus tard, le parlement et la chambre des communes sont régulièrement constitués et votent l'impôt. — En Italie, les cités libres ont leur conseil souverain et les assemblées du peuple; en Allemagne les états de l'empire admettent les députés des villes ; en Espagne, le gouvernement représentatif est dans toute sa force , en Castille et en Aragon, dès 1169.—La législation devient régulière, et la découverte des Pandectes de Justinien à Amalfi sert de base aux codes qui sont établis.

Les sciences, timides et obscures encore, commencèrent à renaître, mais les sectes scolastiques, des Réalistes et des Nominaux remplirent les écoles , et sans beaucoup de résultat firent briller les noms de Roscelin , d'Abeilard , de St-Bernard , de St-Thomas d'Aquin et de Duns Scott. Gerbert apporte les nombres arabes, Gui d'Arezzo invente les notes de musique, la chimie est cultivée avec ardeur, et nous offre les noms de Raymond Lulle et d'Albert-le-Grand. Parmi les arts, la peinture sur verre et l'architecture sont les plus florissans, elles nous laissent les cathédrales admirables de Paris , de Reims, d'Amiens, de Rouen, de Strasbourg, de Spire , etc. etc. Tel fut l'état de l'Europe à l'issue des croisades , la civilisation écrasée un instant s'était relevée , et recommençait sa marche plus large et plus hardie à travers les peuples. Cet Occident , long-temps barbare, allait insulter à l'Orient, et désormais devancer à pas de géant tout ce que cette terre antique avait produit.

Cependant le vaste plateau Mongol vomit encore ses peuplades sur l'Asie et l'Europe orientale au commencement du treizième siècle. A la tête des Mongols, Gen-Gis-Kan conquiert la Chine et revient ruiner les villes opulentes de la Bucharie et du Khorasan vers les sources de l'Euphrate. Son fils Touchi bat les Russes aux bords de la mer Caspienne, ruine les colonies du Volga ; après la mort de Tchingis, Gagour pénètre en Russie, prend Moscou, Wladimir, traverse la Pologne et la Hongrie, et pénètre jusqu'en Illyrie. Le reste de l'Europe ne semble pas s'en inquiéter ; Amangou envoie ses frères Houlagou et Kublai conquérir, l'un, le califat de Bagdad, l'autre toute la Chine, le Tonquin, la Cochinchine et le Thibet, mais il échoue contre le Japon. Kublai reste seul empereur et domine du golfe de Finlande à la mer du Sud. Ses Mongols se civilisent aux arts de la Chine, et lui-même élevé dans les sciences chinoises en devient le protecteur le plus éclairé.— La secousse que venait de recevoir l'Asie a retardé l'invasion turque commencée au onzième siècle; les sultans d'Iconium, soumis d'abord, parviennent à secouer la domination mongole et ottomane, dominent dans la Bythinie où

ils commencent le nouvel empire des Osmanlis. Orkhan, Amurat 1er et ses successeurs combattent les empereurs grecs et
leur enlèvent successivement presque toute
l'Asie-Mineure ; Bajazet, conquérant rapide
et tyran cruel, défait les chevaliers française
croisés contre lui, à la sanglante bataille de
Nicopolis ; il menace Constantinople lorsque
l'invasion soudaine de Tamerlan retarde la
chûte de l'empire. Simple émir de Resch,
Timour se fait reconnaître souverain de Sa-
marcande, et avec ces mêmes Mongols tant
de fois ravageurs du monde il fonde un
empire pareil à celui de Gen-Gis-Kan. Toutes
les contrées au sud de la mer Caspienne et
du Caucase, la Perse, le Turkestan sont
soumises et ravagées ; les populations massacrées, la Mésopotamie mise à feu et à sang,
Bagdad détruit. Le conquérant envahit
l'Inde, les lâches Indous sont soumis sans
combat et Delhi pris sur le scheik Mahmoud.
Appelé dans l'Asie-Mineure par l'empereur
Constantin et quelques émirs rebelles aux
Turcs, Timour s'élance sur l'Asie-Mineure,
défait Bajazet à la bataille d'Ancyre, et l'enferme dans une cage de fer. Smyrne est détruite ; depuis Attila, jamais conquérant féroce n'entassa plus de meurtres et plus de
ruines. Toutes les cités florissantes de l'Euphrate et du Tigre furent anéanties et ne se

sont plus relevées depuis, nul pays n'était épargné, son armée dévorante ne laissait après elle qu'un désert. Des débris de l'empire de Timour s'éleva dans l'Inde celui du Grand-Mogol, conquis de nos jours par les Anglais. Les Turcs continuent d'étendre leur puissance, et Mahomet en 1453 prend enfin Constantinople dont les habitans sont massacrés ou vendus esclaves. L'Attique et la Morée succombent en même temps.

Tel fut le résultat de la dernière invasion barbare, le simulacre qui restait du magnifique empire romain tomba devant elle après une durée de onze siècles ; cet événement, qui effraya l'Europe, servit encore la civilisation, il reporta en Italie les trésors de la littérature et des sciences grecques que le Bas-Empire, par jalousie contre les Latins, avait cachés soigneusement, et l'humanité toute entière profita de ces richesses mises enfin au grand jour. Le décret providentiel était accompli. Les Turcs depuis ne firent pas un pas de plus en Europe, et leur décadence suivit de près leur triomphe.

Pendant la longue agonie de l'empire Grec qui suivit les croisades, l'Europe avait continué son mouvement ascensionnel, excepté pourtant la France, qui, engagée dans la longue guerre de cent ans contre l'Angleterre, vit tous les malheurs foudre sur elle,

Bouleversées par les factions, déchirées par les guerres, l'Espagne, l'Angleterre et la France, perdent le fruit de leurs premiers efforts, le progrès des lumières s'arrête, l'Italie seule, malgré ses discordes civiles, voit briller les arts de la paix et se prépare à éclairer la terre une seconde fois; l'horrible peste de 1348, qui enleva un quart de la population du monde, n'arrêta pas cet élan, et secondée par les pontifes, les princes italiens, la faveur d'un peuple toujours artiste et enthousiaste, la civilisation produit des philosophes, des poètes, des historiens, des peintres, des sculpteurs et des architectes. Le Dante, Pétrarque, Boccace, les Bartholès, jurisconsultes, Cimabué, Giotto, Pierre Pisan. L'Italie dès-lors projette ses lumières sur le reste de l'Europe, on se livre à l'étude de l'antiquité, on exhume les manuscrits de la poudre des cloîtres, les ouvrages du ciseau des Grecs sortent des décombres des villes, l'Europe imite bientôt l'Italie, et un immense mouvement intellectuel prépare l'ère moderne qui s'ouvre si brillante et si civilisée. Le quinzième siècle vit encore des progrès plus vastes; l'architecture grecque renaît dans les mains de Brunelleschi; la peinture à l'huile est inventée dans les Pays-Bas par Simon de Bruges; le papier est d'un usage habituel, Albert Durer découvre la gravure sur cuivre, qui vient si à propos pour retracer les œuvres de l'antiquité qu'on exhume chaque jour, et les prodiges qu'enfantent les peintres et les nouveaux architectes. Enfin en 1436, à Mayence, Jean de Guttemberg, imagina les caractères mobiles d'imprimerie, fait immense pour la civilisation, qui grâce à ce moyen ne peut plus périr aujourd'hui. La poudre à canon, connue des Maures depuis long-temps, devenait d'un usage habituel et changea le système des armées; la boussole, découverte à Amalfi, vient puissamment guider les expéditions maritimes.

Ainsi, la société européenne allait entrer dans une civilisation bien plus avancée que celle du monde grec et romain, tombée sous les coups des barbares; elle avait pour elle l'expérience du passé, une connaissance plus étendue du globe. Le seizième siècle allait s'ouvrir pour elle avec toutes ses découvertes et ses perfectionnemens.

Deux faits immenses, à la fin du quinzième siècle, se passaient en Espagne : l'un devait agrandir le cercle des connaissances humaines et le monde lui-même, l'autre, progrès d'abord, devait amener pour cette même Espagne des maux sans nombre. Après une occupation de 779 ans, les Maures sont chassés à la prise de Grénade, leur dernier royaume ; c'est pendant ce siége mémorable, que Colomb obtient de la reine de Castille, Isabelle, trois vaisseaux avec lesquels il va découvrir l'Amérique, en 1492. Le Portugal devient aussi puissance maritime, il établit ses comptoirs sur les côtes de Guinée. En 1486, Barthélemy Diaz double le Cap des Tourmentes, qui prend bientôt le nom de Cap de Bonne-Espérance, et prépare la voie à Vasco de Gama, qui en 1498 découvre la route maritime des Indes-Orientales, établit sur les côtes de l'Indoustan la puissance portugaise, et déplace le commerce des Indes qui, jusque là, se faisait tout entier par la Méditerrannée.

Les Espagnols envahissent l'Amérique, et montrent à l'Europe étonnée l'existence d'un continent immense qu'elle ne soupçonnait pas. Sur cette vaste région deux peuples seulement offraient une civilisation avancée; d'où étaient-ils venus ? comment l'Amérique s'était-elle peuplée ? C'est un problème qui reste encore ignoré. Les Atzèques dominaient au Mexique; ils avaient des arts, des lois, des hiéroglyphes, un gouvernement bien organisé; leur religion était de sang. Dans le Pérou, les Incas, beaucoup plus civilisés, avaient des édifices, des temples magnifiques, des arts très-avancés, des lois douces, et comptaient une dynastie de rois conquérans et législateurs pendant quatre cents ans, à partir de Manco, fondateur de la dynastie et de l'empire des Incas. Tous les autres peuples américains étaient chasseurs et nomades; sur les bords du Mississipi, les Natchez seuls avaient un gouvernement régulier. Du reste, nulle notion sur les temps antérieurs, et pourtant les ruines de Palenque, les fortifications de l'Ohio annoncent le séjour de populations nombreuses et civilisées; comment ont-elles disparu, c'est ce que nous ignorons encore. L'écriture était inconnue au Pérou et au Mexique; ce moyen de transmettre à l'avenir les faits passés, est peut-être le motif du défaut de document sur ce point. L'Atlantide a-t-elle existé, est-ce par elle que l'Amérique a été peuplée? Sa population lui est-elle venue par le nord de l'Asie? Ce sont des hypothèses que l'histoire n'a pas encore confirmées. La race rouge s'éloigne trop de la race mongole pour qu'on veuille l'en faire descendre, elle se rapproche au contraire bien plus de la race indo-caucasique.

Tout périt sous les coups des Espagnol; Fernand Cortès renverse l'empire mexicain de Montézume, Pizarre, celui des Incas; la désolation et la ruine règnent sur ces contrées paisibles, les populations douces et ti-

mides sont anéanties, les peuplades plus robustes se retirent dans des lieux inaccessi-
bles d'où elles font une guerre éternelle aux
conquérans. En vain le vertueux Las-Cazas,
en vain le cardinal Ximénès défendirent les
droits des Indiens; ils succombèrent devant
le fanatisme et l'avarice, et la cruauté de
leurs farouches vainqueurs. Des historiens
ont porté à 70,000,000 le nombre des victimes
de la conquête, ce nombre peut être exagéré;
mais ce qu'il y a de positif, c'est que la dépopulation fut énorme, et que St-Domingue,
qui auit une population de 3,000,000 d'habitans, la vit au bout de quelques années, complétement anéantie. Les conquérans ne voulaient pas cultiver eux-mêmes, il fallut trans-
porter des nègres pour repeupler et fertiliser
le sol; la traite des noirs fut établie.

Il semblerait que nous sommes ainsi faits
qu'aucun progrès ne puisse s'accomplir pour
l'humanité sans que des torrens de sang ne le
cimentent. La découverte du nouveau
monde donna l'élan aux voyages géographiques; les peuples d'Europe envoient des
colonies vers l'Amérique, le Portugal s'établit au Brésil, la France aux Antilles, au
Canada, à la Louisiane; l'Angleterre à l'em-
bouchure de la Delawarre sur la côte orientale du continent septentrional; mais au
lieu des peuples paisibles de l'Amérique du

Sud, les nouveaux colons avaient affaire à
des hommes robustes et féroces , avec lesquels il fallait traiter et non combattre, et
qui repoussèrent opiniatrément toute civilisation.

Augmentation de métaux précieux en
Europe, colonies, connaissances géographiques complètes , progrès immenses pour les
sciences, tels furent les résultats de la découverte du nouveau monde pour l'Europe.
L'Espagne , si vigoureuse , arrivée à son
plus haut point de [gloire dans le cours du
seizième siècle , y épuise sa population, s'a-
mollit par les trésors qu'elle en tire et commence à s'effacer de plus en plus des états
prépondérans de l'Europe. La puissance
portugaise augmentait encore aux Indes et
au Brésil, elle allait faire des traités de commerce avec la Chine, et reconnaître le Japon où l'infatigable Saint-François Xavier in-
troduisait le christianisme. Les Hollandais
pénétraient aussi aux Indes, et le grand Archipel , les grandes îles de la mer du Sud
étaient découvertes, et de la terre il ne restait
plus d'inconnu que quelques îles et la côte
nord-ouest de l'Amérique qui furent explo-
rées dans le courant du dernier siècle.

On conçoit quels avantages immenses la
civilisation retira de toutes les découvertes;
quelle impulsion fut donnée par elles aux

arts et aux sciences. Le seizième siècle produisait des œuvres égales à celles des plus beaux temps de la Grèce et de Rome, et sous les Médicis, à Florence, à Rome, sous le pontificat de Léon X, tous les arts et toutes les sciences sont réunis, l'Italie est à la tête e la civilisation. En France, François I_{er} protège les lettres et les arts. La langue devient plus pure, une architecture nouvelle, gracieuse, mélange du gothique, de l'arabe et du grec, s'élève et nous laisse de délicieux modèles. Bientôt la réforme de Luther vient proclamer la liberté de conscience, l'humanité profite encore de ce progrès d'examen. Dès lors l'Europe a beau être sillonnée par les guerres, celles de la ligue en France, celle de trente ans en Allemagne, qui entassent bien des ruines; la civilisation a vaincu et le peuple du progrès n'en marche que plus rapide. La révolution d'Angleterre, l'abolition défintive de la féodalité sous Richelieu, la décadence de l'Espagne et de l'Italie marquent le dix-septième siècle pendant lequel la France se met à la tête de la civilisation intellectuelle et morale des peuples, tandis que la Hollande et surtout l'Angleterre marchent avant pour le commerce maritime et l'industrie. Dans cette période, Louis XIV dicte des lois à l'Europe, et malgré des fautes et des malheurs laisse la France arrivée au plus haut

point. Au commencement du dix-huitième
siècle le royaume de Prusse se forme et s'accroît rapidement , et sous Frédéric II acquiert une puissance remarquable. Pierre-
le-Grand civilise la Russie jusqu'alors mêlée
entièrement à l'Orient et laisse un empire
gigantesque qui, sous ses successeurs, s'é-
tendra encore. Les sciences mathématiques,
physiques et philosophiques sont cultivées
avec une ardeur sans égale , et la philosophie sappe avec opiniâtreté d'anciens abus,
dont elle dénote bien les causes sans indiquer de remèdes. Les découvertes géographiques du globe se complètent, l'industrie
s'accroît encore, les Anglais fondent leur
empire de l'Inde et succèdent à la puissance
du grand Mogol; par eux les sciences in-
diennes sont connues et l'histoire générale
en reçoit de vives lumières; mais tandis que
leur puissance s'accroît à l'Orient , ils perdent à l'Occident leurs provinces américaines qui se séparent de la Métropole avec
l'aide de la France , et fondent une république fédérée, indépendante, et qui acquiert
une immense prospérité.

Pendant que l'Europe progressait ainsi,
l'Orient a perdu le peu de civilisation qu'il
avait : l'antique Egypte, l'Afrique, la Syrie,
l'Asie - Mineure , courbées sous le joug
musulman des Turcs sont tombées dans

l'abrutissement ; la Perse s'est usée dans des guerres contre la Turquie et l'Inde, la Grèce se tait, sous le joug de fer des Osmanlis, l'Europe règne seule et domine la terre.

A la fin du dix-huitième siècle, un événement providentiel vient, en remuant la France de fond en comble, agiter tous les peuples de l'Europe, rappeler les droits des nations et imprimer d'un seul coup à la civilisation générale une marche bien plus rapide. La révolution française par sa propagande armée ébranle tous les vieux trônes et leur jette le défi. Elle renverse tout ce qui était debout pour reconstruire, froisse en passant bien des intérêts et bien des têtes ; mais elle laisse l'humanité plus avancée encore et plus active dans la recherche de son perfectionnement. Vingt-cinq années de guerres rapprochent les peuples de l'Europe, diminuent l'autorité absolue des rois et relèvent celle des sujets ; Napoléon, l'expression vivante de la révolution, et qui avait rêvé l'empire de Charlemagne, tombe devant l'Europe coalisée ; mais les principes populaires ont vaincu, et les gouvernemens sont partout forcés de faire aux peuples de justes et tardives concessions.

Aujourd'hui l'Europe recueille les fruits semés avec tant de peines et de douleurs par les générations précédentes; vingt années de paix ont permis de réaliser des succès immenses; chaque jour les peuples émancipent la presse, qui, quoiqu'elle serve trop souvent d'organe à la calomnie, jette d'éclatantes lumières sur les gouvernemens et les peuples. Les sciences physiques depuis cinquante ans ont acquis un développement prodigieux, la chimie et la géologie ont été créées, la découverte de la vapeur et ses applications, celle des chemins de fer ont ouvert une nouvelle voie à l'industrie qui a grandi depuis trente années d'une manière gigantesque; et l'on est en droit d'espérer de plus grands succès peut-être de la liquéfaction du gaz et de leur vaporisation si on peut parvenir à la graduer. Les aréostats que l'on n'a pu dompter jusqu'à présent pourront peut-être mieux obéir à l'homme et maîtriser le vent. Ces résultats n'ont point été bornés à l'Europe, l'Orient lui-même s'est agité; la Grèce a rompu ses chaînes, l'immobile Turquie s'est reveillée de son sommeil, et a voulu avoir aussi les arts et les sciences européennes; l'Egypte dirigée par un homme de génie a fait fructifier les semences lancées par l'expédition française de 1799. Des Français ont porté chez les Rajas de l'Inde des étincelles de la civilisation de leur patrie; des colonies anglaises vont féconder les îles de l'Australasie, la traite des noirs et bientôt leur esclavage sont abolis chez toutes les nations européennes; la Méditerranée reprend l'importance commerciale qu'elle avait jadis sans que l'Océan perde de la sienne; la conquête d'Alger a détruit la piraterie et reporte sur le sol africain une civilisation exilée depuis douze siècles. Sur le nouveau continent, l'Amérique-Espagne se séparant de la mère-patrie qui la négligeait a formé une série de républiques qui prospèreront avec le temps; le Brésil s'est constitué en empire florissant et libre. La dernière révolution de la France, celle de la Belgique, celle de l'Espagne, les mouvemens de l'Italie prouvent encore mieux cette impatience d'un état meilleur, et ce besoin de perfectionnement qui travaille incessamment la société.

Ainsi nous avons passé en revue la civilisation humaine sur le globe, nous l'avons vue peu en Orient, passer en Europe, s'y voiler un instant sous les invasions des Barbares, mais s'infiltrer peu à peu chez ces mêmes Barbares adoucis, policés et instruits par le christianisme, et qui deviendront un jour les civilisateurs du reste du globe, et reporteront bientôt sur l'Orient les trésors des sciences et des arts que l'Europe en a reçus il y a près de quatre mille ans. Nous n'avons point mentionné les peuplades toujours sauvages de l'Afrique centrale, de l'Australasie, races noires qui n'ont qu'à de rares intervalles montré quelque civilisation ; les Abyssins, les nègres de Tombouctou, ceux de Guinée; les Achantis, ont seuls présenté un gouvernement et des lois.

Aujourd'hui que nous avons toutes ces preuves du perfectionnement physique et intellectuel de l'humanité, nous pouvons nous demander quelle est cette civilisation, si elle ne peut pas crouler un jour devant une autre invasion de Barbares comme celle de la Grèce, comme celle de Rome. L'histoire du monde nous a présenté ses trésors transportés dans la série des temps d'un peuple à un autre peuple, errant ainsi successivement sur le globe à travers les différens peuples. N'en peut-il pas être ainsi de notre Europe? Une dissolution de la société actuelle par un pareil moyen ne paraît pas probable; une invasion ne pourrait venir que des Tartares, les anciens Huns du grand plateau asiatique, mais entourés de peuples puissans et civilisés, il est probable qu'ils se briseraient contre eux plutôt que de les entamer, et d'ailleurs, l'artillerie qu'ils ne possèdent point, qui exige des connaissances si exactes, des préparatifs si longs, si dispendieux, leur manqueront toujours et armeront leurs adversaires ; la

race rouge américaine est à peu près anéantie, il est très douteux que la race noire res-
tée jusqu'à présent dans l'esclavage, qui n'a
rien fondé, rien maintenu, devienne un jour
assez puissante pour dominer la race blanche. Si la civilisation actuelle pouvait périr
ce serait par une catastrophe physique du
globe, et encore, si la destruction n'était
pas universelle, l'imprimerie a trop produit
pour que quelques débris n'en échappassent
pas pour venir instruire et guider le monde
nouveau.

A voir l'état actuel de l'Europe sous le
rapport des sciences, des arts, des institutions superficielles, on s'étonne, on s'enor-
gueillit que l'intelligence humaine soit arrivée à ce point. Mais, si l'on soulève le voile,
que de misères encore dans cette société; le
paupérisme, le fléau des états modernes, pèse
de tout son poids sur les classes inférieures
encore ignorantes et abruties, et pour le
prouver, nous n'aurions qu'à citer comme
aux temps les plus barbares les croyances
de la populace, à l'empoisonnement des fontaines à Paris et à Madrid, à l'invasion du
choléra, et les deux massacres qui en furent
la suite; la guerre civile actuelle avec ses
égorgemens en Espagne. Les classes plus
élevées sont dévorées par l'égoïsme et la cu-
pidité. L'indifférence religieuse générale fa-

vorise en paix le déchaînement des passions humaines dans la vie habituelle. Néanmoins l'humanité en général ne cesse de progresser; mais il lui reste encore un champ immense à parcourir pour que la population entière du globe participe aux bienfaits sociaux dont la civilisation moderne a couvert l'Europe. Il nous reste à examiner, maintenant que nous connaissons la marche de cette civilisation de la terre, quelles ont été les influences du climat, des lieux, du régime des institutions religieuses et politiques, des races, et quels ont été leurs résultats sur l'humanité elle-même.

Les hommes durent d'abord s'établir dans les lieux les plus fertiles, les climats les plus tièdes, toutes conditions les plus favorables du bien-être. alors que les arts n'étaient pas encore inventés, l'homme était astreint nécessairement à la vie la plus instinctive, à n'avoir encore d'autre souci que sa nourriture Aussi voyons-nous les contrées chaudes de l'Asie. l'Inde, la Mésopotamie, la Syrie, et enfin l'Egypte peupler les premières. Mais sous ces climats la mollesse et la douceur du ciel et du sol influèrent sur les habitans, la civilisation y prospéra vite; mais, après une première période de conquêtes, leur sort fut d'être continuellement la proie du plus fort, et lorsque l'Europe, au commencement

agreste et vigoureuse, se rua sur eux, ils furent constamment soumis. Sous d'autres
cieux encore, mais avec ces mêmes conditions de chaleur et de fertilité, des populations ont toujours langui dans l'oisiveté; sa-
tisfaites de dormir au soleil, de se nourrir
des fruits que sans culture la terre produisait autour d'elles : ainsi certaines peuplades
nègres du Sénégal, les Indiens d'une grande
portion de l'Amérique méridionale, les
Océaniens de la mer du Sud. Au Nord, au
contraire, les peuples obligés de lutter sans
cesse contre l'intempérie des saisons, d'ar-
racher laborieusement à une terre ingrate la
nourriture qu'elle leur refusait; obligés de
faire de la chasse une occupation principale,
ont acquis une vigueur et une énergie à laquelle ont toujours cédé les peuples du
Midi. Cette différence de climat, ce besoin
d'un ciel plus doux, d'un sol plus facile a
tourmenté sans cesse les nations septentrionales jusqu'à leur civilisation complète;
c'est à cette grande cause que doivent être
attribuées les émigrations fréquentes de ces
peuples à différentes époques. Toutefois
leurs territoires n'étaient pas assez ingrats
pour ne pas récompenser une culture assi-
due; car la civilisation n'aurait pu s'y établir, et nous voyons combien le Nord a pros-
péré après une longue série de siècles, il est

vrai. Mais sur les terrains tout-à-fait infertiles, la population n'a jamais pu se répandre, elle a dû y vivre nomade et vagabonde,
tels sont les steppes de la Tartarie, les pampas
et les savanes de l'Amérique, les déserts sablonneux de l'Arabie et de l'Afrique. Les
climats tempérés ont réuni les conditions les
plus propres pour le développement physique et intellectuel de l'homme, et le midi
de l'Europe a toujours marché à la tête du
genre humain. Le genre de vie, le régime,
ont eu d'autres influences non moins importantes ; la nourriture exclusivement végétale énerve le corps et l'ame, aussi les peuples frugivores et pasteurs ont-ils généralement été paisibles et attachés au sol ; les
carnivores, au contraire, habitués à la vue
du sang, essentiellement livrés à la chasse,
ont-ils été belliqueux toujours et conquérans quand ils l'ont voulu. Tous les Barbares que nous avons vus s'élancer sur l'Europe n'étaient point agriculteurs ; car l'agriculture attache au sol, elle a des animaux
domestiques moins pour s'en nourrir que
pour s'en aider dans la culture, se vêtir de
leur laine, vivre de leur lait. Les peuples
chasseurs et par conséquent carnivores n'ont
pu se civiliser qu'à la longue, et dans l'Amérique ils ont opiniâtrement repoussé toute
sociabilité, toute gêne, et cette vie sauvage

et errante avec son insouciance du lendemain, ses joies de la victoire, a des charmes
qui ont fait abjurer à de jeunes Indiens
élevés dans les villes de l'Europe au sein des
arts, de la civilisation, la vie étrangère qu'ils
avaient apprise. et préférer rentrer dans les
bois. D'un autre côté ce régime uniquement
de chasse et de chair n'a pas favorisé la population, qui jamais n'a grandi beaucoup ; car
remarquons bien que les peuples conquérans
du Nord n'étaient point seulement chasseurs ; ils avaient quelques arts, émanés jusqu'à eux des souvenirs d'une colonisation
première qui leur avait donné naissance. Les
nations icthyophages ne sont jamais arrivées
bien haut ; cette nourriture exclusivement
composée de poisson, peu réparatrice, a été
la source d'une multitude d'affections cuta-
nées qui a défiguré ces populations.

Une cause adjuvante encore pour la civilisation se trouve dans la situation géographi-
que des peuples, permettant avec les autres
des communications faciles. Les cités maritimes comme Carthage ont eu une prospérité
rapide, les premières grandes villes, Babylone,
Ninive, ont été bâties aux bords des fleuves,
toutes conditions capables de permettre des
transports rapides, des communications fréquentes. Cet échange de produits, de connaissances, a fait avancer les arts et les sciences,

poli les mœurs, assoupli le caractère natif. Les nations montagnardes comme celles du Caucase, de l'Immaüs et de l'Atlas ; celles placées au milieu d'immenses continens, isolées du reste du monde et n'ayant entre elles que de rares communications ; comme celles de l'intérieur de la haute Asie et de l'Afrique, sont restées dans leur barbarie native, tandis que celles qui habitent des continens moins vastes sur les bords des mers, sur le cours des grands fleuves ont été les premières civilisées. Aujourd'hui la prospérité de l'Europe résulte principalement de ses rapports avec tous les peuples, des communications fréquentes et fondées avec toutes les parties du monde, qui transportent les produits industriels, les productions du sol d'un peuple à l'autre, échangent ce que l'un possède en trop contre ce qu'il n'a pas lui-même, enfin qui forment ce commerce immense et général, un des faits les plus importans de l'ère moderne.

Les religions et les institutions sont encore d'une autre influence sur la civilisation ; l'idée primitive d'un dieu unique et rémunérateur se perdit bientôt parmi les hommes et fut conservé chez les Juifs, les prêtres de l'Inde et de l'Egypte ; le polythéisme naquit ; et s'il ne favorisait pas l'essor de la morale humaine, du moins il ne gêna pas l'imagination qui bientôt l'enrichit de tous ses charmes et divinisa par reconnaissance tout ce qui pouvait protéger l'homme, et par crainte ce qui pouvait lui nuire. Les cultes sauvages d'abord, le sacrifice humain chez quelques peuples, l'immolation des enfans à Saturne; à Carthage, les offrandes sanglantes à Teutatès; chez les Gaulois, à Rome même, le sacrifice secret d'une Gauloise et d'une Romaine qui, dans les grandes calamités, étaient enterrées vives, subsistèrent long-temps néanmoins, mais avaient presque disparu lorsque le christianisme, religion de paix et de simplicité, vint régénérer la face du monde, ordonner au peuple le sentiment de leur dignité première, abolir l'esclavage et créer la civilisation moderne; il fut la source de la grandeur et de la prospérité européenne; l'islamisme au contraire, qui vint bientôt avec lui partager le globe, en établissant le dogme de la fatalité, en imposant une obéissance absolue aux descendans du prophète empêcha, malgré quelques salutaires préceptes de morale, toute idée d'avancement et de progrès. Aussi voyons-nous en quel état de misère et de décadence sont tombées toutes les contrées soumises aux mahométans. Le christianisme s'était établi par la persuasion, le mahométisme se propagea par la puissance du sabre; cela nous donne la mesure des résultats que l'un et l'autre durent obtenir. Les religions de l'Asie et de la Chine avec le principe grand et élevé de l'unité de Dieu, bornées aux prêtres, ont laissé de stupides superstitions aux peuples, et en consacrant le respect exclusif et éternel pour les préceptes et les arts antiques, ont arrêté tout progrès.

Les peuples du Midi ont eu pour caractère principal une vie molle et efféminée, une soumission instinctive au despotisme, qui pesa toujours sur eux de tout son poids; une civilisation d'abord assez rapide; mais, une fois arrivée à un certain point, stationnaire. En Égypte et aux Indes même, ces deux contrées, sources de la civilisation humaine et qui y avaient touché si vite, la division en castes infranchissables, les professions inféodées aux familles, la supériorité despotique des prêtres, l'absolutisme complet des chefs, arrêtèrent tout essort ultérieur. En Chine, malgré son immobilité, il y avait progrès; puisque toute autorité appartenait aux lettrés, et que les emplois étaient aussi ouverts à tous ceux qui voulaient y parvenir; mais l'administration quoique assez bien organisée, n'en était pas moins souverainement despotique et écrasante pour le peuple. En Europe au contraire le principe d'élection fut la base de l'élévation des

chefs, les villes s'organisèrent de bonne heure
sur des institutions municipales et les grandes
républiques s'établirent. L'empire romain
avait établi sur le monde un despotisme militaire qui croula sous les barbares; ceux-ci
avec les institutions les plus libres dans
leurs forêts, vinrent écraser les vaincus, ramener l'ignorance, et finirent eux-mêmes
dans la confusion universelle par courber le
front sous les chefs qu'ils s'étaient donnés.
Mais les principes du chistianisme avaient
triomphé; le serf avait remplacé l'esclave,
le clergé toujours chétif et accessible à tout
maintenait le principe libre de la précmi-
nence de la science et du talent; les masses
long-temps opprimées se relèvent aux croisades, aux guerres religieuses de la réforme,
les révolutions de l'Angleterre et de la
France achèvent de faire triompher ce principe de révolte sans lequel aucune véritable
civilisation n'est possible. Nous ne citerons
point ici l'influence des gouvernemens sauvages des nègres, de ceux de certaines parties de l'Amérique, de l'Océanie; à part
quelques rares exceptions, tous se bornent
à l'élection d'un chef, la domination du
prêtre jongleur et dans quelques-uns la su-
prématie d'une noblesse féroce et despotique.
Sous un pareil règne toute civilisation n'est
pas à espérer. La barbarie y a régné dès l'ori-

gine et sauf l'acquisition de quelques arts grossiers, indispensables à la vie, elle persistera tant qu'elle ne sera pas éclairée par les rayons étrangers.

En terminant cette esquisse de la civilisation humaine et de la marche laborieuse mais constante à travers les siècles, nous dirons combien tous ces trésors ont besoin de la paix pour se répandre; ce n'est pas que les guerres n'aient été aussi des moyens civilisateurs en mettant mieux les peuples en contact, en mêlant le vainqueur avec le vaincu plus civilisé, et en forçant le premier à prendre peu à peu les lois et les coutumes du second; mais les barbares du nord s'adoucirent au contact de la civilisation gréco-romaine, les sauvages mongols conquérans de la Chine, se soumirent à ses mœurs et à ses sciences, mais la paix seule peut faire fructifier les germes de progrès industriels et moraux semés dans les peuples. — La civilisation aussi a ses vices; l'ambition, la jalousie de la fortune et des rangs, l'affreux désir du luxe!.. la friponnerie, la duplicité sont des plaies enhérentes à elle; mais comparons-les à l'état barbare, à l'ignorance, à la férocité, à la misère du Tartare, du Bédouin, du Nègre, de l'Indien, et il est probable que, comme Jean-Jacques dans un accès de farouche humeur, nous ne mettrons pas le barbare au dessus du civilisé qui tout vicieux qu'il peut être, est encore moins mauvais qu'un sauvage.

Nous avons considéré la civilisation en grand ; nous ne nous demanderons pas quel est le point où elle doit s'élever pour le plus grand bonheur des peuples , si la vie simple et frugale de certaines populations exemptes d'ambition et de luxe, n'est pas plus nécessaire au bonheur que la civilisation littéraire et industrielle la plus élevée; quel sont les inconveniens d'une civilisation trop raffinée, quelle influence elle peut avoir sur la détérioration matérielle et morale de l'homme, sur les maladies qu'elle amène..., tous ces détails nous entraîneraient trop loin.

Ainsi nous avons vu les quatre grandes races humaines s'agiter et passer sur le globe, la race blanche partir du pied du Caucase et des plaines de l'Inde, marcher toujours la tête levée, étonnant le reste de l'humanité. La race jaune ou mongolique, divisée en deux portions, civilisant la Chine, le Japon, une partie de l'Asie orientale, mais d'une civilisation stationnaire qu'elle n'a jamais dépassée, et l'autre errante sur le grand plateau asiatique en descendant à différentes reprises pour conquérir et ravager une portion de la terre et rentrer dans ses déserts sans avoir rien fondé. Enfin la race noire con-

finée en Afrique, naître et vivre pour l'esclavage, recevoir de la race blanche des connaissances, des arts et des lois sans en pro-
fiter; enfin être véritablement d'une infé-
riorité morale aux autres races. L'histoire
de la race rouge ou américaine n'est pas
assez complète pour nous permettre de la
juger, la civilisation du Mexique et du Pérou
était assez élevée, d'où vient-elle? on l'ignore
encore. La race rouge, comme la race mongole, a toujours en général préféré la vie errante et oisive, la vie de chasse ou de pêche,
à l'état sédentaire et agricole.

Toutes ces migrations de peuples, ces mélanges sans nombre de vainqueurs et de vaincus ont considérablement effacé les restes pri-
mitifs des races, cela était nécessaire pour que
la civilisation pût mieux pénétrer chez toutes.
Le dix-neuvième siècle marque le commencement de cette civilisation générale qui
marche à pas de géant et qui, essentiellement agricole et industrielle, relèvera les
nations opprimées, donnera du bien-être
aux masses, et pourra tripler la population du
globe.

V. MARTIN.

CIVILITÉ.—Cérémonial de convention,
qui consiste à observer dans le monde certaines règles, certains usages, certaines démonstrations extérieures, en vue de se don-

ner des témoignages réciproques de considération, de respect, d'estime. — Manière honnête de vivre et de converser dans la société; connaissance exacte des bienséances. Il n'est pas besoin de dire que ces démonstrations varient suivant les pays, que telle action qui chez nous est impérieusement commandée par l'usage, peut être proscrite comme très incivile chez d'autres peuples. Ainsi, ôter son chapeau quand on salue ou quand on est en compagnie, est, chez les nations européennes, le premier acte de la plus simple civilité; chez les mahométans, c'est manquer à l'honnêteté que de se découvrir la tête et d'ôter son turban Les règles de la civilité diffèrent aussi selon l'âge, le sexe, la position, le rang des personnes; nous n'entreprendrons pas de les énumérer; ce sont de ces choses qu'on apprend mieux par la pratique que par la théorie, par la fréquentation de la bonne société que par les livres. Nous ne renverrons même pas nos lecteurs *à la civilité puérile et honnête*, qui mérite bien son titre par les puérilités et les sottises dont elle fourmille. Qu'il nous suffise de faire ici une courte observation. C'est à tort que l'on confond souvent la *civilité* avec la *politesse*. Fléchier semble avoir fait cette faute lorsqu'il a défini la civilité: un commerce de mensonges ingénieux pour se tromper. La civilité réduite à ses règles les plus strictes, est l'observation de ces bienséances sans lesquelles il n'y aurait pas de société possible.

La civilité ne devrait tromper personne, car elle ne dénote pas nécessairement les sentimens intimes. Loin de là, une excessive froideur peut quelquefois sans affectation se plier à toutes les exigences de la civilité. On se rappelle le mot de Piron : nous nous saluons, mais nous ne nous parlons pas. La *politesse*, au contraire, est une manière, de vivre, d'agir, de converser, qui veut être aimable, bienveillante, qui veut plaire. Ce n'est pas à dire que ces démonstrations soient toujours moins superficielles, plus sincères ; non sans doute, elle est peut-être la plus mortelle ennemie de la franchise. La politesse, dit Dufreny, est l'art d'insinuer la flatterie et le mensonge. La politesse, dit aussi Bernardin de St Pierre, est un mensonge que les hommes ont substitué à la cordialité, lorsqu'ils ont substitué l'apparence des vertus aux vertus mêmes.

C'est parce que l'or est rare que l'on a inventé la dorure, qui sans en avoir la solidité en a tout le brillant.

A. Husson.

CLAIE, espèce de cadre ou de châssis formé d'un nombre plus ou moins considé-

rable de petites gaulettes, maintenues parallèlement à des distances appropriées à
l'usage qu'on se propose, par une chaîne
d'osier. La claie est en usage dans plusieurs
genres de travaux différens. Le jardinier s'en
sert pour débarrasser le terrain des pierres
qui s'y trouvent; le maçon, pour ramener
le sablon à une grosseur égale. La claie
étant placée sous un angle de 45 degrés environ, et soutenue sur deux montans droits,
l'ouvrier lance à la pelle, contre elle, avec
une certaine force, la matière qu'il s'agit de
cribler, et qui se divise en fragmens de gros-
seurs différentes; les plus gros retombent
du côté de l'ouvrier, et les moindres traver-
sent la claie. — Le nom de *claie* s'applique
encore à cette espèce de bâtis à compartimens
creux, que les orfèvres et les travailleurs en
métaux précieux placent sur le sol de leurs
ateliers pour arrêter dans leur chute les
parcelles d'or et d'argent qui tombent des
tables de travail.

Hipp. Lacroix.

CLAIR, clarté, clair-obscur. Le premier de ces mots est ordinairement employé
pour désigner la propriété que possède un
corps de répandre beaucoup de lumière,
d'être éclatant.

C'est là sa signification propre, elle a donné
lieu à plusieurs autres acceptions qui se rap-

prochent plus ou moins du sens primitif. Ainsi on dit *un appartement clair*, pour indiquer que la lumière du jour y pénètre facilement ; une eau *claire*, bien transparente, qui laisse passer les rayons lumineux ; on dit qu'une étoffe est de couleur *claire*, par opposition aux couleurs obscures qui réfléchissent moins les rayons lumineux.

En parlant des sons, *clair* signifie net, aigre, facilement perceptible, par opposition aux sons graves qui sont plus confus et qu'on distingue moins facilement. Enfin ce mot est employé au figuré : *une affaire claire*, évidente, manifeste, sans obscurité.

La *clarté* est l'action de la lumière qui rend les objets extérieurs sensibles à l'organe de la vue ; ce substantif prend presque toutes les nuances de signification de l'adjectif dont nous venons de parler. En considérant la clarté comme effet physique, nous renvoyons nos lecteurs au mot *lumière*.

Clair-obscur, terme de peinture, est en général la manière de traiter les jours et les ombres. On dit d'un peintre qu'il entend bien le *clair - obscur*, lorsqu'il détache bien les figures par une heureuse disposition des ombres et des points éclairés. H. Thébaut.

CLAN.—(histoire moderne). Ce mot, que l'on peut considérer comme le synonyme de *tribu*, n'est presque plus usité en Écosse,

où il s'appliquait particulièrement aux habitans des montagnes. La division du pays en
comtés, baillages et juridictions de schérifs
a fait tomber en désuétude cette ancienne
d'nomination, née dans les temps de féodalité,
et qui devait s'évanouir avec eux... Mais les
romans de Walter Scott ont rajeuni ce terme:
les *clans* et leurs chefs jouent un grand rôle
dans les compositions de ce peintre si vrai,
si riche de coloris, si heureux à retracer les
figures historiques que la tombe a renfermées.

Chaque Clan ou tribu des montagnes de
Granpian, de Pentland-Hill, de Tweedale ou
de Lammer-Moor, durant cette suite de
siècles ténébreux qu'on a nommés le moyen-
âge, ne reconnaissait pour maître que le seigneur dont le gothique château s'élevait, au
milieu des chaumières de cette peuplade,
sur le pic sourcilleux. Les seigneurs chefs
de Clan, peu empressés de descendre à la
cour des rois d'Ecosse, ne se faisaient point
leurs courtisans; ils secouaient souvent le
joug de leurs édits, et ne voyaient guère en
eux que les généraux de l'armée écossaise.
Il est vrai que les lois mêmes de la monarchie donnaient à ces petits tyrans le droit de
vie et de mort sur leurs vassaux, et l'exécution du coupable se faisait dans les 24 heures
de son arrestation. Ainsi maîtres des actions
et de l'existence des montagnards, par l'ar-

bitraire plus encore que par la législation du
royaume, les nobles châtelains usaient de
leur Clan comme d'une propriété matérielle;
dans les différends qui s'élevaient entre eux
et leurs voisins, soit pour ambition, soit dans
un paroxisme de vaine gloriole, ils poussaient les unes contre les autres ces populations serviles; et celles-ci, dont la première
qualité consistaiten un dévouement passif à
la volonté des maîtres, guerroyaient si souvent qu'elles versaient le sang avec indifférence, et devenaient barbares par habitude.

Mais ces mœurs sauvages n'existent plus
en Ecosse, même au fond des populations
les plus agrestes; la civilisation a pénétré
dans les montagnes de ce pays avec les nobles
qui avaient vu le monde, qui connaissaient
les lettres, les sciences, les arts, le mouvement progressif des sociétés. Ce caractère
sombre et sanguinaire, triste héritage des
Calé loniens et des Pictes, qui s'était conservé
dans ces co. trées à la voix des puis·ances
féodales, a fait place à des habitudes douces,
bienveillantes, hospitalières, sans que, toutefois, l'audace et le courage des vieux Ecossais se soient altérés.

Maintenant le Clan de la montagne offre
un caractère particulier, qui fut une prompte
conquête des temps modernes : ceux qui le

composent sont heureux à se résigner dans les situations les plus difficiles de la vie; ils apprennent dès l'enfance à maîtriser leurs passions, deviennent de plus en plus sobres, et se montrent très-économes... Aussi les assassinats, les meurtres par vengeance et le vol, sont-ils rares en Écosse, surtout dans la partie montagneuse de ce royaume.

Les paysans qui habitent la montagne, ceux dont la réunion se désignait plus particulièrement par le mot Clan, ont en général les os forts; ils sont maigres, déliés, constitués pour supporter la fatigue. Leur physionomie est un peu dure, mais elle respire la franchise. Le costume écossais a subi peu d'altération depuis trois siècles; nous en donnerons donc une idée assez fidèle en le décrivant tel qu'il était du temps de Marie-Stuart; cette description s'harmonise d'ailleurs avec le mot ancien qui forme le sujet de cet article.

Les montagnards portaient un manteau d'une étoffe de laine, rayée de diverses couleurs formant des quadrilles : cette étoffe, appelée *tartan*, a prêté tout récemment son nom à des schalls fabriqués en France, et dont les dispositions sont empreintes des dessins écossais, comme nos imaginations imitatrices le sont de tout ce qui vient de l'Écosse. Les élégans de ce pays tiraient vanité de la combinaison des couleurs du tartan employé dans leur habillement; car sous son manteau le montagnard portait une sorte de juste-au-corps pareil à ce même manteau, dont l'ampleur était quelquefoi' de douze aunes. On l'attachait ordinairement autour de la taille avec un ceinturon de cuir, de manière à retomber devant et derrière comme un jupon, ce qui lui faisait tenir lieu de haut-de-chausses. Cet habillement s'appelait *phétig*. Les bas étaient aussi de tartan; on les fixait au dessous du genou avec des jarretières de laine bigarrée, se terminant par des glands. L'habitant de la montagne avait pour chaussure une espèce de sabots en cuir non tanné; il se couvrait la tête d'une capote de laine bleue. A la ceinture qui retenait son *phétig* étaient suspendus un couteau et une dague; en voyage, l'Ecossais y joignait un pistolet artistement fait et incrusté d'argent; les anciens seigneurs chefs de Clan portaient avec orgueil une épée de fer trempé, fabriquée par l'Espagnol André-Ferrara.

L'habit des femmes était, comme celui des hommes, fait de tartan, mais d'un tissu plus fin, d'un arrangement de quadrilles plus coquet. Il consistait en une jupe et en une camisole à manches étroites; garnie ou sans garniture, selon la condition, par-dessus, elles jetaient un manteau qui s'agrafait sous le menton. Pour coiffure elles avaient un fichu de toile fine arrangé avec élégance. Les dames écossaises portaient leur manteau d'une manière fort gracieuse, et en laissaient retomber, en longs plis, la draperie jusque sur leurs pieds.

Tout ce costume qui, nous le répétons, a peu changé, diffère essentiellement de celui des Ecossais de la plaine, qui, à quelques détails près, ressemble à l'habit anglais. Après la défaite de Culloden, les Clans avaient été contraints, par arrêt du parlement, de renoncer à l'habillement que nous venons de décrire; mais, depuis quinze ou vingt ans, les paysans de la montagne l'ont repris; et même les nobles châtelains le portent ordinairement l'été, parce qu'il est plus léger et permet tous les mouvemens du corps dans ces longues chasses, à travers les montagnes, dont les Ecossais sont idolâtres.

Les montagnards écossais ont un penchant naturel pour l'harmonie : il existe sur leurs coteaux des poètes innés, et dont le langage cadencé a quelque chose de l'épopée. Ils se forment eux-mêmes aussi à moduler des airs d'une délicieuse simplicité. On a transporté sur les théâtres de Londres plusieurs chants inventés par ces Rossini montagnards; mais on les avait gâtés par d'insipides

accompagnemens, tels que peuvent les produire des compositeurs anglais. Plus heureux, dans sa ravissante partition de la *Dame-
Blanche*, Boïeldieu a su imiter ces motifs si
candides, si suaves, dont le génie seul peut
ravir le secret à la nature.

Nous bornerons ici notre notice sur le mot
Clan, mot qui, dans nos mobiles affections,
dans nos enthousiasmes capricieux, a eu son
tour de vogue, ainsi que tout ce qui nous
vient de l'étranger, porté sur les ailes d'une
grande réputation. Mais, nous devons le
redire en terminant, les Clans, avec leurs
habitudes calédoniennes, leur vie hostile et
sanglante, leurs chefs au sombre visage, à
l'épée forte, leurs vieux châteaux, *Wids* cré-
nelés d'une barbare aristocratie, n'existent
plus que dans les romans de Walter-Scott
ou de ses malheureux imitateurs, et tout ce
qui se rattache aux anciens usages de ces
peuplades ne se révèle, pour les yeux, que
dans les Clans d'opéra-comique.

ʃTOUCHARD-LAFOSSE.

CLARIFICATION. — Opération qui a
pour but de séparer ordinairement sans recourir aux filtres toute matière étrangère
tenue en suspension dans un liquide. On
emploie différens moyens suivant les liquides sur lesquels on veut agir; tels sont le repos, l'action de la chaleur et de la lumière,

l'addition de la gélatine, du blanc d'œuf, du charbon, de l'alun, de l'alcool, des acides, etc.

En général, on a recours à la chaleur pour les liquides qu'une température de 800 (Réaum.) n'est pas susceptible d'altérer mais la chaleur seule ne peut suffisamment agir que sur ceux qui contiennent de l'albumine, comme la plupart des sucs végétaux.

Pour d'autres liquides, surtout les sirops, il faut se servir du sang ou du blanc d'œuf que l'on verse dans la liqueur avant qu'elle soit parvenue au point de l'ébullition. Il faut étendre préalablement le blanc d'œuf dans une quantité d'eau suffisante pour bien le diviser et le mêler promptement à toute la masse. La chaleur le coagule bientôt; il monte à la surface, sous forme d'écume, entraînant avec lui toutes les parties hétérogènes insolubles dans le liquide.

On emploie la gélatine pour clarifier les liquides chauds; mais on se sert de la gélatine et de l'albumine à froid pour les vins, les cidres, la bière; c'est cette opération qu'on appelle *coller le vin* (parce qu'on se sert souvent d'ichtyocolle ou colle de poisson.)

Le charbon clarifie les liquides en agissant sur eux d'abord mécaniquement, comme filtre, puis chimiquement par des attractions particulières; il enlève, en effet, souvent l'o-

deur et la chaleur des fluides qui le traver-
sent. On fait usage du charbon pour clarifier les eaux corrompues ; on l'emploie aussi
à purifier les huiles.

Hippolyte Thébaut.

CLARINETTE, instrument de musique
à bec et à anche, inventé à Nuremberg il
y a 125 ans environ, aussi n'est-il pas encore aussi perfectionné que les autres instrumens à vent d'origine plus ancienne. La clarinette tient dans les orchestres militaires le
même rang que le violon dans la musique
dramatique. Nous ne parlerons pas des méthodes pour apprendre à jouer de cet instrument, ni des beaux morceaux qui ont été
écrits pour lui ; ces détails ne peuvent être
bien placés que dans un traité spécial de
musique.   Usson.

CLASSE, classement, classification, sont
autant de mots dont l'acception ne peut
être bien comprise que quand on aura étudié
ce que l'on entend par *idée générale, genre,
sciences*. Voyez ces différens mots.

CLAUDICATION, s. f. de *claudicare*,
action de boiter, démarche des boiteux. La
claudication est moins une affection particulière qu'un symptôme commun à divers états
pathologiques des membres abdominaux.
Elle est native ou acquise, mais elle est d'autant plus fréquente que les déviations et les

déformations se remarquent plus souvent dans les membres inférieurs que dans les supérieurs, observation qui s'applique aussi bien aux difformités congéniales qu'à celles qui surviennent après la naissance. Elle peut être produite par les parties solides ou molles, ou par une d'elles seulement.

1er ordre de causes. Une direction vicieuse et une déformation du bassin, le défaut de parallelisme entre les cavités cotyloïdes, le raccourcissement ou l'élongation du fémur et du tibia, la courbure du premier, l'incurvation du second, le renversement des pieds en dedans ou en dehors, la fracture des os avec perte de substance, ou chevauchement des fragmens, etc.

2e ordre. Une maladie des articulations, le rhumatisme, l'ankilose, la sciatique, la section des muscles, surtout à leur point de départ et d'insertion, une vaste cicatrice, la rétraction des tendons, l'inégalité dans la force musculaire, la paralysie, etc. *Si crassi nervi et musculorum capita in femoribus præsertim vulnus acceperent, necessaria est claudicatio.* Les causes modifient la station et la marche, elles impriment à tout le corps un balancement pénible. Peut-on boiter des deux jambes, il faut pour cela que les appareils locomoteurs soient vicieusement conformés d'une manière absolue et relative ;

dans le premier cas, ce serait un mode de progression substitué à un autre, dont l'habitude pourrait peut-être diminuer un peu les désavantages. Si un membre n'avait perdu que quelques lignes de sa longueur, on ferait augmenter d'autant l'épaisseur de la semelle du soulier. Nous n'indiquerons que ce moyen. Aux mots *prathèse* et *orthopédie*, on décrira les divers appareils employés contre cette infirmité.

A. MÉNESTREL.

CLAUSE. — C'est une disposition particulière qui fait partie d'un traité, d'un édit, d'un contrat, et de tout autre acte public ou particulier. (Voyez, pour la nature des clauses, les articles du code civil 1156, 1157, 1158, 1159, 1160, 1161 et 1162.) Les clauses ne sont que les conditions d'un contrat, elles sont donc aussi variées que les intentions des parties contractantes sont diverses. Les jurisconsultes ont cependant établi une sorte de classification générale.— Ils distinguent 1° la *clause comminatoire*, 2° la *clause dérogatoire*, 3° la *clause irritante*, 4° la *clause pénale*, et 5° la *clause résolutoire*.

La clause comminatoire se dit d'une certaine peine stipulée dans divers contrats, et qui se trouve apposée soit dans un testament, dans une loi, ou dans un jugement. Le mot *comminatoire* vient du latin *comminari*, menacer. — La clause dérogatoire n'est plus d'aucun usage, et nous nous dispenserons d'en faire l'explication. — La clause irritante est celle qui annule tout ce qui serait fait au préjudice d'une loi ou d'une convention. La clause pénale est ainsi définie par l'art. 1226 du code civil : « une personne, pour assurer l'exécution d'une convention, s'engage à quelque chose en cas d'inexécution. » C'est une espèce de compensation pour celui qui souffre dommage. —La clause résolutoire est ainsi expliquée par l'art. 1183: « C'est la condition qui, par son accomplissement, opère la révocation de l'obligation, et remet les choses au même état que si l'obligation n'avait pas existé. Elle ne suspend point l'exécution de l'obligation, elle oblige seulement le créancier à restituer ce qu'il a reçu, dans le cas où l'événement prévu par la condition arrive. » L'art. 1184 dit encore que la clause résolutoire est toujours sous-entendue dans les contrats synallagmatiques, pour le cas où l'une des parties ne satisfera point à son engagement.

JOANNY AUGIER.

CLAVECIN, CLAVIER, voy. PIANO.

CLAVICULE du latin *clavis*, clé. Dans l'anatomie de l'homme, on désigne sous le nom de clavicule un os contourné en S italique, appartenant à l'épaule, et placé au dessus et en avant de la poitrine, entre le sternum et l'éminence acromion de l'omoplate. Sa forme est prismatique et triangulaire dans ses deux tiers internes, et aplatie dans sa partie externe. Cet os, moins courbé et plus long dans la femme que dans l'homme, est situé presque immédiatement sous la peau, et fréquemment exposé aux luxations et aux fractures, soit directes, soit par contre-coup. Elle donne attache à plusieurs muscles et aux ligamens qui l'assujétissent aux os voisins. Dans les grands mouvemens de l'épaule, elle remplit l'office d'arc-boutant. En raison de sa position sous la peau, cet os forme une saillie longitudinale, qui, plus marquée chez les personnes maigres, circonscrit en dehors et en avant l'espace creux, triangulaire du bas du cou, qu'on nomme vulgairement les *salières*.

Envisagée dans toute la série des animaux vertébrés, la clavicule subit toutes les modifications de structure qu'exige la variété des fonctions des membres antérieurs qui agissent avec plus d'aptitude dans tous les genres de locomotion terrestre, aquatique et aérienne, dans la préhension des corps et surtout dans les grands efforts pour surmonter ou vaincre des résistances. Elle ne manque presque jamais dans les animaux vertébrés, ou du moins, si elle ne s'offre pas à l'état osseux ou cartilagineux, on peut toujours constater la présence d'un petit faisceau tendineux qui en est le vestige.

Chez tous les mammifères qui en sont pourvus, cet os conserve son nom. Chez les oiseaux il prend celui d'*os furculaire* ou en *fourche*, parce que les deux clavicules droites et gauches soudées de très-bonne heure, ont cette forme Dans les reptiles, les clavicules offrent de nombreuses variations, et la détermination de ces os présente assez de difficultés ; on le nomme encore *os furculaire*, quoiqu'il n'en ait pas la forme dans toute cette classe d'animaux. Les poissons dont la ceinture scapulaire ou épaule se prolonge sous la gorge, ont aussi un os claviculaire, analogue à celui des mammifères et à l'os furculaire des oiseaux et des reptiles, avec cette différence que le côté concave de la fourche est du côté de la queue et non vers la tête, comme dans les oiseaux.

Les naturalistes nomment encore claviculé le columelle des coquilles spirales, les pointes des oursins, et le deuxième article de la cuisse des insectes N. CONSTANT.

CLÉ, autrefois *clef*. Instrument qui sert avec les serrures à fermer les portes. Il est d'un usage très ancien, on s'en servait avant la guerre de Troie : il en est parlé dans la

Genèse et dans le livre des Juges. Les clés des Romains étaient en bronze ; celles que l'on fait maintenant sont en fer. Ce petit instrument, qui sert à ouvrir et fermer les serrures, se compose d'un *anneau*, d'une *tige*, et d'un *panneton*, qui est percé selon la confection de la serrure et des *gardes* qui y sont placées. La multiplicité de ces gardes oblige quelquefois à refendre tellement la *clé*, qu'elle perd beaucoup de sa solidité ; aussi depuis quelques années le serrurier Fichet a-t-il inventé une serrure dont la clé est très-simple et très-solide, le panneton n'ayant aucune fente, mais seulement plusieurs *crans* qui soulèvent successivement des *gardes mobiles* dans la serrure, lesquelles retombent à mesure que la clé est passée, et rendent impossible l'usage d'une autre clé que celle même qui a été faite pour cette serrure.

On nomme *clé forée* celle dont la tige est creusée, et *clé bénarde* celle qui est terminée par un bouton. Lorsque quelque chose gêne le mouvement d'une serrure, si l'on emploie trop de force, on peut fausser sa clé. Une clé faite pour une serrure à l'insu de son maître est une *fausse clé* ; l'usage en est criminel, et puni des travaux forcés. La simple altération d'une clé est un délit punissable de trois mois à deux ans de prison, quand même on n'en aurait pas fait usage,

On nomme également *clés* des instrumens particuliers qui servent à tourner des vis dans certains meubles, comme couchettes, armoires, ou pour des pianos, pistolets, fusils à vent, ou bien pour ouvrir et fermer les robinets. Enfin on donne aussi le nom de *clé* à la pièce que l'on met en dernier pour forcer les embouchoirs de bottes ou de souliers.

On s'est servi du mot *clé* pour désigner, dans un cintre et dans une arcade, la pierre que l'on place en dernier, et qui, fermant la voûte, presse et affermit tous les voussoirs et met dans la possibilité d'enlever les échafaudages qui jusque là avaient servi à soutenir pendant la construction chacun des claveaux de la voûte. Dans une simple arcade la *clé* est d'une seule pierre, tandis que, dans une voûte en berceau, la *clé* est composée de toutes les pierres qui forment la longueur de la voûte. Dans une voûte en arc de cloître, c'est-à-dire celle qui est formée de quatre parois se réunissant au milieu, la clé est taillée en croix.

Dans quelques monumens antiques, on voit des *clés* ornées de figures allégoriques ; les plus remarquables sont celles des arcs de Titus, de Constantin et de Septime Sévère.

On dit aussi avoir la *clé* d'un roman ou d'un ouvrage dans lequel les personnages sont désignés sous des noms supposés, tels que dans Gargantua, Cyrus, le Catholicus d'Espagne, l'histoire amoureuse des Gaules, les amours du grand Alexandre, les caractères de la Bruyère, les lettres de Saumaise, Casaubon, etc.

On appelle *clé* en musique un caractère qui se met au commencement d'une partie. Voy. au mot *notes*.

CLÉMATITE, genre de plantes de la famille des *renonculacées*. Nous ne citerons que l'espèce la plus connue dans nos climats, la *clématite blanche*, vulgairement appelée *viorne*, *herbe aux gueux*. Sa tige est sarmenteuse, ses rameaux, très alongés, faibles, sont anguleux, grimpans, légèrement pubescens ; les feuilles sont opposées, imparipinnées ; leur pétiole commun est très long et se roule souvent en vrille à son extrémité. Les folioles, au nombre de cinq, sont pétiolulées, ovales, subcordiformes, aiguës, entières, ou grossièrement incisées ou dentées; les fleurs sont blanches, disposées en une sorte de cime pédonculée, c'est-à-dire qu'à l'aisselle des feuilles supérieures il existe un pédoncule commun, d'abord simple, qui se trifurque plusieurs fois avant de porter des fleurs. A la base de chaque division du pédoncule, on trouve des feuilles florales entières de plus en plus petites. Le calice est formé de quatre sépales étalés, elliptiques, alongés, obtus, tomenteux sur leurs deux faces, caducs et d'un blanc terne. Les étamines sont très nombreuses, dressées, un peu plus courtes que le calice. Les fruits sont surmontés d'une longue queue plumeuse en forme d'aigrette, chargée de poils blancs et soyeux. Cette espèce croît dans les haies, le long des murailles ; elle est extrêmement commune aux environs de Paris et dans la plus grande partie de la France.

Propriétés et usages. L'âcreté que l'on remarque dans les espèces des genres renoncule et anémone, existe aussi dans le genre clématite. Si l'on applique les feuilles fraîches et pilées sur quelque partie du corps, il s'y manifeste bientôt une vive inflammation suivie de phlyctènes qui se crèvent et s'ulcèrent. Des mendians emploient souvent ce moyen pour se former sur les jambes des ulcères superficiels, et appeler sur eux la pitié des passans. Pris intérieurement, le suc ou l'extrait de la clématite peut, à certaines doses, développer tous les symptômes de l'empoisonnement par les poisons âcres. Cette âcreté disparaît en grande partie par la dessiccation, et en totalité par suite de l'ébullition dans l'eau ; aussi, dans quelques contrées de l'Italie, les gens de la campagne mangent-ils les jeunes pousses de la cléma tite, après les avoir fait bouillir.

J.-L. Numa.

CLERC, CLÉRICATURE et CLERGÉ.
Voy. ECCLÉSIASTIQUE et ÉGLISE.

CLIENTELLE. Confier le soin et la direction de sa santé ou de ses affaires à un médecin, un avocat, un notaire, un avoué, un architecte, etc., avoir recours à leurs conseils, c'est être leur client. Aujourd'hui le nom de client est plus usité que celui de pratique, et dans la plupart des métiers, des professions, on dit avoir une clientelle pour dire qu'on a des pratiques. (Voy. les mots MÉTIER, PROFESSION.)   E. D.

CLIMAT, du grec *climer*, région, expression dont on se sert pour désigner la température, l'état habituel de l'air d'un pays ; ce qu'il éprouve sous l'influence continue des vents, des saisons, de l'humidité, de la sécheresse, des conditions ordinaires du sol, mais spécialement du ciel.

Nous ne partagerons point les climats comme les zones (voyez ZONES) en torrides, tempérées, et glacées ; nous les comprendrons en climats chauds, tempérés, froids et très-froids.

Les climats chauds comprennent toute la portion du globe située entre les deux tropiques, par conséquent la plus grande partie de l'Afrique, de l'Amérique méridionale, de la Nouvelle-Hollande, de l'Arabie, la partie sud de l'Asie, toutes les grandes îles de l'Aus-

tralasie et la plus grande portion des îles innombrables du grand archipel de la mer du
Sud. — Les climats tempérés s'étendront
du trente-unième degré de latitude, soit
boréale, soit australe, au cinquante-cin-
quième, comprenant au nord presque toute
l'Europe, toute la Haute-Asie, la Grande
Tartarie, la plus grande portion de la Chine,
le Japon, le nord de l'Afrique, les États-Unis
d'Amérique ; au sud, le cap de Bonne-Espérance, la terre de Diemen, la Nouvelle-Zé-
lande, le Chili, Buenos-Ayres, la Patagonie.
Les climats froids comprennent du cinquante-
cinquième degré de latitude au soixante-
sixième, c'est-à-dire jusqu'au cercle polaire,
savoir la Suède, la Norwège, une bonne partie
du Danemarck et de la Russie, l'Islande, la Sibérie, les possessions anglaises de l'Amérique,
le Labrador et la nouvelle Gaule ; au sud
la Terre de Feu, le Nouveau-Shetland et une
immense étendue de mers. Toute cette portion antarctique du globe est beaucoup plus
froide que l'autre partie boréale, tant à cause
de la plus grande abondance de glaces polaires que parce que le soleil y demeure un
peu moins de temps que dans l'autre hémisphère. — Enfin, dans les pays très-froids,
nous comprendrons toute les terres au-delà
des cercles polaires, la Laponie, la Russie
Blanche, le Spitzberg, la Nouvelle-Zemble,

les îles de la nouvelle Sibérie, la côte septentrionale de l'Asie habitées par les Tongouses,
les Ostiaks, les Samoièdes, le nord du Kams-
chatka, l'Amérique russe, les îles de la mer
Polaire, les terres peu connues de la baie de
Baffin et de celle d'Hudson où errent quelques peuplades d'Esquimaux. L'hémisphère
austral ne présente autour du pôle que des
mers et des glaces.

La latitude ne détermine pas d'une manière
absolue le climat d'un pays, il dépend encore beaucoup du gisement du sol, de son
exposition, de sa hauteur, de son humidité
ou de sa sécheresse, de sa culture, du voisinage des montagnes, des plaines, des déserts, des fleuves, des marais, des lacs, des
mers, etc. Ainsi les parties bien cultivées et
bien peuplées de l'Europe sont beaucoup
plus chaudes que celles de l'Asie et de l'Amérique placées sous la même latitude. Le Canada sous la latitude de l'Allemagne est aussi
froid que la Suède ; Philadelphie éprouve
des froids de Moscou ; l'Europe, beaucoup
plus froide autrefois, comme nous le voyons
par les descriptions que nous ont laissées les
anciens, a vu sa température s'adoucir beaucoup par l'influence de la population et des
défrichemens. Nul doute qu'à mesure que
la population du globe augmentera, que les
cultures successives auront abattu les forêts

trop vastes, desséché les marécages, certaines portions encore aujourd'hui glacées ne deviennent habitables. Pourtant il existe certaines causes naturelles qui dérangent d'un seul coup tous les calculs à ce sujet. Depuis deux siècles le Groenland, autrefois habitable, a cessé de l'être ou du moins s'est considérablement refroidi : cet effet est attribué à l'extension des glaces arctiques. Quelle est la cause de cette extension? Nous l'ignorons, aussi bien que celle qui produit des hivers plus rigoureux les uns que les autres. De même on a noté qu'en Europe depuis cinquante années les saisons étaient devenues fort irrégulières ; la cause s'en trouve facilement dans le déboisement irréfléchi des montagnes ; pratique malheureuse qui a fait au sol les plus grands maux en amenant le desséchement des sources, le déchaînement des orages sur les plaines, tandis que les montagnes boisées absorbaient les nuages et rendaient leur humidité en ruisseaux portant au sol la fraîcheur et la fertilité. C'est surtout en France, en Espagne que ces faits sont d'une observation journalière : cette dernière ne doit qu'au déboisement la sécheresse et l'infertilité de ses terrains en beaucoup d'endroits.

Le voisinage des mers exerce une influence favorable sur la température, il empêche l'excès du froid et tempère la chaleur par les brises qui soufflent du large. Celui des grands lacs produit un effet analogue ; mais, multipliés dans un pays, ils le refroidissent considérablement par l'humidité qu'ils dégagent, surtout lorsqu'ils sont abrités par des montagnes. La température baisse également sur le bord des grands fleuves. La position élevée du sol établit en général pour la mesure du calorique les mêmes degrés que la latitude; et sur les penchans des montagnes de la zone Torride, dont le front est couronné de neiges éternelles, on peut retrouver tous les climats. Les vents ont encore une influence plus marquée sur l'état de l'air. Comparons les versans septentrionaux des grandes chaînes, toujours battus du vent du nord, aux côtes exposées au midi : quelle différence dans la température et les productions. Quels changemens encore dans nos contrées sous l'influence du vent, selon qu'il souffle du nord ou du sud ; quelles modifications subites de chaleur ou de froid par ces grands mouvemens atmosphériques destinés à rétablir l'équilibre dans le fluide aérien qui nous entoure. Aux grands bois, aux marécages est encore due la fraîcheur : celle des premiers est salutaire, celle des seconds n'amène que l'infection de l'air, et les maladies, les fièvres intermittentes pernicieuses qui dépeuplent périodiquement certaines localités, tandis que les déserts sablonneux au contraire, dans la zone Torride, rayonnent une chaleur affreuse, échauffés qu'ils sont par le soleil ; et dans les hautes et vastes plaines de la Tartarie, dans celle de la Pologne et de l'Ukraine réfléchissent le froid le plus intense.

Les saisons, par la longueur des jours, rétablissent les proportions de température, même dans les climats les plus froids. Le Groënland a des jours aussi chauds que l'équateur, quand le soleil se maintient plusieurs semaines de suite sur l'horizon et que des vents et des orages ne viennent pas voiler ses rayons. Mais cet été est court et le froid reprend bientôt son empire.

Essentiellement cosmopolite, l'homme a pu habiter tous les climats, excepté ceux du pôle et ces déserts brûlés qui ne produisaient aucun végétal. Dans ces climats variés, habités par lui, la nature a placé des animaux appropriés au sol, et qui l'ont aidé à l'exploiter : le bœuf, le cheval dans nos régions tempérées ; le chameau dans le voisinage des déserts de l'Afrique et de l'Arabie ; l'éléphant dans les plaines fertiles de l'Inde ; le renne sous le ciel glacé du pôle, afin d'y remplacer les animaux domestiques pour le Lapon, le Samoïède et l'Esquimau. A la faveur des influences que nous venons d'énumérer, et souvent malgré elles, l'homme a pu croître et multiplier. Son habitation pourtant paraît bornée par le 70e de latitude nord et 55e de latitude sud. Dans cet espace et sous les influences précitées, la température ne parcourt guère plus de 70 degrés de l'échelle thermométrique de Réaumur. Quoique Pallas ait dit avoir éprouvé en Sibérie un froid de 50 degrés, nos voyageurs modernes aux terres polaires, les capitaines Parry et Ross n'en ont pas observé plus de 42°. Quant à la chaleur, il est excessivement rare qu'elle passe 33° à 34° sous les tropiques et l'équateur, dans les endroits habités. Au désert elle est plus forte, mais cet excès n'est dû qu'à la réverbération des sables. En revanche, les nuits souvent y sont excessivement fraiches ; dans ces climats chauds, la température baisse tout d'un coup de 10 à 15 degrés, et établit une compensation marquée avec la chaleur des jours.

On concevra tout de suite combien ces différences de climats ont dû influer sur le développement physique et moral de l'espèce humaine, et combien il est important d'en tenir compte dans son histoire.

Sous les climats chauds, entre les tropiques, la nature semble avoir placé une exubérance de vie qui se manifeste par une fertilité, une multiplicité de produits excessives dans les végétaux comme dans les animaux. Là se rencontrent les plantes aux plus actives propriétés, les végétaux les plus gigantesques, les oiseaux aux couleurs les plus vives et les plus brillantes ; les quadrupèdes et les reptiles les plus grands, comme l'éléphant, l'hippopotame, le chameau, les boas, les grands crocodiles. La lumière y est toujours vive, la température à peu près constante, de 22°, terme moyen ; les alternatives de jour et de nuit presque toujours égales par la proximité constante du soleil ; les saisons régulièrement divisées en saison sèche et en saison des pluies, pendant lesquelles on voit les orages les plus terribles et les sécheresses les plus ardentes. Débilitée par la chaleur, n'habitant que les plages fertiles, la race humaine s'est identifiée aux qualités du sol ; de couleur foncée, depuis le noir de jais (Nègres, Cafres, Australasiens) jusqu'au jaune foncé (Malais) et rouge brun (Américains méridionaux), elle présente une multitude de nuances en couleur ; une vie rapide, une maturité hâtive est son partage. La grande chaleur diminue chez elle l'activité du système respiratoire pour la reporter à l'action cutanée et à l'impressionnabilité du système nerveux ; de là cette tendance à l'exaltation, aux passions extrêmes, sans durée, il est vrai, mais terribles dans leurs effets premiers; ces excès effroyables d'amour, de vengeance, de fanatisme, de cruauté. Mais ces passions énergiques et brutales ne sont que les élans de la faiblesse et de l'oisiveté. Rien n'est mou comme l'habitant des tropiques; la faiblesse du corps amène celle de l'esprit, celle du cœur; ces peuples n'ont jamais rien produit, leur destinée toujours été d'être la proie des habitans hardis des climats moins énervans; de tout temps ces plages ont été le séjour de l'esclavage; l'Européen qui y vient vivre y perd son activité vigoureuse, et les créoles revêtent tous les défauts du ciel.

Chez ces nations le système veineux prédomine en général, ainsi que le système bilieux, et contribue non moins que le soleil à donner à la peau cette teinte foncée qui les distingue. Les femmes, réglées et nubiles dès huit ou dix ans, sont déjà fanées et vieilles à trente; et les facultés génératrices, quoique fort actives, n'ont pas de résultats bien favorables pour la population. La nature produit des végétaux en abondance: ils font la base de la nourriture, qui en général est restreinte et demande à être excitée par les épices fortes pour stimuler un appareil digestif atone et paresseux.

Sous les *climats tempérés*, quoique les portions les plus rapprochées des tropiques nous offrent un tableau à peu près pareil à celui que nous venons de faire, nous trouvous une température douce éloignée des extrêmes du chaud et du froid, la plus favorable à la variété des productions végétales et au développement de l'espèce humaine et des animaux domestiques sans lesquels elle ne pourrait subsister. Aussi est-ce dans ces contrées que l'histoire a placé le berceau de l'homme, est-ce là encore qu'il a acquis son plus grand développement physique et intellectuel, que la population s'est le plus accrue, que les arts et les sciences sont arrivés au plus haut point de perfection. Ces peuples auront les premiers soumis les autres peuples, et si un instant ils ont été subjugués eux-mêmes par les peuples du Nord, les vainqueurs finiront par se soumettre à la civilisation des vaincus. Éloignés de l'arrogance des nations septentrionales, de la bassesse et du despotisme des méridionaux, ils préféreront les gouvernemens réglés par des lois et non par le caprice d'un seul homme. La femme, partout ailleurs esclave ou comptée pour rien, sera chez eux honorée, aimée avec délicatesse et galanterie. Au physique, l'heureuse disposition du ciel développera des corps sains et robustes, à la peau blanche, à la taille moyenne; la propagation y sera active, quoique la monogamie, qui y fut toujours consacrée, semble devoir la restreindre; les femmes, nubiles à treize ou quatorze ans, pourront conserver jusqu'à quarante la beauté de leurs formes et leurs graces. L'activité de l'ame et du corps rendra ces peuples sujets à une multitude d'affections morbides, les épidémies y seront fréquentes mais peu durables, et la civilisation s'empressera bien vite d'effacer les traces de leur passage. L'abondance et la multiplicité des produtions du sol, la culture de la vigne, le commerce et les raffinemens de luxe apporteront à l'art culinaire des développemens et une perfection, source de nombreux abus.

Du 55ᵉ au 65ₑ degré de latitude, les climats froids renferment des populations nombreuses et robustes, descendant de ces barbares, Goths, Lombards, Hérules, Gépides, Huns, etc., qui au cinquième siècle ont inondé l'Europe pour y fonder les états modernes. De vastes et magnifiques forêts de sapins y couvrent la terre, qui dans son intérieur renferme d'abondantes mines de métaux précieux, le fer, l'étain, l'argent et même l'or; dans beaucoup de parties le sol y est d'une fertilité admirable en quelques mois. Une température presque constamment froide, car les étés sont courts et l'hiver dure bien près de huit mois, terme moyen. Une température froide y fortifie les organes, développe le corps, l'endurcit et produit ces complexions épaisses et vigoureuses qui caractérisent les peuplades du Canada, les Patagons, les Sibériens, les Tartares, les Suédois, les Norwégiens, les Danois et les Russes, ces peuples long-temps jeunes, à tempérament sanguin et pléthorique en raison de la grande activité des systèmes de la respiration et de la circulation excités par un air pur et vif. Cette prédominance de la chair et du muscle affaiblit le système nerveux, qui est peu impressionnable : aussi ces peuples, peu sensibles à la douleur, ne sont pas non plus très actifs sous le rapport intellectuel. Ce n'est pas chez eux que l'on trouve le point de départ de la civilisation ni celui des sciences, quoiqu'ils puissent y réussir. Grands mangeurs, surtout de viande, avides de boissons spiritueuses, toutes choses capables d'exciter l'économie, en général pour résister au froid ; pensant peu, vivant sans souci, ils dorment beaucoup et acquièrent facilement un embonpoint remarquable. Leur vigueur musculaire, la conscience de leur énergie physique les rendent fiers et généreux ; la puberté est tardive, les femmes n'y sont guère nubiles que de seize à vingt ans ; mais celles qui vivent dans toutes les jouissances du luxe, sans cesse au milieu de la chaleur factice des appartemens, le deviennent beaucoup plus tôt. Grandes et fortes, elles prenuent facilement un aspect viril. Si par la nature du climat les deux sexes y sont peu ardens en amour, les unions n'en sont pas moins fécondes, mais on remarque que le nombre des garçons surpasse d'un seizième celui des filles. La vie, n'y étant point usée par les passions, à moins que les excès de table ou de liqueurs fortes ne l'aient attaquée, est longue; la Norwège et la Russie sont les pays où l'on voit le plus de centenaires.

Au-delà du cercle polaire, chez les peuplades très peu nombreuses qui y habitent, là où l'hiver est éternel, à part quelques chaudes journées dans les mois de juillet et d'août, lorsque le soleil reste près de 20 heures sur l'horizon, la neige et les frimns couvrent toujours la terre, des huttes souterraines et enfumées servent de refuge à ces tristes habitans. Un froid extrême, qui descend quelque fois jusqu'à 40° au dessous de 0°, réduit la végétation aux mousses et à quelques saules nains, et borne le règne animal aux ours blancs, aux renards bleus et noirs, aux rennes et aux chiens. La mer y renferme les baleines et des légions innombrables de phoques, ressource précieuse pour la population misérable des Samoïèdes et des Esquimaux: le renne est l'unique bétail de la Laponie et y remplace tous les nôtres. On comprend que sous un pareil ciel aucune civilisation n'ait pu s'étendre. Pourtant ces peuplades sont très attachées à leur pays, et le préfèrent aux contrées plus favorisées du ciel. Sous l'action continue du froid, l'homme s'y est rétréci comme les végétaux; la vie, obligée de refluer toujours à l'intérieur, laisse le corps grêle et chétif, diminue les forces musculaires, empêche le développement de l'intelligence : leurs sens sont obtus, on les voit indifférens au plaisir comme à la douleur.

Telles sont en somme les influences des climats en général sur l'espèce humaine; mais les localités particulières n'ont pas une moindre action : nous n'en dirons que quelques mots. Bas et humides, les terrains riches en productions végétale nombreuses rendent leurs habitans un peu lourds, lymphatiques, sujets aux fièvres, et si le climat y est froid en même temps, il réunit toutes les conditions d'insalubrité possibles. La vie y est plus courte, la mortalité sur les enfans vraiment effrayante. Dans les vallées profondément encloses de montagnes la stagnation de l'air produit les crétins et les goîtres.

Les pays secs et élevés, au contraire, se

rapprochent des climats froids par leurs productions et leur influence sur l'espèce humaine. Qui n'a entendu vanter le courage,
l'agilité, la patience des montagnards? C'est
chez eux qu'on retrouve les races primitives
des peuples, car jamais les invasions n'ont
pu les déposséder de leurs retraites, et les
Basques, les Cantabres, les Suisses, les Écossais, les Druses habitent encore ces montagnes qui ont vu leurs premiers aïeux. L'â-
preté, la rudesse du sol les rend ingénieux
et actifs, leur santé se maintient robuste
pour suppléer à son infertilité, et la longé-
vité y est très commune.

Sur le bord des mers, l'homme devient
voyageur et entreprenant; mais si ces rives
sont basses et souvent noyées, les marais salés qui se forment exercent sur lui la plus
mortelle des influences par les affections
fiévreuses qu'ils développent. Dans les vastes
plaines sablonneuses et infertiles, il erre
avec ses troupeaux, se nourrissant de leur
chair, buvant de leur lait : ainsi les Bédouins
dans les plaines de l'Arabie déserte, les Tartares dans les steppes de la haute Asie ; dans
les pays boisés il est chasseur ; au bord des
fleuves à débordemens réguliers, fertilisant
les terres, il est agricole et industriel ; le commerce enrichit vite ses établissemens, et il
ne tarde pas à envoyer plus loin, dans des

lieux pareils, des colonies qui prospéreront un jour. Les grands courans d'eau, en facilitant les communications, rapprochent les peuples et influent de la manière la plus heureuse sur leur développement.

Cette action première de l'air, du sol et des eaux sur l'homme peut être modifiée par les institutions, lorsque ces institutions y sont importées brusquement; mais elles cèdent bien vite à leur nécessaire influence. Les caprices de l'esprit humain ne peuvent lutter long-temps contre elles, et finissent toujours par adapter les mœurs, les usages et la manière de vivre au climat.

V. Martin.

CLINIQUE, du mot grec *clunè*, est employé tantôt substantivement, tantôt adjectivement, pour désigner les leçons médicales faites au lit des malades. On comprend aujourd'hui sous le nom de *clinique* l'enseignement fait dans les hôpitaux par les professeurs.

Ce point essentiel de l'instruction médicale fut fort négligé chez les anciens. Nous ne savons comment enseignaient les Asclépiades, cette famille illustre de médecins grecs, qui, faisant remonter son origine jusqu'à Esculape, produisit Hippocrate et ses successeurs. L'école d'Alexandrie, si célèbre et si fameuse sous les empereurs, ne s'occupa pas non plus de la clinique. Les chrétiens fondèrent des hôpitaux, mais beaucoup plus dans un but de charité que de science ; la médecine s'y faisait comme l'on pouvait. L'école de Nisapour, en Perse, fondée par l'empereur Aurélien, école renommée et qui fit revivre la médecine grecque dans tout l'Orient, avait un hôpital dans son voisinage, mais il ne paraît pas qu'il ait directement servi aux leçons ; ce fut à cette école, dirigée alors par des moines nestoriens, qu'au septième siècle se formèrent les médecins arabes auxquels est due l'instruction clinique proprement dite.

La fondation des universités et des écoles de médecine, en Europe, au treizième siècle n'amena point encore cette révolution si importante pour l'instruction médicale. On dissertait sans fin dans des cours, sur les médecins grecs traduits par les Arabes, et sur les ouvrages arabes eux-mêmes. Rhasès, Ali-Abbas, Albucasis, Avicenne, les doctrines de l'école de Bagdad servaient de texte à toutes les leçons ; il faut aller jusqu'au XVIIe siècle pour trouver quelques traces de cette vraie méthode de l'art de connaître les maladies en les étudiant sur la nature elle-même, en Hollande, à Vienne, à Strasbourg, où les écoles de clinique furent fondées. Au commencement du XVIIIe siècle, Boerhaave fit fleurir celle de

Leyde; bientôt Cullen brilla à Édimbourg; mais ce fut à Vienne que la clinique fut véritablement instituée, que toutes les leçons et démonstrations eurent lieu dans les hôpitaux, sous la direction de Van-Swieten, de Stork, de Stoll et de Haën.

En France, la révolution vit l'heureuse institution des cliniques, et l'École de Santé fit une obligation de les suivre pour tous les élèves.

Aujourd'hui, toute l'Europe médicale a compris l'absolue nécessité d'une instruction puisée, non sur un texte donné, enrichi de toutes les divagations de l'esprit humain, comme on le faisait aux treizième et quatorzième siècles, en se contentant de commenter les anciens, mais sur l'observation de la nature elle-même. En effet, l'élève a beau voir les maladies parfaitement décrites dans les livres, s'il ne les étudie pas sur le malade lui-même, il ne les saura pas reconnaître quand elles se présenteront à lui; la nature est multiple, variable surtout chez l'homme malade; ce n'est qu'en observant beaucoup que l'on parvient à acquérir cette puissance de diagnostic qui fait la gloire des grands médecins.

L'instruction clinique, à présent, se partage dans les hôpitaux en trois grandes branches : *clinique interne*, c'est-à-dire étude sur le sujet lui-même, des maladies qui affectent des organes intérieurs, et qui sont plus spécialement du ressort de la médecine proprement dite ; *clinique externe*, étude dés maladies extérieures, chirurgicales ; *clinique d'accouchemens*, étude des femmes en couches. Ces trois grandes divisions peuvent se subdiviser elles-mêmes en une multitude de sections, suivant qu'on forme des divisions de malades atteints de telles classes de maladies... Clinique des maladies des yeux, de la vessie, de la matrice, etc., etc.

Voici comment se fait la clinique : Le professeur, suivi de ses élèves, passe successivement au lit de chaque malade; lui-même, ou un élève, qui les a recueillis, fait l'historique des symptômes de la maladie jusqu'à l'admission du sujet à l'hôpital ; puis il examine son état, fait remarquer à l'auditoire ce qu'il y a de particulier dans ce cas, le met en comparaison avec ceux du même genre qui peuvent exister dans les salles, et fait enfin la prescription d'alimens, de médicamens nécessaires. La visite des malades terminée, il réunit les élèves dans un amphitéâtre particulier, et leur fait une leçon à laquelle les malades qu'on vient d'examiner servent de texte, puis il pratique les opérations s'il y a lieu.

On voit combien, par cette méthode, l'instruction médicale est favorisée, combien elle devient solide, basée qu'elle se trouve sur l'expérience et les faits qui passent chaque jour sous les yeux.   VICTOR MARTIN.

CLIO. Voy. MUSES.

CLIOS (*zool.*), mollusques de la classe des *ptéropodes* de Cuvier. Les clios sont des animaux mous, à corps gélatineux, nu, libre, plus ou moins alongé, un peu déprimé, subconique, sans manteau ni coquille, à tête d stincte, d'où sortent deux faisceaux de suçoirs tentaculaires, deux petites lèvres et une languette sur le devant de la bouche. Les nageoires, chargées d'un réseau vasculaire, tiennent lieu de branchies. L'anus et l'orifice pour la génération sont situés sous la branchie droite. On connaît deux espèces de *clios* : la plus anciennement connue est le *clio boréal*, qui fourmille dans les mers du nord, où elle sert de pâture aux baleines, qui en avalent un très-grand nombre à la fois, puisque chacun de ces animaux à a peine un pouce de longueur. L'autre espèce, le *clio austral*, a été observé dans la mer des Indes ; elle est de couleur rose et un peu plus grosse que la précédente.

                J.-L. NUMA.

CLIVAGE. Le clivage est l'acte par lequel on sépare, divise un cristal, lame par lame, dans le sens de sa cristallisation.

Pour bien comprendre cette opération , il faut savoir que tous les corps cristallisés sont formés par la réunion d'un certain nombre de petits cristaux , groupés d'une manière régulière.

De la réunion de ces cristaux résultent souvent des formes cristallines tout-à-fait différentes de celles du cristal primitif ; de là des formes *primitives* et des formes *secondaires*. Le clivage a pour but de rechercher la forme primitive, en détruisant la forme secondaire. Ainsi, par exemple, le carbonate de chaux qui a 150 variétés de formes secondaires, n'a cependant qu'une seule forme primitive qui est la forme romboédrique.

C'est par ce procédé que le *lapidaire* taille les diamans, lorsqu'il lui est possible de trouver les points de réunion des lames cristalines. Il y a des corps qui ont plusieurs sortes de clivage : la chaux sulfatée en a trois. Une variété de sulfate de chaux , dite *miroir d'âne,* chaux lancéolée, à cause de sa forme, est tellement facile à cliver, que cette opération peut se faire seulement à l'aide d'un couteau, on peut ainsi la diviser en une infinité de lames tellement minces qu'elles sont d'une transparence parfaite.

Quelquefois le solide que l'on obtient par un premier clivage peut devenir plus simple par un second ; cela tient à ce qu'il existe souvent dans le même cristal plusieurs clivages d'ordre différent. En effet un clivage peut avoir lieu dans un cristal parallèlement à son axe, et un autre parallèlement à sa base. Un octaèdre, par exemple, pourra se transformer, en changeant les plans de clivage, en tétraèdre, en cube, en dodécaèdre, jusqu'à ce que l'on arrive à la molécule intégrante. M. Haüy, un des minéralogistes les plus distingués, admet trois formes de molécules intégrantes: le tétraèdre, le prisme trièdre et le cube.

Les instrumens propres au clivage sont le couteau et le marteau ; mais cette opération exige beaucoup d'habileté et de précaution, parce qu'il est très-facile de briser les cristaux.　　　　　　　　　　C. FAVROT.

CLOCHE. — On n'est point d'accord sur l'étymologie de ce mot, que Fauchet fait venir de *claudicare*, boiter, parce que, dit-il, l'aller et le venir de la cloche semblent exprimer *l'alleure d'un boiteux eshanché*. Suivant d'autres auteurs, il viendrait de *chalkos*, airain, ou de *clangos*, son éclatant; *sing*, *campana* ou *nola* sont également des noms qui ont été donnés aux cloches; mais celui de *cloca* a été adopté dans la plupart des langues modernes, avec de légères modifications.

L'invention des cloches remonte à la plus

haute antiquité, si toutefois on appelle de ce nom des instrumens de métal de la forme et de la dimension des sonnettes dont parlent plusieurs auteurs. L'heure de l'ouverture des bains et des marchés était annoncée par les *tintinnabula* ou clochettes. Pline rapporte qu'il y avait au sommet du tombeau de Porsenna des sonnettes qu'on entendait de loin quand elles étaient agitées par le vent. Toutefois, il ne paraît pas qu'on ait fabriqué de grandes cloches avant le cinquième siècle : les premières furent fondues à Nola en Campanie, sous le pontificat de saint Paulin, vers l'an 120. L'usage s'en répandit promptement dans l'Occident, où elles servirent d'abord à annoncer l'heure des cérémonies et des offices de l'église; mais bientôt la puissance et la majesté de leur son exercèrent sur le peuple une influence mystérieuse, et la superstition aveugle leur attribua des miracles.

Il serait trop long d'énumérer tous les contes débités sur les effets merveilleux des cloches; cependant nous en citerons quelques exemples qui témoignent de la crédulité de nos aïeux. Surius assure que dans plusieurs monastères la cloche résonnait elle-même lorsqu'un religieux rendait le dernier soupir. C'était une croyance vulgaire que le son de la cloche chassait le démon, et dans cette vue on attachait de petites sonnettes au cou des enfans. La délivrance des femmes, la guérison du mal de dent, et enfin le pouvoir de detourner les orages étaient autant de préjugés répandus dans les populations de ce temps-là.

La coutume de sonner les morts est très ancienne, et on en faisait ordinairement l'objet d'une clause testamentaire. Aujour-d'hui cette cérémonie religieuse se pratique d'une manière particulière, et on indique quelquefois l'âge du défunt par le nombre de coups.

Les orientaux ne se servirent de cloches que vers le huitième siècle. En 865, les Vénitiens en envoyèrent 12 à l'empereur Michel en reconnaissance d'un secours qu'ils en avaient reçu contre les Sarrasins; elles furent placées dans l'église de Ste-Sophie à Constantinople. Lorsque les Turcs firent la conquête de cette ville, en 1453, ils brisè-rent et fondirent les cloches et en interdirent l'usage aux chrétiens. Il n'en existe plus en Orient que sur le mont Liban. Partout ail-leurs on convoque le peuple à la prière avec des instrumens de bois nommés *matraca*. En Asie et particulièrement en Chine, on trouve des cloches d'une grande dimension; si on en croit les récits des voyageurs, il y en a une au Pégu qui a plus de 20 pieds de diamètre, et Chladin (inventorium templorum) dit qu'on voit au Japon des cloches d'or.

L'art de fondre les cloches a été particulièrement cultivé dans le nord de l'Europe; elles ont été multipliées dans une proportion considérable enRussie où la seule ville de Moscou comptait avant la révolution 1,706; une seule tour en contenait 37, entre autres une fameuse par son énorme volume : il fallait employer 24 personnes pour la mettre en mouvement. On cite parmi les plus célèbres la grosse cloche de Saint-Étienne, à Vienne, fondue en 1711 avec des canons pris sur les Turcs ; celles de la cathédrale de Paris, de Saint-Jacques de Compostelle en Espagne, et la grosse cloche de Rouen, appelée Georges d'Amboise, qui pesait, dit-on, 10,000 livres.

Ce fut vers le quatorzième siècle qu'on imagina d'accorder, suivant l'ordre des tons de l'échelle diatonique, un grand nombre de petites cloches qu'on dirigea par le moyen d'un clavier. Cette invention, appelée *carillon* (voy. ce mot), s'est répandue particulièrement en Belgique et en Hollande; il n'est pas rare de trouver dans ces pays des hommes d'une habileté extraordinaire en ce genre, et qui parviennent, en employant les pieds, les poings et les dents, à exécuter des airs d'un mouvement rapide.

La bénédiction ou baptême *des cloches* était une solennité accompagnée de cérémonies pompeuses ; il fallait un parrain et une marraine. Dans le grand nombre d'anciennes inscriptions qu'on trouve sur les cloches, il en est plusieurs qui rappellent à la fois des usages et des croyances bizarres.

Il y avait autrefois en France un grand nombre de belles cloches, qui presque toutes ont été fondues pendant la révolution et transformées en monnaie ; chacun de nous possède aujourd'hui une parcelle de ces majestueux instrumens qui annoncèrent tant de solennités fameuses, donnèrent le signal de tant de désastres et célébrèrent tous les triomphes de nos pères.   HIP. LACROIX.

CLOCHE du plongeur. Lorsqu'on plonge un verre ou une cloche, l'orifice en bas, dans un vase rempli d'eau, on peut remarquer que le liquide ne s'introduit pas dans la cavité, si ce n'est en assez petite quantité. Ce phénomène est dû à ce que l'air, quoique très léger, invisible, à peine palpable, jouit, ainsi que tous les corps matériels, de la propriété nommée *impénétrabilité*, qui exclut tout corps du lieu occupé par un autre corps. Dans le cas dont il s'agit, l'air, plus léger que l'eau, n'ayant point d'issue pour sortir, ne peut être déplacé et ne permet pas à l'eau de pénétrer dans le vase qui le contient ; cepen-

dant, en vertu de cette grande compressibi-
lité (voy. ce mot), il donne place, en dimi-
nuant de volume, à une petite quantité du
liquide qui le refoule.

C'est d'après ce que nous venons d'exposer qu'on a inventé la *cloche du plongeur*.
C'est une sorte de tonneau défoncé à la partie inférieure, dont les bords sont garnis de
poids, afin qu'il puisse descendre dans l'eau
en conservant une position verticale.

Suivant sa capacité, un ou plusieurs hommes peuvent s'y placer et y respirer plus ou
moins de temps : aussi est - elle munie d'un
conduit au moyen duquel on peut injecter
de nouvel air au moyen d'une pompe pour
remplacer celui qui est vicié. M. Steele a
perfectionné la cloche du plongeur; son
perfectionnement consiste dans une chambre d'observation qui est adaptée à l'intérieur
de la cloche ordinaire; cette chambre est entièrement fermée, à l'exception de deux
petites ouvertures à la partie supérieure qui
communique avec l'air extérieur par deux
tubes; ceux-ci transmettent la voix du directeur qui, de la chambre d'observation, voit
au travers de glaces circulaires, travailler les
ouvriers. Il peut ainsi indiquer aux hommes
de l'équipage la manière dont ils doivent
manœuvrer la cloche et s'il faut l'abaisser,
la soulever ou la changer de place. On entre

dans la chambre d'observation par une ouverture circulaire qu'on referme sur soi au
moyen d'un obturateur bien ajusté.

L'usage des cloches du plongeur est presque abandonné à raison de plusieurs inconvéniens que, malgré son perfectionnement,
cet appareil présente encore. On pourrait
cependant s'en servir avec avantage à de petites profondeurs.   H. THEBAUT.

CLOCHER. — Chacun sait qu'on nomme
ainsi une construction en charpente, pierre,
etc., élevée au dessus ou à côté d'une église,
dans laquelle on suspend des cloches. Les
monumens antiques dont nous connaissons
les plans n'offrent aucun reste de clocher
ni d'aucune construction qui ait pu en tenir lieu, d'où nous concluons que les cloches des anciens n'étaient que des sonnettes
portatives. C'est pendant le moyen-âge et
jusqu'au dix-huitième siècle qu'on a construit
les clochers les plus remarquables; plusieurs
de ces édifices jouissent d'une certaine célébrité, acquise sans doute par la singularité
de leur forme, leur élévation, la légèreté des
masses qui les composent.

Généralement les clochers ont la forme
d'une tour couronnée par une plate-forme
ou surmontée par une pyramide ou flèche, ou
en bois, couverte de plomb ou d'ardoises, ou
en pierre. La nouvelle flèche de la tour de

la cathédrale de Rouen doit être en fer fon-
du. Les clochers les plus simples consistent
en un mur percé de fenêtres, dans lesquelles
on suspend les cloches , mais ces clochers
sont de peu de durée, à moins de leur donner une épaisseur démesurée, ils sont bientôt ébranlés par les balancemens des cloches
si elles ont une certaine grosseur ; aussi n'en
trouve-t-on que dans les villages dont les
sonneries ont de petites dimensions. Des
artistes distingués ont reconnu depuis long-
temps que les clochers sont incompatibles
avec des églises construites sur des plans réguliers. Saint-Pierre de Rome n'a point de
cloches ; dans la plupart des villes d'Italie,
les clochers, qu'on appelle *campanile* (voy.
ce mot), sont isolés des églises. Soufflot ,
architecte de l'église de Sainte-Geneviève
(Panthéon), à Paris , avait rejeté les clochers derrière le temple ; on les a rasées depuis 1830. Les architectes de l'église de la
Madeleine (Paris) ont ménagé un espace
derrière le fronton du nord de cet édifice, dans
lequel on établira la sonnerie ; de cette manière l'édifice aura toute la régularité d'un
temple grec. Les peuples se sont toujours
prêtés de bonne grace à couvrir les frais des
clochers, que les architectes ont affecté de
faire très élevés. On n'ignore pas que le
citadin comme le villageois parle avec bon-

heur du clocher du pays qui l'a vu naître, quand il est d'une hauteur un peu remarquable. On croit volontiers que des cloches qui résonnent dans un clocher élevé doivent s'entendre de plus loin que si elles étaient suspendues dans un lieu plus bas ; c'est une erreur dont il est facile de se rendre compte. En effet, le son est transmis par l'air qui nous environne, ou, pour mieux dire, c'est de l'air agité qui produit sur l'organe de l'ouïe la sensation que nous appelons son : or, il est évident qu'une cloche sonnée dans une région élevée de l'atmosphère agiterait une masse d'air dont les ondulations se propageraient plus ou moins faiblement jusqu'à l'oreille de l'observateur placé sur la terre. Si au contraire la cloche retentissait à peu de distance du sol, les mouvemens de l'air agité s'étendraient en haut et au loin, parce qu'un grand nombre de molécules de ce fluide seraient repoussés par la surface de la terre comme des balles élastiques. Il est donc inutile de donner une hauteur considérable aux clochers quand on les destine uniquement à recevoir des sonneries. Ce n'est pas par ignorance si de tout temps on a fait autrement, car les ouvertures de clochers élevés sont garnies d'espèces d'abat-vent dont l'office est de rabattre le son des cloches vers le sol.

Parmi les clochers qui ont été construits

en Europe à diverses époques, il y en a plusieurs de remarquables par leur élévation, leur légèreté, leur solidité et le grand travail qu'ont exigé les diverses masses qui les composent. Nous avons à Paris les tours de la cathédrale et celles de Saint-Jacques-la Boucherie ; elles sont de style gothique. Nous indiquerons aussi la tour du Nord de l'église Saint-Sulpice qui est plus moderne et de style grec. En province, on signale les clochers de Chartres, dont un a 120 mètres d'élévation ; les tours de Reims, un des clochers de Mende ; mais le plus extraordinaire, le plus élevé des clochers c'est celui de Strasbourg : on l'appelle le *Munster* ; il a 142 mètres de hauteur, 4 de moins que la grande pyramide d'Egypte ; il fut commencé en 1277 par l'architecte Erwin de Steinbach. Son fils Jean le continua. Etant mort en 1339, Jean Prilz lui succéda et conduisit l'ouvrage jusqu'à la plate-forme. Plusieurs autres architectes dirigèrent les constructions, et ce fut en 1439 seulement qu'on posa le globe et la croix qui dominent l'édifice. Après le clocher de Strasbourg on place la tour de Saint-Etienne, à Vienne, qui a   138 mèt.

Celle de St-Michel, à Hambourg,   150
Celle de St-Pierre, à Hambourg,   119
La flèche de l'église d'Anvers,   120

Bernard.

CLOISON.--Mot fait du verbe latin *clau-dere*, fermer, *clore*, environner, et par lequel on désigne en construction et en architecture un petit mur fort mince servant à diviser les parties d'un bâtiment comprises dans les gros murs, afin de former de petites pièces ou des cabinets. Il y a cinq manières de construire les cloisons : 1º en pierres de taille, 2o en briques, 3o en plâtre, 4º en charpente revê-tue en plâtre, 5º en menuiserie. Les *cloisons* en pierres de taille se font ordinairement au rez-de-chaussée ; l'épaisseur de ces pierres auxquelles on donne le nom de *parpains* (du latin *per* et *pannus*) est depuis 4 jusqu'à 8 pouces. Les *cloisons* en *briques* se con-struisent de deux manières, en briques posées de champ ou en briques posées à plat : les premières s'emploient à diviser l'intérieur des appartemens ; les autres, qui sont plus solides, servent à séparer les passages, cor-ridors et autres pièces de communication.

Les cloisons en plâtre pur, qui sont d'inven-tion moderne, sont faites avec des carreaux de plâtre de 18 pouces de longueur sur un pied de large, et dont l'épaisseur est de 2 à 4 pouces; l'avantage de ces carreaux est de pou-voir former en peu de temps et avec peu de dépense des cloisons très-légères qui peu-vent s'établir sur les planchers sans les trop charger. Comme il faut très peu de plâtre pour ces cloisons, elles sont aussitôt sèches que posées, et l'on peut habiter de suite les appartemens divisés par ces matériaux.

Les cloisons en charpente sont des poteaux ou pièces posées debout et d'aplomb, assemblées dans deux autres pièces de bois posées horizontalement que l'on nomme *sablières*. Une sablière forme le haut et l'autre le bas de la cloison. Lorsque les cloisons sont au rez-de-chaussée, on élève la sablière du bas sur un rang de parpains ou petits murs en pierre de taille, d'environ deux pieds ou deux pieds et demi, afin de préserver les bois de l'humidité.

Les cloisons de menuiserie se font de trois manières : 1o à claire-voie en planches refendues pour être recouverts en plâtre; 2o en planches brutes; 3o en planches corroyées, c'est-à-dire équarries et blanchies à la varlope et au rabot, assemblées à rainures à languette.

On appelle *cloison à jour* une cloison faite de barreaux de bois carrés ou tournés, une *cloison d'air* celle qui est faite avec des ais de bateau et lambrissée des deux côtés.

Une *cloison creuse* est celle dont l'intervalle est seulement couvert de lattes clouées à deux ou trois lignes de distance et ensuite garni au revêtu. La *cloison de maçonnerie* est un mur de refend qui n'est pour l'ordinaire construit que de briques, de plâtre ou de moellons liés avec du plâtre ou du mortier; la *cloison pleine* est celle qui est à bois apparent ourdé (maçonné grossièrement) de plâtras et de plâtre.

On donne enfin le nom de *cloison de serrure* à une espèce de boîte qui renferme la garniture d'une serrure.

Le mot *cloison* est souvent employé en anatomie et en botanique; nous n'indiquerons pas toutes ses applications dans ces sciences, parce que ce serait exposer des faits qui se rattachent à d'autres ou mieux qui en dépendent, et que nous nous exposerions à de nombreuses répétitions, ce qu'on doit éviter dans un ouvrage où chaque page a son but d'utilité.   H. Bernard.

CLOITRE, du latin *claustrum*, lieu clos. — Le cloître est souvent pris pour tout un couvent, tout un monastère. On se trompe. Le cloître proprement dit est un carré de bâtiment formant l'intérieur d'un monastère, et composé de quatre galeries couvertes. L'espace qui se trouve au milieu se nomme le *préau*, servant parfois de cimetière. Quand le mauvais temps empêchait les moines de prendre leur récréation dans le préau, ils la prenaient dans les cloîtres, c'est-à-dire sous les galeries couvertes; là aussi ils faisaient leurs processions. En Italie on voit

de superbes cloîtres, ce sont ceux des Chartreux à Rome et à Naples, celui de St-Geor-
ges à Venise, celui de l'Annunciata à Florence ; à Paris on admirait aussi celui des
Chartreux, de St-Étienne-du-Mont, de St-
Méry, de Notre-Dame. En Espagne, patrie
des moines et religieux, il y a sans doute de
beaux cloîtres ; en général, peu de nations
ou de villes ont manqué de cloîtres ; autrefois ceux qui vivaient de religion étaient
plus heureux qu'aujourd'hui, ils pouvaient
élever de magnifiques édifices, leurs propriétés étaient innombrables, leurs terres
immenses, et les murs du cloître étouffaient
souvent, non les prières et les sanglots du
repentir, mais les joies et les rires de la
volupté. Que de gens se sont renfermés dans
un cloître pour n'y donner à Dieu que les
restes languissans d'une vie dont ils ne pouvaient plus jouir. (*Dict. de Trévoux.*) On
peut dire que maintenant il n'y a plus de
cloîtres ; mais avant la révolution on sait
tout ce que les cloîtres ont mis au jour de
scandales et de crimes. Un père avait le
cloître pour se débarrasser aisément d'un enfant qui lui déplaisait, d'un fils ou d'une
fille qui pouvait faire du tort à l'aîné de la
famille. Le cloître était de même alors un
merveilleux spécifique pour les chagrins et les
douleurs, les amours trompés, les amantes

délaissées; par dépit de ne pouvoir se jeter dans les bras de la créature, on se jetait dans ceux du créateur. Etait-ce donc bien la piété, l'amour de Dieu qui peuplait les cloîtres? Je laisse au lecteur le soin de résoudre cette question.   JOANNY AUGIER.

CLOPORTES, petits animaux *crustacés*, rangés parmi les isopodes terrestres. Ils habitent de préférence les lieux humides et obscurs, les caves et les celliers, et se tiennent dans les fentes des murailles, dans les joints mal réunis des cloisons, sous les pierres, les tonneaux, etc. Leur marche est ordinairement lente, cependant on les voit courir assez vite ou se rouler en boule si on les saisit. Les femelles portent leurs œufs dans un espace ovale, mince et flexible, placé au-dessus de leur corps, et s'étendant depuis la tête jusque vers la cinquième paire de pates. Ces œufs éclosent dans ce petit sac, qui ne tarde pas à se fendre pour laisser sortir les petits cloportes, qui ne diffèrent de leurs parens que par l'absence de deux pattes et d'un anneau du corps; aussi parce que leurs têtes et leurs antennes sont proportionnellement plus grosses, et que leur couleur est jaunâtre ou bleuâtre très-clair. Après leur naissance ils trouvent pendant quelques jours un refuge, au milieu des lames respiratoires qui garnissent le dessous de la queue de la mère. Pendant long-temps les cloportes ont été employés en médecine, comme jouissant de propriétés diurétiques; mais ils sont aujourd'hui tout-à-fait inusités. Ces propriétés sont dues à quelques particules de nitre ou de salpêtre dont leur corps s'est chargé dans les plâtres.

Le cloporte ordinaire (*oniscus asellus*) est vulgairement appelé *clou-à-porte, porcelet de Saint-Antoine*. Il est long de six à sept lignes, sa couleur est gris-obscur avec les bords plus clairs et une série longitudinale de points jaunâtres placés de chaque coté du corps. On trouve encore dans de vieilles pharmacies, sous le nom de *cloporte préparé*, une autre espèce, l'*oniscus armadillo* de Linné, dont on a fait le genre armadille. Cette espèce qui vient d'Italie est plus grande que la précédente, et s'en distingue par ses segmens lisses et luisan; elle n'est pas plus utile que le cloporte ordinaire.   N. C.

CLOS, voy. ENCLOS.

CLOTO, voy. PARQUES.

CLOU ou *furoncle*, s. m. On appelle ainsi une tumeur dure, rouge, mobile, d'un volume très variable, de forme conique, à base tantôt circonscrite, tantôt confondue avec un engorgement inflammatoire des parties voisines, et ayant son siége dans le tissu cellulaire du derme. Ce genre de tumeur se manifeste au visage, au cou, aux bras, aux doigts, au ventre, au dos, aux fesses, dans le voisinage de l'anus, aux cuisses. Peu volumineux à la face, où il dépasse rarement la grosseur d'un pois, il devient quelquefois énorme dans les parties où la peau est moins fine et soulevée par une plus grande quantité de tissu cellulaire. Quelquefois plusieurs furoncles se réunissent par leur base et forment une tumeur unique à laquelle on donne le nom d'*anthrax bénin*, pour le distinguer de l'*anthrax malin* ou charbon, qui est dû à une cause contagieuse. Le furoncle proprement dit est toujours isolé ; il commence par un petit noyau, roulant d'abord sous la peau qui n'a pas encore changé de couleur, se développant avec assez de rapidité, bientôt rouge, tendu, luisant, extrêmement douloureux, blanchissant au sommet, s'ouvrant tout à coup du troisième au sixième jour, et laissant échapper, au milieu de quelques gouttes de pus et de sang, un petit lambeau de tissu cellulaire gangrené qu'on nomme bourbillon. Cette évacuation est suivie d'un soulagement immédiat. Quelquefois dix, vingt, trente furoncles apparaissent à la fois; l'un d'eux prend les devans; les autres restent stationnaires. On espère en être quitte pour le premier, mais dès qu'il est ouvert, un second se met en marche, puis un troisième, et ainsi de suite jusqu'au dernier. Le travail de cabinet, les marches forcées, les veilles prolongées, l'usage des alimens échauffans provoquent l'éruption des clous. Le traitement en est simple. Le furoncle est-il petit, presque seul; un peu de styrax, d'onguent de la mère, de poix résine, en accélère la marche, et dès qu'on voit le sommet se ramollir, on presse brusquement la base entre deux doigts et l'on fait sortir le bourbillon. Le furoncle est-il au contraire volumineux, enflammé, douloureux; on le recouvre d'un cataplasme de mie de pain, de farine de lin, de feuilles de manioc, etc., et quand il est arrivé à maturité, on le crève comme nous venons de le dire. Mais il ne faut pas trop se hâter; tant que le bourbillon n'est pas détaché et rejeté au dehors, le furoncle ne saurait guérir. Quelquefois, quand l'inflammation est trop violente, ou que le clou est situé dans une partie où la peau n'est guère susceptible d'extension, comme aux doigts par exemple, on est obligé d'avoir recours au chirurgien qui, en incisant la tumeur, prévient ou fait cesser l'étranglement et les accidens qui en sont le résultat. L'on combat la disposition qui donne lieu aux clous, en suivant un régime doux, en prenant des bains, des lavemens, en faisant sage de boisons relâchantes, telles que le bouillon de veau et d'oseille, la limonade, l'eau de groseille, etc., ou même de légers purgatifs. CHAMBEYRON.

CLOUS. Petites tiges métaliques dont il sera question au mot FER *travail du* (voy.)

CLUB. — Ce mot, d'origine anglaise, se prononce *cloub*. Il désigne une réunion d'individus qui s'assemblent pour délibérer sur ce qu'il convient de faire ou d'empêcher dans le bien de la patrie. On sait qu'en matière politique il est difficile de juger sainement les choses, et que l'on ne voit pas toujours l'intérêt personnel sacrifié au bien public; aussi l'amour national n'a pas été constamment le but qui a fait se réunir et discute dans les clubs; le lecteur saura mieux qu'en penser après qu'il aura lu les articles RÉPUBLIQUE FRANÇAISE, RÉVOLUTION. E. D.

COAGULATION, *coagulatio*, du latin *coegere*, rassembler, épaissir. La coagulation a eu lieu lorsqu'un liquide passe en totalité de son état à l'état de solide ou de corps mou, et se prend en masse sans affecter une forme cristalline et régulière. Lorsque le lait se caille, lorsque le blanc d'œuf se durcit et devient opaque par la chaleur, il s'opère une coagulation. Il y a beaucoup d'expériences de chimie où l'on observe des coagulations. En versant une solution de potasse dans une dissolution d'hydrochlorate de chaux il s'en produit une. En général, on voit ce mélange se coaguler à l'instant : la même chose a lieu lorsque l'on agite de l'huile dans de l'eau de chaux. Lorsque les coagulations sont opérées à froid, il y a toujours un dégagement plus ou moins considérable de calorique

On désigne par le mot latin *coagulum* une partie d'un liquide devenue solide lorsque le reste de ce liquide conserve son état primitif. Ainsi le coagulum du sang est la partie fibrineuse qui nage dans le sérum. Quelquefois on emploie ce mot pour synonyme de gelée.   H. THÉBAUT.

COALITION vient de la préposition *cum*, avec, et de *aliscere*, s'accroître, s'augmenter. Il y a coalition lorsque plusieurs états unissent leurs forces pour attaquer un ennemi. Les grands écrivains ont toujours employé ce mot dans le sens de confédération armée. Il nous semble donc que de nos jours on a eu tort lorsqu'on l'a appliqué à des partis qui n'étaient pas armés. — Un ministère de coalition signifie que les membres qui le composent appartiennent à divers partis.

Le mot de coalition est passé dans nos codes à la suite d'une discussion que Bonaparte soutint, dans le conseil d'état, sur la rédaction d'un article de loi. Tout ce qui unit des hommes les *coalise*, dit-il (sous-entendez contre l'autorité qui gêne leurs intérêts, ou qui borne leurs prétentions). De là le mot de coalition appliqué à certains actes, à certaines associations, soit des fonctionnaires publics, soit des maîtres d'ou-vriers , soit des ouvriers.

« Tout concert de mesures , dit le Code pénal , pratiqué, soit par la réunion d'individus ou de corps dépositaires de quelque partie de l'autorité publique, » est réputé coalition de fonctionnaires. Le législateur distingue ensuite et prononce des peines plus ou moins sévères selon que les mesures auront été concertées contre l'exécution des lois et des ordres du gouvernement , ou contre la sûreté de l'état. Dans ce dernier cas, il applique la peine de mort. Il déclare coupables de forfaiture et punit de la dégradation civique « les fonctionnaires qui ont , par délibération , arrêté de donner leur démission dans l'objet d'empêcher, ou de suspendre l'administration de la justice , ou l'accomplissement d'un service quelconque. »

Sont aussi réputées coalitions, ajoute le même Code, « toutes mesures de la part de ceux qui font travailler, tendant à forcer injustement et abusivement l'abaissement des salaires. » De même, « toutes mesures concertées par les ouvriers pour suspendre, empêcher, enchérir les travaux » sont punies comme coalitions. Les moteurs ou chefs de ces derniers pourront être condamnés à cinq ans de prison, et pas à moins de deux ans.

La coalition d'ouvriers qui amena l'insurrection de Lyon en 1831 est la seule dont l'histoire jusqu'à nos jours conservera le souvenir; elle fut occasionée par l'extrême misère où ils se trouvaient réduits. Trop peu éclairés pour reconnaître où se trouvait la véritable cause de leurs souffrances, ils crurent que les fabricans voulaient réaliser des bénéfices trop considérables. En conséquence, ils prirent pour devise : *Vivre en travaillant ou mourir en combattant*; ils s'armèrent, et, vainqueurs après trois jours de combats, ils imposèrent de nouveaux tarifs de travail. Ces conditions ne pouvaient pas être exécutées, car déjà les fabricans payaient des salaires proportionnés aux bénéfices; s'ils en augmentaient le prix, ce ne pouvait être qu'en courant au devant de leur ruine. Il faut le dire aussi, l'ouvrier de Lyon aurait gagné assez pour vivre si les subsistances ne lui avaient pas coûté plus cher que dans les campagnes. Dans la Suisse où, tout en gagnant beaucoup moins, ses pareils jouissent pourtant d'une certaine aisance. Ce n'était donc pas à ceux qui lui fournissaient du travail qu'il aurait dû s'en prendre, mais bien aux impôts qui pèsent sur les denrées les plus nécessaires à l'existence, et qui, dans les grandes villes, les portent à un prix qui est hors de proportion avec le salaire du pauvre, tandis que nul obstacle, nul droit n'arrête, n'enchérit le superflu qui circule librement pour les plaisirs du riche. La position où les droits d'octroi avaient réduit Lyon était telle, que pauvres et riches auraient été entraînés dans une ruine commune si la France n'avait pas été interessée à la conservation d'une cité qui a su rendre les quatre parties du monde tributaires de son industrie. Une semblable catastrophe menace incessamment tous les états qui, ayant donné un trop grand développement au commerce, ont dû en même temps accumuler des sommes énormes dans les mains du fisc. Aussi peut-on leur prédire, sans être prophète, que cela même qui les enfle d'une si vaine prospérité, amènera leur destruction. Elle s'accomplira le jour où les impôts absorberont les bénéfices que l'industriel peut faire sur le travail des hommes qu'il occupe. Dès ce jour plus d'industrie, plus de salaire, partant plus de gouvernement; la confusion seule régnera, car tout un peuple ne pourra pas, comme la ville de Lyon, expulser de son sein une

partie de la population. Le même mal travaille toujours cette seconde capitale de la
France ; il ne se guérira qu'à la suite d'une
réforme générale qui mettra les impôts en
rapport avec les facultés du pays. Plaise à
Dieu qu'on n'attende pas qu'il se forme de
véritables coalitions des provinces contre la
capitale, comme il s'en forma jadis dans
tout l'empire romain contre Rome, à laquelle
ne suffisaient plus les trésors du monde.

Tous les états ont eu à lutter contre des
ambitieux. Parmi les anciens, et dans la
Grèce surtout, où la domination de chaque
république s'arrêtait à quelques lieues de
l'enceinte de ses murailles, les guerres étaient
presque toujours entreprises à la suite de
coalitions, et le peuple qu'on attaquait avait
recours à des alliances pour se défendre. La
fameuse guerre du Péloponèse, qui dura
vingt-sept ans et qui finit par la prise d'A-
thènes, fut commencée par plusieurs nations
coalisées, à la tête desquelles se plaça Lacédémone. A la différence de ces républiques,
Rome ne forma presque jamais de coalitions,
et elle eut à combattre constamment des
foules d'ennemis qui se réunissaient contre
elle. A peine ses fondemens étaient-ils posés,
que tous les peuples d'Italie se précipitèrent
pour la détruire. Il lui fallut des prodiges de courage et de constance pour en

triompher. Bientôt après commença la première guerre punique qu'avait élevée la rivalité de Carthage. Dans la deuxième, elle dut lutter contre le génie d'Annibal qui arma contre elle l'Afrique, l'Espagne, une partie des Gaules et presque toute l'Italie. La victoire de Zama et le désarmement de Carthage ne suffisaient pas pour rassurer les Romains sur la frayeur que leur inspirait le nom seul d'Annibal. Tel est en effet le poids d'un grand homme dans la balance des peuples, que le siége de l'empire du monde aurait changé peut-être, si un roi de Syrie avait suivi les conseils du général carthaginois qui voulait, avant d'attaquer de nouveau son ennemie, contracter une seconde alliance avec les Gaules, et porter encore une fois la guerre en Italie, devant ces mêmes remparts qu'il avait assiégés déjà.

Rome touchait au faîte de sa plus grande puissance, lorsqu'un roi du Pont, à la tête d'une coalition de plusieurs peuples de l'Asie, osa tenter de briser le joug qui pesait sur presque toutes les nations connues. Après quarante ans de succès divers contre les plus habiles généraux de la république, Mithridate succomba. Bientôt après, la politique de César, plutôt encore que ses armes, soumit toutes les Gaules. Rome, trop puissante alors, eût tout à craindre d'elle-même. Elle dissipa sa vigueur dans les guerres civiles qui, chez elle comme chez tous les peuples, précédèrent l'établissement du despotisme. Sous les empereurs, ce furent ses armées et ses généraux qui lui firent courir les plus grands dangers. La démoralisation alla croissant comme les troubles de l'état, et tous les sentimens nationaux s'éteignirent par la fréquentation et le mélange des peuples divers qui composaient l'empire. Lorsqu'il fut attaqué par les armées nombreuses des Barbares qui accouraient pour le renverser, il dut succomber enfin. Il avait changé de siége avant de cesser d'exister. Sur ses débris se sont élevés tous les peuples de l'Europe et presque tous ceux de l'Asie.

Ici notre tâche deviendrait trop longue, s'il fallait signaler toutes les coalitions qui se sont formées chez les peuples modernes. Nous en mentionnerons seulement quelques-unes, nous réservant de donner de courts détails sur celles dont la France a été l'objet depuis 1789 : ce sont celles qu'il importe le plus de connaître et les plus intéressantes à lire.

C'est la France qui la première, dans les temps modernes, se présente sous la forme de nation. Agrandie peu à peu par ses premiers rois, elle acquit, sous Charlemagne, cet immense empire qui ne pouvait être comparé qu'à la domination romaine. Il fallait une main aussi puissante que celle de ce grand homme pour retenir comme en un seul faisceau les nombreux pays qu'il avait su conquérir. Ses faibles successeurs eurent à lutter à la fois contre les peuples du septentrion et contre ces autres peuples du nord qui venaient, par mer, attaquer et piller nos provinces et même la capitale. Sous les rois de la troisième race, on doit signaler surtout la coalition de l'Angleterre avec les princes allemands contre Philippe-Auguste, qui les vainquit à Bovines et affranchit tout son royaume de la domination des Anglais.

C'est Charles-Quint, empereur d'Allemagne, qui a possédé la plus vaste domination depuis Charlemagne jusqu'au temps de l'empire français. Aussi vit-il coalisées contre lui toutes les nations qui n'étaient pas soumises à sa puissance. Et il devait en arriver ainsi : car depuis que les états s'étaient fixés dans les limites que la nature semble leur avoir indiquées, il s'était établi naturellement une sorte d'équilibre européen dont le maintien pouvait seul faire la sécurité de tous les potentats ; et il eût été rompu si l'un d'entre eux avait acquis de trop grandes forces. Ce motif souleva contre Louis XIV, l'Angleterre, la Hollande, l'Allemagne et presque toute l'Europe.

A dater de notre révolution de 1789 , les coalitions des rois devaient avoir un tout autre objet. Ce n'était plus désormais contre leur naturelle ambition qu'ils devaient chercher à se garantir, mais contre l'esprit de liberté qui menaçait tous les trônes d'une ruine prochaine. C'est ce qui se trouve clairement expliqué dans le manifeste du roi de Prusse, du 26 juillet 1792. Ce roi énonça formellement que « le danger de la propagation des idées révolutionnaires est un des motifs qui lui ont fait prendre les armes. » Ce manifeste est de tous points d'une maladresse inconcevable. Il fut publié le 25 juillet de la même année, par le duc de Brunswick, généralissime des cours alliées d'Autriche et de Prusse. Il y est dit que tous les gardes nationaux qui se battraient contre les troupes des cours coalisées et qu'on prendrait les armes à la main, seraient punis comme rebelles, que tous les habitans qui se défendraient subiraient toute la rigueur des lois de la guerre, que tous les magistrats répondraient sur leurs têtes de la tournure que prendraient les événemens. Une telle déclaration aurait excité l'indignation du peuple le plus lâche et le plus avili; quel effet ne dut-elle pas produire sur les Français! Ils coururent aux armes, les gardes nationales se formèrent de toutes parts sur la route de la Champagne par où le roi de Prusse , vaincu à Grandpré par Dumouriez, et par Kellerman à Valmy, se vit obligé de regagner ses états , rassemblant à grand'peine quelques débris d'une armée de plus de cent mille hommes.

Du moment où les Prussiens eurent opéré leur retraite, les Français envahirent le pays ennemi sur plusieurs points. M. de Montesquieu s'empara de la Savoie, le général Anselme occupa Nice, et Custines enleva les places germaniques sur les bords du Rhin, emporta Mayence et pénétra jusqu'à Francfort. Enfin Dumouriez, après avoir battu le 6 novembre, à Jemmapes, le prince de Cobourg, s'empára de la Belgique et en chassa les Autrichiens.

Tels furent les premiers succès de nos armes. Mais bientôt le gouvernement révolutionnaire, et la mauvaise administration du ministre de la guerre, Pache, firent succéder à ces triomphes des revers. Toutefois les grandes mesures prises par la convention parvinrent à mettre sur pied onze armées, et à porter présens sous les armes six cent mille hommes. Ils eurent à combattre à la fois la Prusse, l'Autriche, la Hollande et l'Angleterre. Les soldats-citoyens firent face partout. La victoire de Fleurus remportée par Jourdan , quelques jours avant le 9 thermidor, fut le signal auquel ils s'élancèrent au-delà des lignes qu'ils avaient conquises. Pichegru, Moreau, Macdonald et Vandamme renouvelèrent et surpassèrent les prodiges de Turenne en Hollande ; Masséna envahit le Piémont ; en Espagne, Dugommier, Pérignon, Augereau et Moncey, qui venaient de franchir les Pyrénées, s'emparent de la Navarre et de la Biscaye. L'armée de Sambre et Meuse s'illustra aussi par d'importantes conquêtes, elle enleva Maëstricht, Coblentz et Andernach, après avoir gagné la bataille d'Aldenoven.

De si nombreux et de si grands succès avaient frappé de terreur tous nos ennemis ; après deux ans de continuels revers, quelques-uns se décidèrent à demander la paix. Le 6 mai 1795, un traité d'alliance fut conclu entre la France et la république Batave, et le 17 du même mois, un autre traité établit, dans le nord de l'Allemagne, une ligue de neutralité avec le roi de Prusse. Enfin le 22 juillet de la même année, le roi d'Espagne céda la partie de Saint-Domingue qu'il occupait à la république française qui accepta la paix.

L'Autriche resta seule avec l'Angleterre sur le terrain des hostilités contre la France. Elle redoubla d'efforts et couvrit de deux-cent quatre-vingt-mille combattans les campagnes de l'Italie. Cette puissance comptait en outre deux armées, l'une dans la Bavière et l'autre sur le Rhin. C'est en combattant celle-ci que s'illustrèrent par de savantes manœuvres Moreau et Desaix ; Moreau surtout, qui, après la perte de la bataille de Neumara où commandait Jourdan , opéra une retraite pendant laquelle il battit toujours l'ennemi, retraite presque aussi célèbre que les grandes victoires improvisées dans le même temps sur le sol de l'Italie où Bonaparte venait de détruire deux armées d'impériaux. Une troisième fut détruite ou dispersée à la bataille de Castiglione, et une quatrième à Arcole, à Rivoli et à Mantoue. Bonaparte entièrement maître de la Haute-Italie s'avança vers la capitale de l'empire qui demanda enfin à conclure un traité dont les préliminaires furent signés à Holben et confirmés à Campo-Formio. Il fut ratifié à Paris et à Vienne le 3 novembre, dans le temps où les princes de l'empire réunis à Rastadt discutaient sur les moyens d'établir une paix durable entre toutes les puissances.

Les Anglais seuls étaient en armes sur toutes les mers. Ce fut dans ces circonstances que le directoire entreprit la campagne d'Egypte. Si son but eût été atteint, il eût porté un coup mortel au commerce de notre implacable ennemie en rendant à

Alexandrie l'importance qu'elle eut sur les peuples anciens, lorsqu'elle était l'entrepôt de toutes les productions de l'Inde. L'Angleterre prévint sa ruine en provoquant une nouvelle coalition. Les conférences de Rastadt furent rompues. Nos plénipotentiaires Jean de Bry et Roberot y furent assassinés. A cette nouvelle toute la France se souleva d'indignation, et toute l'Europe et une partie de l'Asie s'avancèrent contre la France. La Porte et la Russie vinrent augmenter le nombre des ennemis que nous avions eu à combattre pendant la première coalition.

Nos troupes éprouvaient des revers ; elles furent obligées d'abandonner plusieurs provinces de l'Italie. Souvarow y avait marché à la tête d'une formidable armée Russe, il se flattait de vaincre nos généraux *en fumant sa pipe*. Tant d'insolence n'était pas un garant de la victoire. Il obtint quelques succès dès le début de la campagne, mais bientôt complétement battu par Masséna, à Zurich, il vit prendre ou disperser toute son armée. La victoire remportée, presque le même jour, par Brune, en Hollande, vint rassurer les destinées de la France. Presque le même jour aussi, Bonaparte avait abordé d'Egypte, et un mois après, le pouvoir consulaire prit la place du régime directorial.

Bonaparte, premier consul, vint retrouver le champ de ses premiers et de ses plus beaux exploits. Il franchit le Saint-Bernard à la tête d'une armée, et conquiert à Marengo, avec la victoire, la paix. Mais avant que l'Autriche se résolve à la signer il faudra que Moreau, à la tête de l'armée du Rhin, ait remporté les victoires d'Hochwett et de Nordlingue, et qu'après celle de Hohenlinden, il se soit avancé jusqu'à trois journées de Vienne. Le 9 février 1801 fut signé le traité de Lunéville qui nous garantit de nouveau l'entière cession de la Belgique et de la rive gauche du Rhin. Le 18, on traita avec le roi de Prusse, et dans le mois de septembre, avec le Portugal, la Russie et la Porte-Ottomane; et enfin avec l'Angleterre, le 25 mars 1802. Ce dernier traité, qui fut conclu à la suite d'un congrès tenu à Amiens, sanctionnait toutes les acquisitions continentales de la république française, reconnaissait les républiques secondaires créées sous sa protection, et restituait les colonies enlevées à la France.

La paix avec l'Angleterre ne pouvait pas être durable. En attendant que ses intrigues pussent former une troisième coalition, elle s'allia avec les révoltés de Saint-Domingue, et, sans autre manifeste, ordonna à sa marine de courir sur les vaisseaux français de toute nature. Par réciprocité, le gouvernement français fit occuper le Hanôvre qui était sous la domination anglaise.

Cependant des troupes nombreuses filaient sur nos côtes le long de l'Océan pour former un camp à Boulogne ; douze cents bateaux plats se réunissaient ou se construisaient dans ce port pour porter sur la rive britannique une formidable armée. L'angleterre, menacée pour ses propres foyers, redoubla d'intrigues afin d'amener une diversion. Elle conclut un traité d'alliance le 8 avril, à Saint-Pétersbourg, dans lequel il fut stipulé que les parties contractantes emploieraient les moyens les plus prompts pour former une ligue générale contre le gouvernement français. Le but de cette coalition était l'évacuation du Hanôvre et de l'Allemagne par les troupes françaises, le rétablissement du roi de Sardaigne en Piémont, la sécurité du royaume de Naples, l'entière évacuation de l'Italie par les armées de Napoléon. La Suède et l'Autriche accédèrent au traité. Les armées coalisées se mirent en mouvement. A cette nouvelle, Napoléon abandonnant ses projets de descente en Angleterre, lève le camp de Boulogne, et marche à leur rencontre. Il arrive sur les bords du Danube dans les premiers jours d'octobre. Il bat les ennemis à Wertinguen, à Langeneau, à Nordlingue et s'empare d'Ulm et de sa garnison composée de trente-six mille Autrichiens qui mettent bas les armes sur les glacis et sont faits prisonniers de guerre. Nos colonnes s'avancent ensuite sur Vienne toujours battant les débris de l'armée vaincue. Vainement les Russes viennent se mettre en ligne à leur tour pour défendre cette capitale, ils sont battus, et Vienne ouvre ses portes aux vainqueurs. Les succès obtenus en Italie n'étaient pas moins éclatans. L'archiduc Charles était en pleine retraite devant Masséna, qui, après l'avoir défait dans plusieurs rencontres, s'avançait aussi sous les murs de Vienne.

Tels furent les préliminaires de la bataille d'Austerlitz, où Napoléon vainquit les Russes et les Autrichiens réunis. Les Russes y perdirent plus de la moitié de leur armée, et la troisième coalition fut rompue. François II vint demander humblement la paix, et l'on convint d'un armistice avec l'empereur Alexandre qui dut retourner dans ses états *par journées d'étapes*.

L'armistice avait été conclu le 4 décembre; le 26 du même mois le traité de Presbourg rétablit la paix entre la France et l'Autriche. Il porta que les états de Venise, la Dalmatie, l'Albanie seraient réunis au royaume d'Italie. Deux de nos alliés, l'électeur de Bavière et celui de Wurtemberg s'enrichirent d'importantes cessions territoriales, et Napoléon les créa rois. Par ce traité l'Autriche perdit cent onze milles carrés de territoire et une population de deux millions six cent mille ames.

Dès les premiers mois de l'année 1806 commença cette émission de rois et de princes dont Napoléon couvrit tous les pays conquis. Joseph Bonaparte fut nommé roi de Hollande, en attendant que de nouvelles victoires érigeassent les trônes où devaient s'asseoir Louis et Jérôme.

Une pensée plus digne de Bonaparte occupait l'esprit de l'empereur des Français lorsqu'il posa les bases de *la confédération du Rhin*. Les princes allemands, signataires de cette convention, se séparèrent à toujours du pacte germanique, et s'unirent entre eux et avec la France par un lien mutuel. Napoléon se conféra le titre de *protecteur de la confédération du Rhin*.

Les difficultés élevées par la Prusse, à propos de cette confédération à laquelle Frédéric-Guillaume voulait opposer une confédération du Nord, furent cause d'une nouvelle coalition. Napoléon n'attendit pas qu'on vînt l'attaquer, il marcha contre Frédéric-Guillaume qui avait mis en première ligne une armée de deux cent mille hommes commandée par le prince de Brunswick. Le

14 octobre, cette armée se trouvait conceutrée dans les plaines d'Ayerstanct et d'Iéna, elle fut complétement battue par Napoléon sur le premier point, et par Davoust sur le second. Quarante mille hommes, deux cent soixante pièces de canon demeurèrent au pouvoir du vainqueur. Le duc de Brunswick fut blessé mortellement dans la bataille. Les ennemis furent encore battus à Erfurth, à Halle, et Berlin ouvrit ses portes le 15 octobre, quinze jours après l'entrée en campagne des troupes françaises. La fortune continua á nous être favorable: Soult battit Hohenlohe à Prentzlow; Ney fit capituler Magdebourg, et Blucher fut pris avec vingt mille hommes et toute son artillerie dans la place de Lubeck qui ouvrit ses portes à Murat et à Bernadotte. Ce corps était le dernier débris de cette superbe armée qui se proclamait si redoutable un mois auparavant.

A la suite de ces succès, Spandau, Stettin, Glogau, Breslaw se rendirent; le Brandebourg, le Mecklembourg, la Silésie, la Poméranie, les états saxons, la Franconie, la Westphalie, les états de Hesse - Cassel et le duché de Brunswick furent soumis, et nos phalanges partirent en Pologne où les attendaient de nouveaux combats, de nouveaux triomphes.

Les Russes étaient venus trop tard au secours de la Prusse; ils entrèrent en campagne au commencement de 1807. Le 8 et le 9 février eut lieu la bataille d'Eylau, qui rendit les Français maîtres des deux rives de la Vistule. Après les combats d'Ostrolinka et de Braunsberg, Napoléon occupa tout ce qui reste de la Pologne démembrée. Le roi de Prusse se renferma dans Mémel, qui est situé dans la partie la plus septentrionale de ses états. Dantzick se rendit pendant l'hiver au maréchal Lefebvre.

Le 14 juin au matin, les armées russe et française se trouvèrent en présence, au lieu appelé Friedland. Un beau soleil se réflétait sur les armes de nos guerriers : *C'est le soleil de Marengo* ! s'écria Napoléon. La bataille se présentait en effet comme un glorieux anniversaire de cette célèbre journée; celle de Friedland ne fut pas moins décisive. Cette victoire porta le quartier impérial français aux bords du Niémen; de l'autre côté de ce fleuve s'étendaient les terres de l'autocrate.

La seconde campagne de Prusse ne dura que dix jours. Toutes les trompettes de la renommée ont célébré le double traité de Tilsitt qui fut le résultat de si grands exploits. Les bases en furent posées sur un radeau, image de la politique flottante des rois, dit un historien. Il fut signé le 7 juillet par l'empereur de Russie, et le 9 par le roi de

Prusse. Le czar et son allié approuvèrent l'intronisation de Joseph Bonaparte à Naples, de Louis Bonaparte en Hollande, et de Jérôme Bonaparte en Westphalie. Le roi Guillaume perdit tout ce qu'il possédait de territoire en Westphalie, en Franconie et à Neufchâtel, et le roi de Suède, qui avait pris les armes aussi, fut forcé de céder Stralsund, la Poméranie suédoise et l'île de Rugen. L'autocrate accéda au système continental, et promit d'interdire l'entrée de ses ports aux vaisseaux anglais. L'occasion eût été belle pour reconstituer le royaume de Pologne; Napoléon ne voulut pas même y songer; ce fut une très grande faute : mais c'en fut une plus grande encore que de s'emparer de l'Espagne contrairement à la foi des traités, au respect de toutes les lois divines et humaines. Les Espagnols s'allièrent avec l'Angleterre, et devinrent nos ennemis les plus redoutables.

Les premiers efforts de cette coalition ne furent pas heureux ; les Anglais qu'on avait refoulés vers la Corogne furent battus et obligés de se rembarquer. Mais en ce moment même, une cinquième coalition s'était formée dans le nord. Napoléon traversa le Rhin en avril 1809, pour arrêter les mouvemens de l'archiduc Charles qui marchait à la conquête de la Bavière. Le prince Eugène s'opposait

à l'archiduc Jean en Italie. Napoléon, vainqueur à Taun et bientôt après à Ratisbonne,
rejeta l'ennemi sur la rive gauche du Danube, et, profitant d'une faute que fit le général ennemi, marcha rapidement sur Vienne
qui capitula pour la seconde fois. Un mois
après environ eut lieu la bataille de Wagram, à la suite de laquelle nos troupes cer-
nèrent les Autrichiens tambour battant jusqu'aux frontières de la Bohème. L'armistice
de Zaine, signé le 14 juillet, les sauva d'une
perte totale. En octobre, il fut conclu un
traité par lequel l'empereur d'Autriche abandonna le Frioul, l'Istrie, la Malaquie, la
Carniole et la plus grande partie de la Co-
rinthie, qui, jointe à la Dalmatie, forma les
provinces Illyriennes dépendantes de l'empire français. Une partie de la Gallicie avec
Cracovie fut adjointe au duché de Varsovie.
L'autriche, indépendamment de ces sacri-
fices, approuva tous les changemens surve-
nus ou à *survenir* en Allemagne, en Italie,
en Espagne, en Portugal, et adhéra au système prohibitif des marchandises anglaises,
s'engageant à fermer ses ports aux ennemis
du continent. Enfin, dès ce moment, dit-on,
François accorda par un article secret, à
Napoléon, la main de l'archiduchesse sa
fille.

Il est digne de remarque, dit un historien , qu'à la fin de 1809, Napoléon semblait déjà descendu de l'apogée de sa gloire, les rayons en avaient pâli à ses propres yeux. Pendant toute la durée de la guerre d'Autriche, il avait été inquiet sur son issue..... Avant la bataille de Wagram, Napoléon écrivait à Fouché: «Au moins conservez-moi Paris ; faites que j'y sois bien reçu. » Le jour où cette idée venait de naître chez le vainqueur de l'Europe, ajoute le même auteur, le char de la fortune était sur son penchant. Son mariage avec Marie-Louise d'Autriche ne fut pas la moindre preuve de l'affaiblissement de sa puissance morale.

Ce fut l'ambition désordornée de Napoléon plutôt, sans doute, que l'infraction du czar au blocus continental, qui amena la guerre de 1811 contre la Russie. Il se forma encore une coalition, mais cette fois les coalisés se trouvèrent du côté de la France. De gré ou de force , l'Autriche, la Prusse et presque tous les états d'Allemagne prêtèrent l'appui de leurs troupes à l'empereur des Français, qui s'avança contre la Russie à la tête d'une armée immense. Il passa le Niémen, et vainqueur à Ostrownow, à Vitepsk, à Polosk, à Krakow, la fortune desarmes con tinuant à le servir, il enleva Smolensk et marcha ensuite par journées d'étapes sur Moscow, où il fit son entrée après avoir remporté la célèbre bataille de la Moskowa.

On sait quels furent les funestes résultats
de cette aventureuse expédition. Nos soldats
ne trouvèrent dans cette dernière ville que
des cendres et des décombres, et le temps
qu'on perdit en vaines négociations fut cause
que l'hiver les surprit au commencement
d'une retraite de plusieurs centaines de lieues
qui s'opéra sans munitions de bouche , sur
un sol couvert de neige et de glace. De quatre
cent mille hommes qui avaient passé le Niémen six mois auparavant, environ quatre-
vingt mille seulement le repassèrent sans
bagages, sans cavalerie, sans artillerie.

C'était le moment des revers, les défections
allaient commencer. Frédéric-Guillaume en
donna l'exemple. Il joignit aux troupes de la
Russie toutes ses troupes et sa landwher.

Cependant Napoléon qui avait abandonné
son armée sitôt après le passage du Niémen,
reparut bientôt sur les bords de l'Elbe avec
de nouvelles troupes. Il battit les ennemis
à Lutzen, à Bautzen et à Vertzen. La fortune
semblait de nouveau lui tendre la main.
Alexandre et Frédéric demandèrent un armistice, ils avaient besoin d'un délai pour déterminer l'empereur d'Autriche et le prince
royal de Suède (Bernadotte) à prendre part
avec eux. Si Napoléon refusait la trève ils
étaien perdus. Mais sa mauvaise étoile l'emporta , et le congrès de Prague eut lieu
8.

Lorsque ses ennemis eurent conclu les alliances qu'ils avaient projetées, les conférences furent brusquement rompues, et les hostilités recommencèrent.

Napoléon fut encore vainqueur à Dresde, mais des revers succédèrent; Vandamme fut surpris dans les gorges de Culm, Ney fut battu à Domnawitz, et le duc de Tarente se vit forcé de reculer devant Blucher. Ces échecs empêchèrent l'exécution d'une des plus belles conceptions stratégiques de Napoléon: son but était de marcher sur les places de l'Asprée, de l'Oder et de la Vistule, qui étaient occupées par cent soixante-dix mille Français; s'il les eût ralliés à son armée, il demeurait infailliblement maître de la campagne et peut-être de la Prusse.

Trompé dans ses espérances, il ordonna la retraite. A Leipsick, il rencontra toutes les forces de l'ennemi que venait d'augmenter une armée commandée par le prince royal. Cependant les Français triomphèrent le 16 octobre; mais le 18 les Saxons, les Bavarois et les Wurtembergeois, qui combattaient dans nos rangs, en passant à l'ennemi, furent cause d'un des plus grands désastres qu'aient éprouvés nos armées. Arrivés à Hanau, nos malheureux soldats eurent à lutter contre un autre défectionnaire, Wrède, qui était accouru du Tyrol avec quarante mille hommes pour fermer la route de leur patrie aux débris de Leipsick.

En décembre 1813, la France était menacée de toutes parts : la coalition du Nord occupait le Rhin, l'Escaut et la Hollande. En Italie, Eugène aurait pu résister peut-être, mais Murat ne le secondait pas. Ce roi de fabrique napoléonienne était sur le point de faire cause commune avec nos ennemis. En Espagne les événemens étaient aussi malheureux que dans le nord. Le roi Joseph était entré deux fois à Madrid, et deux fois il en était ressorti. La bataille de Vittoria avait achevé d'anéantir toute espérance. Au moment où les ennemis menaçaient de franchir le Rhin, il ne restait en Espagne que cinquante mille Français qu'occupaient aux Pyrénées cent mille Anglais ou Espagnols. Cette malheureuse guerre de la Péninsule avait coûté plus de bataillons que nos revers de la Saxe et de la Russie.

Une nouvelle campagne allait commencer sur le sol de la France, que n'auraient jamais profané les pieds de l'ennemi, si Napoléon n'eût pas cessé d'être l'enfant de la révolution pour devenir l'allié des rois. A ces derniers momens de sa fortune, son génie ne l'abandonna pas : les victoires de Chateau-Thierry, de Veauchamps, de Nangis, de Montereau, de Craonne, de Reims, d'Arcis-sur-Aube, de Saint-Dizier exhaussèrent sa gloire militaire. Mais l'armée française, presque imperceptible par son nombre au milieu de ces foules d'ennemis qu'elle avait à combattre, à force de vaincre, allait être vaincue elle-même par la fatigue.

Napoléon méditait alors un plan qui eût pu délivrer la patrie et réédifier son trône. Il voulait, secondé par nos garnisons des places fortes d'Allemagne, de Prusse, de Pologne et de Hambourg, et par le prince Eugène qui aurait fait mine de marcher sur Vienne, amener une diversion sur Berlin. Mais Murat avait fait défection, et le prince Eugène avait dû céder les passages des Alpes aux Autrichiens qui se dirigeaient sur Lyon où Augereau se défendait mollement. C'était dans une de ces circonstances que le congrès de Châtillon offrait à l'empereur des Français des conditions de paix humiliantes. « J'ai reçu la France grande, je ne la remettrai pas humble, servile et rétrécie, » répondit-il. Bientôt la prise de Paris et la trahison de Marmont à Essone lui prouvèrent que s'il n'était pas vaincu, il était du moins abattu sans espoir de se relever. Il se décida à donner son abdication qu'il fit signer à Fontainebleau, le 4 avril. Et la France, lasse, mais non pas encore épuisée après vingt-cinq ans d'efforts immenses, la

France qui eût creusé des abîmes pour toutes les phalanges étrangères si le génie de la liberté l'eût conviée aux batailles, souffrit l'intronisation du frère de Louis XVI. Tel fut le résultat de cette coalition que Bonaparte avait formée, et qui finit par l'écraser sous son poids.

Louis XVIII fit son entrée à Paris, le 3 mai 1814. C'était pour lui une fâcheuse recommandation que d'être venu à la queue des armées de l'invasion pour régner sur un peuple qui durant 24 ans avait dicté des lois à tous les potentats de l'Europe. Les restes rabougris de l'ancienne noblesse dont il s'entoura, les prétentions qu'élevèrent ces personnages ridicules, eurent bientôt indisposé la nation entière. Napoléon qui, de l'île d'Elbe où il s'était réfugié, observait toutes les fautes de la nouvelle cour des Tuileries, jugea que le moment favorable était arrivé pour se montrer sur le théâtre où allait se passer le dernier chant de son épopée.

Il s'élance de son île à la tête d'une poignée de braves, touche le sol de la Provence, traverse le pays lyonnais et arrive à Paris, porté par les vœux, et, pour ainsi dire, sur les bras de tous les Français. Ils espèrent retrouver en lui non plus le despote ambitieux, mais le fils de la France, l'enfant de la révolution et de la liberté. Lui-même a fait naître cet espoir dans ses premières proclamations. Mais l'enthousiasme qui règne autour de lui l'aveugle, il croit que tous les vœux sont pour lui seul, que seul il est la patrie aux yeux de la France, il revient à tout son orgueil et ressaisit son despotisme. Vainement le peu d'élan qui régna au champ de mai eût pu lui faire apercevoir son erreur, il persista dans sa faute. Il lui restait une armée, il mit toutes ses espérances en elle, et la conduisit au delà de la Sambre, contre les Anglais et les Prussiens, tandis que Lamarque s'opposait, dans le Bocage de la Vendée, à une nouvelle chouannerie, et que Rapp et Lecourbe étaient allés couvrir nos frontières.

L'armée que commandait Napoléon n'avait à combattre que les Prussiens et les Anglais; une prompte victoire pouvait suspendre ou arrêter la coalition que les souverains venaient de signer au congrès de Vienne. Les destinées de l'Europe dépendaient peut-être du succès d'une bataille. On se battit d'abord à Fleurus; le triomphe nous coûta cher et fut sans résultat. Napoléon n'avait eu affaire qu'aux Anglais dans cette première journée. Il envoya Grouchy avec trente mille hommes pour s'opposer à la jonction de Blucher avec Wellington. Tranquille après avoir commandé cette marche, il accepta la bataille que lui présentait le général anglais à Mont-Saint-Jean. Mais Grouchy s'égara et les Prussiens purent se joindre aux Anglais. Dès cet instant, la victoire qui s'était déclarée pour nos armes changea de drapeau, et nos braves soldats écrasés par le nombre, surent opérer une retraite qui devint bientôt une effroyable déroute.

Toutefois la France eût pu se sauver d'une seconde invasion si la trahison ne l'eût vendue encore aux étrangers et à Louis XVIII. Les troupes françaises réunies sous les murs de la capitale formaient un effectif de cent quatre mille hommes avec lesquels il eût été facile de vaincre soixante mille Prussiens ou Anglais, mais Napoléon avait abdiqué pour la seconde fois, et le traître Fouché, qui présidait au gouvernement provisoire, fut assez habile pour paralyser les efforts des patriotes qui redoutaient également le despotisme de l'empereur déchu et l'invasion des puissances étrangères. Il éloigna l'un et berna les autres d'un vain espoir. Davoust se hâta de conclure la capitulation de Paris, et quand Louis XVIII se présenta, il n'eut plus qu'à s'asseoir sur le trône.   DANTON.

COATI. C'est le nom américain d'un genre de mammifères carnassiers plantigrades qui se approchent des ours par leur système dentaire. On en connat deux espèces, le *roux* et le *brun*, et toutes les variétés ont été observées à l'état vivant, au muséum d'histoire naturelle de Paris. Ces animaux, nommés aussi, dans leur pays, *mondé* ou *mondi*, ont pour caractère le plus remarquable l'alongement et la mobilité de leur nez, qui dépasse de plus d'un pouce l'arc des dents incisives. Cette espèce de boutoir, qui est mu par deux muscles plus forts à proportion que dans le cochon, n'est point le sens du toucher comme le grouins dans ce dernier animal. Leurs pieds qui sont à demi-palmés ont cinq doigts dont les trois intermédiaires sont les plus longs et le pouce le plus court; on a cru que leurs ongles alongés leur servaient à fouir. La pupille se ressère en une fente transversale quand leur œil est exposé au soleil. Leur corps est très-alongé eu égard à la brièveté de leurs jambes; la longueur de la queue égale celle du corps; dans l'état ordinaire elle est redressée en haut et droite. Leur tête est si prolongée qu'en retranchant le boutoir elle paraît encore aussi effilée que celle des renards. L'agitation continuelle de ce long nez toujours fouillant et touchant à tout ce qui est à sa portée, donne à ces animaux un caractère de turbulence. Il ne creusent point de terrier et fouissent avec leur boutoir seulement, mais ils se servent de leurs pieds pour déchirer et porter les alimens à leur bouche. Ils se couchent en rond comme les chiens, lapent comme eux en buvant, et retroussent leur nez pour ne pas le mouiller.

Les coatis n'habitent que les forêts, où ils vivent en petite troupe plus nombreuses dans l'espèce brune ; on les apprivoise aisément. Leur cri, dans la colère, est un aboiement très-aigu ; dans le contentement ils font entendre un petit sifflement assez doux. Ils aiment les caresses, mais ne sont pas susceptibles d'affection ; les mâles sont plus nombreux que les femelles. Ils grimpent sur les arbres pour y poursuivre les oiseaux, dont ils ravagent les nids ; ils en descendent la tête la première, ce qu'ils doivent à la faculté de retourner leurs pieds de derrière dont ils accrochent les ongles à l'écorce. Dans les forêts, ils nichent sur les arbres. Si l'on y surprend une troupe, dit Azara, et si l'on fait semblant d'abattre l'arbre, ils se laissent tous tomber comme des masses. Leurs morsures sont dangereuses à cause des canines, qui sont fortes et tranchantes.　　　J. L. NUMA.

COBALT. Ce métal était employé depuis le quinzième siècle pour colorer le verre en bleu ; mais on ne connaissait point sa nature. C'est le chimiste Brandt qui lui a donné le nom sous lequel il est connu et qui l'a rangé au nombre des métaux. La plus grande partie du cobalt que l'on trouve dans le commerce, nous vient de la Saxe, sous le nom de *safre*; à cet état il est très-impur, mélangé le plus souvent avec des matières siliceuses, beaucoup d'arsenic, quelquefois du nickel et du bismuth.

Le cobalt est d'un gris un peu rose, sans éclat. Il n'a ni odeur, ni saveur sensible. Il est susceptible d'être attiré par l'aimant, mais à un plus faible degré que l'acier et le nickel. Il entre en fusion à 130° de Wedgwood; il ne se volatise point L'eau et l'air n'ont aucune action sur lui; mais il se dissout dans plusieurs acides, et peut s'allier avec divers métaux.

Il n'est point employé à l'état métallique, mais à l'état d'oxide. Son protoxide est bleu azur foncé, et son péroxide est noir-bleu. Ces deux oxides constituent les différentes qua'ités de smalt et d'azur qu'on trouve dans le commerce, lorsqu'ils sont à l'état de verre obtenu à l'aide de la fusion et pulvérisé ensuite.

Le cobalt s'unit au chlore, au phosphore et au soufre; on ne l'a point encore combiné avec l'iode, l'hydrogène, l'azote, le bore et le carbone,

On trouve dans le commerce une préparation dont les peintres se servent avec avantage ; on la nomme *bleu de cobalt*, on en
doit la découverte à M. Thénard. Ce célèbre
chimiste recommande de préparer cette couleur de la manière suivante : on traite, à
l'aide de la chaleur, la mine de cobalt grillée
par un excès d'acide nitrique étendu d'eau ;
on évapore presque à siccité, on fait chauf-
fer le résidu avec de l'eau, on filtre, et l'on
verse dans la dissolution du sous-phosphate
de soude qui donne lieu à un précipité violet
de sous-phosphate de cobalt ; on mélange
exactement une partie de ce précipité bien
lavé avec huit parties d'alumine en gelée ;
on fait sécher, et l'on soumet cette matière
à une chaleur rouge cerise, pendant une
demi-heure ; on obtiendra ainsi une poudre
d'un beau bleu.

Hippolyte Thébaut.

COBÉE (bot.), *cobæa, pentandrie, mono-
gynie* de Linn., *polémoniacées* de Juss. La
connaissance de cette plante est due à Cava-
nille, botaniste espagnol distingué ; il lui
donna ce nom en mémoire du P. Cobo, jé-
suite qui l'avait observée et décrité pendant
le long séjour qu'il fit au Mexique. Ses caractères généraux sont : calice persistant, campanulé, pentagone à cinq divisions ovale ;
corolle campaniforme à cinq lobes arrondi ;

cinq étamines, filamens en spirale, style à
trois stygmates, ovaire entouré d'un disque à
cinq pans. Le fruit est une capsule supérieure, assez grosse, oblongue, triangulaire,
à trois loges et trois valves; les semences sont
imbriquées sur un réceptacle central et de
forme prismatique. Ce genre n'a encore
qu'une espèce connue, c'est le:

COBÉE GRUMPANT, *cobœa scandens*,
arbrisseau d'un assez bel effet, à tiges sar-
menteuses et flexibles de ces tiges partent
un grand nombre de rameaux grêles, très-
longs, bien étalés et qui acquièrent un
développement rapide et une assez grande
hauteur. Feuilles, alternes, pétiolées d'un
beau vert oupourprées, ailées, sans impaire;
quatre paires de folioles pédicillées, entières,
assez grandes et ovales; pétiole, terminé par
une vrille bifurquée; pédoncules, axillaires,
solitaires, uniflores; corolle pendante, grande, campanulée; fleur, d'abord d'un jaune
soufre, puis d'un beau violet, à tube large
cylindrique, velu à l'intérieur; limbe, partagé en cinq découpures, à trois lobes courts
réfléchis en dehors; les filamens insérés vers
la base de la corolle, arqués en spirale, sont
lanugineux à leur insertion: la capsule est
grosse, oblongue, à trois côtés, s'ouvrant de
bas enhaut; calice persistant et très-ouvert;
semences planes et entourées d'un rebord

membraneux. Cette plante est originaire du Mexique; elle s'est assez bien acclimatée en France; elle supporte environ quatre degrés de froid, se reproduit de graines; elle demande une terre de bruyère mêlée avec de la terre franche, qu'il faut renouveler deux fois par an : elle demande de fréquens arrosemens. Le *cobœa* est une plante assez répandue. La facilité avec laquelle elle acquiert un grand développement la fait employer pour couvrir des berceaux, des murs dont l'exposition est peu favorable; elle forme des guirlandes et se prête à tout ce que le goût inspire à un jardinier habile. J'ai vu un temple de verdure dont les colonnes formées par des plans de Cobœa étaient du plus bel effet.

E. P.

COCAGNE (PAYS DE).—Le pays de Cocagne est un lieu où les habitans vivent dans l'abondance, sans soucis, sans tristesse, et sans s'inquiéter de rien. On voit tout de suite par cette description que le pays de Cocagne est un pays imaginaire. Quelques auteurs croient que *cocagne* dérive de *gogaille*, par corruption *cocagne*. Du reste, sans plus chercher la naissance ou l'origine de ce mot, nous dirons que *pays de cocagne* est un dicton très populaire et qui s'emploie fort souvent. On entend par là l'age d'or, le paradis sur terre. Pauvres humains que nous sommes!

nous avons raison de rêver un ordre de choses meilleur ; cependant n'espérons jamais voir se réaliser pour nous le *pays de cocagne.* De là aussi viennent les *mâts de cocagne,* partie des plaisirs de nos solennités populaire, aumône dégradante faite à l'indigence, invention de diable ou de grand seigneur: Jugez : Le *mât de cocagne* est un arbre très-haut, dépouillé de son écorce et de ses aspérités, qu'on dresse en terre après l'avoir préalablement rendu très-glissant par plusieurs couches d'huile, de savon ou autres matières grasses, puis à sa sommité on met quelques menus appâts, tels que montre d'argent, timballe, voire même des saucissons... Voilà les prix destinés au plus adroit. On a voulu peut-être prouver par là combien il est difficile à celui qui n'a rien d'avoir quelque chose, ou bien mettre en faveur ces paroles de l'Ecriture : Quiconque s'élève sera abaissé, voilà pour le peuple.... Quiconque s'abaisse sera élevé, voilà pour le grand seigneur. JOANNY-AUGIER.

COCARDE.—Ce mot s'est d'abord écrit *coquarde;* il a la même étymologie que *coquart* ou *quoquart* qui voulait dire un merveilleux, enfin ce que nous appelons aujourd'hui un dandy, un fat, un petit-maître.—Autrefois la *coquarde* était le symbole de la coquetterie; la jeune fille parée d'un ru-

ban, le jeune garçon décoré d'un signe d'a-
mour portaient la coquarde.—En 1572, sous
Charles IX, roi d'infâme mémoire, lorsque
ce dernier par le conseil de sa mère organisa
les bataillons d'égorgeurs catholiques, il
enjoignit à ceux-ci de se reconnaître au
moyen d'une croix de papier blanc attachée
au chapeau. Nous voyons par là qu'à cette
époque on n'avait encore aucune idée de la
cocarde actuelle. Au temps de la fronde vers
1650, on ne connaissait pas encore la cocarde,
puisque les frondeurs s'avisèrent de mettre
à leur chapeaux *de la paille* pour signe de
parti. C'est seulement dans les guerres du
17ᵉ siècle qu'à défaut d'habits d'uniforme
ou de vêtemens assez reconnaissables, on
imagina les cocardes pour se distinguer dans
le combat. Ainsi, en 1688, les chapeaux des
soldats français étaient reconnaissables par
des cocardes de papier. Jusqu'aux guerres de
la révolution, la cocarde ne fut qu'un signe
purement militaire, *porter cocarde* voulait
dire être au service. Au 13 juillet 1789, la
cocarde cessa d'être purement militaire, les
citoyens prirent le ruban tricolore comme
insigne politique. La cocarde rouge, blanche
et bleue, fut portée par les troupes françaises jusqu'en 1814, année fatale à notre
gloire, année qui vit tomber cette cocarde
célèbre par un si grand nombre de brillans

combats. Il fallut céder à la coalition étrangère. Louis XVIII revint apportant cette cocarde blanche et ce pâle drapeau qui était loin de rappeler d'aussi beaux souvenirs; on vit cependant alors quelques grotesques individus en attacher d'énormes à leur chapeau. Disons-le hautement, la cocarde blanche n'a jamais été française; linguistiquement et historiquement parlant et mettant de côté toute allusion politique, il n'y a eu de cocarde française en vertu de loi que la cocarde tricolore. Seulement, la cocarde blanche a été, par ordonnance, celle des soldats de 1767 à 1789. —En 1830, la cocarde tricolore a été rétablie et les fonctionnaires publics, l'armée, et la garde nationale en service, sont seuls tenus de la porter. Mais à cette dernière époque, il suffit de l'apparition des trois couleurs pour rallier tous les soutiens et amis de la cause nationale. C'est la cocarde tricolore au chapeau que nos soldats ont fait trembler pendant vingt ans les rois de l'Europe ligués contre la France. On a dit en 1789 que la cocarde tricolore ferait le tour du monde... Rarement le peuple se trompe dans ses prédictions !

JOANNY-AUGIER.

COCCINELLE, genre d'insectes *coléoptères*, de forme arrondie et presque hémisphérique dans un très-grand nombre d'espèces.

La tête est petite; les antennes courtes; le
corselet plus large que long et convexe; l'é-
cusson très-petit et triangulaire; les élytres,
très bombées sous lesquelles les ailes sont
repliées; les pates sont courtes, et comme l'insecte les replie souvent sous son
corps, il en paraît privé. Cent quarante
espèces de ce genre actuellement connues
et décrites, semblent indiquer une grande
variété de caractères spécifiques, mais ces
caractères sont peu saillans et ne constituent
peut-être que des variétés et non des espèces.

Les coccinelles n'ont que cinq à six milli-
mètres au plus, et quelques espèces même
deux ou trois seulement. Elles ne sont pas
remarquées par la magnificence des couleurs, et cependant elles pla sent aux yeux
par leur forme, le brillant et le poli de leurs
élytres, la promptitude de leurs mouvemens,
etc. Elles portent partout des noms vulgaires qui attestent l'intérêt qu'elles inspirent
surtout aux enfans; dans notre langue, ce
sont des *bêtes à Dieu*, des *bêtes à la Vierge*,
des *vaches à Dieu*, etc. Comme leurs pates
sont très-courtes, elles marchent lentement,
mais leur vol est assez rapide, et l'ouverture
des élytres et le déploiement des ailes sont
exécutés avec une telle vitesse, qu'une
coccinelle s'envole presque aussi promptement qu'une mouche commune et plus les-

tement qu'aucun autre coléoptère. Leurs caractères spécifiques sont déduits de la couleur des élytres et des autres parties du corps; du nombre, de la grandeur, de la couleur et de la disposition des points dont les élytres sont parsemés. C'est principalement en Amérique que l'on trouve les plus grandes espèces. Ce genre est également répandu dans les deux continens et dans les îles où les arbres peuvent végéter. Il y a même des coccinelles au Groenland.

Ces petits animaux à l'état parfait et à celui de larve, font la chasse aux pucerons et subsistent aux dépens de ces insectes si nuisibles aux jardins. Il faut donc les mettre au nombre des insectes qui méritent la protection de l'homme.

L'insecte parfait résiste à la rigueur de nos hivers et reparaît aux premiers beaux jours du printemps; cette saison est pour eux l'époque de l'accouplement, et bientôt après celle de leur mort. Les œufs sont déposés sur les plantes où les insectes ont vécu; les larves qui en sortent sont organisées pour faire la guerre aux pucerons; elles les saisissent avec leurs pates de devant et les portent à leur bouche, où ils sont retenus par deux grands barbillons dont la mâchoire inférieure est munie. Toute autre proie leur est bonne si elle peut être saisie et enlacée

comme les pucerons , et , faute d'autre substance, ces larves s'attaquent les unes les autres , suivant l'usage de tous les insectes carnassiers. Lorsque le temps de la transformation des larves est arrivé, leur corps alongé se
raccourcit ; elles se collent contre une feuille
par le dernier anneau de leur enveloppe, et
au bout de deux ou trois jours elles sont tout-
à-fait débarrassées de ce vêtement qui ne convient plus à leur taille. Quoique les nymphes
aient besoin de repos durant tout le temps de
leur passage à l'état d'insecte parfait , celles
des coccinelles peuvent exécuter quelques
mouvemens sur la feuille où elles sont attachées par la partie postérieure de leur corps.
Au bout de cinq ou six jours la transformation
est accomplie. Les élytres et le dessous du
corps de l'insecte ne se colorent qn'à l'air et
à mesure que ces parties prennent de la
consistance.   J. L. Numa.

COCCYX (anat.) Chez les animaux vertébrés qui n'ont pas de queue , la colonne
vertébrale se termine inférieurement ou en
arrière par un os qui a reçu le nom de *coc-*
cyx, parce que dans l'homme, a-t-on dit , il
ressemble au bec du coucou (en grec *coc-*
cux); il est symétrique, triangulaire, situé
sur la ligne médiane, en dessous ou en arrière du sacrum , avec lequel il contribue à
faire partie du bassin. On peut le considérer

comme un prolongement caudal, rudimentaire ; chacune des pièces qui le composent représente les vertèbres caudales ou coccygiennes des animaux sans queue.

Dans l'homme, sa base tournée en haut et en arrière pendant la station verticale, est articulée avec ce dernier os, sur lequel il peut exécuter ses mouvemens soit en avant, soit en arrière, pendant l'acte de la défécation et l'accouchement. Il donne attache à des muscles qui vont aux membres, à d'autres destinés à le mouvoir et aux ligamens qui l'unissent au sacrum. Pendant le jeune âge, il est composé des quatre pièces réunies par des fibres ligamenteuses qui se condensent et s'ossifient de bonne heure. Il est plus court et plus recourbé en avant chez la femme que chez l'homme. Souvent il est le siége de fractures ou de luxations, principalement chez les personnes âgées. N. CLERMONT.

COCHE et COCHER (voy. VOITURE et VOITURIER).

COCHENILLE (entomologie), matière colorante, rouge, que l'on a long-temps employée dans les arts, sans en connaître la nature, puisqu'on la croyait un fruit pulpeux, tandis que M. Plumier, auquel on doit une histoire des plantes d'Amérique, a reconnu dans la cochenille un véritable insecte, dont il existe plusieurs espèces : il appartient à la famille des gallinsectes dans l'ordre des hémiptères.

COCHENILLE DU NOPAL, *coccus cacti* L. Le mâle seul est pourvu d'ailes, qui se recouvrent horrizontalement sur le corps; il porte deux soies à l'extrémité de son abdomen, entre lesquelles sont placés les organes de la génération. Les femelles ont un bec qui manque dans les mâles. Leurs antennes sont filiformes et composées généralement de onze articles. Le mâle est beaucoup plus petit que la femelle, d'une couleur rouge foncée, les ailes grandes et blanches, les pates longues. La femelle, au moins le double plus grosse, est brunâtre, couverte d'une poussière glauque. Les anneaux dont elle se compose sont assez distincts. Son corps est plane en dessous, et très convexe en dessus. Cet insecte vit sur plusieurs espèces de cactus, dans les diverses provinces du Mexique. Mais pour se procurer plus abondamment ce précieux animal on le soumet à une sorte de culture. On place des femelles, lorsqu'elles ont été fécondées, (ce que l'on reconnaît à leur plus gros volume, à leur forme arrondie et à leur corps presque lisse,) dans des espèces de petits cocons faits en filasse ou en coton, et qu'on suspend aux bouquets d'épines des nopals ou cactiers. Les femelles ne tardent point à pondre leurs œufs, qui sont excessivement nombreux, éclosent et forment des myriades de cochenilles qui se répandent sur toutes les parties du nopal pour y chercher leur nourriture. C'est alors qu'on les recueille en passant la lame émoussée d'un couteau sur les larges expansions charnues qui forment les rameaux des cactiers. Cette opération se répète plusieurs fois de suite pendant la belle saison. On fait périr les cochenilles, soit en les plongeant dans l'eau bouillante, soit en les exposant à la chaleur d'une forte étuve.

On a tenté à plusieurs reprises de naturaliser en Europe la culture du nopal et de la cochenille; c'est ainsi qu'on avait pensé que la Corse pourrait s'enrichir de cette nouvelle branche d'industrie. Mais les essais qu'on a tentés jusqu'à présent ont peu réussi, faute de soins ou de persévérance. On a été plus heureux en Espagne; et, depuis un certain nombre d'années, on est parvenu à acclimater ce précieux animal dans les environs de Malaga où la récolte annuelle présente déjà des résultats importans.

COCHENILLE DU KERMÈS, *coccus ilicis* L. dite vulgairement *graine d'écarlate* ou *vermillon*. Cette espèce de cochenille est plus grosse que celle du nopal; elle vit sur une espèce de chêne, commune dans les endroits rocailleux, sur le bord des chemins, dans le midi de la France; les botanistes désignent cette plante sous le nom de *quercus coccifera*.

La femelle est d'un noir violet, couverte d'une poussière blanchâtre, d'une forme globuleuse et de la grosseur d'un pois. On doit recueillir cette cochenille lorsqu'elle s'est enveloppée de filamens légers qui lui forment une sorte de coque, au moment ou elle se dispose à pondre ses œufs.

COCHENILLE DE POLOGNE. La femelle est d'un brun rougeâtre, ovoïde, s'attachant aux racines du *scleranthus perennis* et de quelques autres plantes. On la trouve non seulement en Pologne, en Russie, mais aussi en France. Avant l'introduction en Europe de la cochenille du nopal, elle était pour la Pologne une branche intéressante d'industrie. Mais aujourd'hui on ne l'emploie guère qne dans le pays où on la récolte. Son principe colorant est fort beau.

Analyses et usages. MM. Pelletier et Caventon ont trouvé dans la cochenille du nopal : matière animale particulière; principe gras, composé de stéorine et d'élaïne; matière odorante acide ; phosphate de chaux et de potasse; hydrochlorate de potasse ; carbonate de chaux; carmine. Cette dernière matière paraît être le principe colorant de la cochenille, à son état de pureté. Elle est solide, d'un rouge pourpre, solide dans l'eau et dans l'alcool, insoluble dans l'éther, inaltérable à l'air, pouvant se fondre à une chaleur de

5o° centigrades. On trouve dans le commerce la cochenille sous trois formes ; *cochenille jaspée, cochenille noire, cochenille silvestre;* celle-ci a été recueillie sans culture préalable. On s'en sert en pharmacie pour communiquer une couleur rouge à certains élixirs, à des poudres, etc.; mais c'est surtout dans la teinture qu'on en fait usage.

La graine d'écarlate analysée par M. Lassaigne a donné pour résultats : matière grasse, jaune; matière colorante, rouge, analogue à la carmine; coccine ou matière animale particulière; phosphates et muriates. Elle nous vient du midi de la France et est fort usitée à cause de son principe colorant qui est plus fixe, mais moins brillant que celui de la cochenille du nopal. On la trouve dans le commerce sous forme de petits grains globuleux, luisans, rouges, déchiré du côté où l'insecte était fixé au végétal sur lequel on l'a récolté.   N. CLERMONT.

COCHLEARIA (bot), genre de plantes de la famille des crucifères, et dont les propriétés stimulantes et anti-scorbutiques sont très remarquables. On connaît deux espèces de cochléaria; nous allons les décrire séparement :

1° *Cochléaria officinal,* appelé vulgairement *herbe aux cuilliers* est une plante bisannuelle qui pousse à la fin de l'hiver une touffe de feuilles radicales, d'un vert foncé, luisantes et portées sur des pédicules de plusieurs pouces de longueur. La racine est simple, fusiforme, de la grosseur d'une plume à écrire. La tige est rameuse dès sa base, à rameaux épars, cylindrique, verte, et offrant des côtes longitudinales. Les feuilles sont alternes, les fleurs blanches, disposées en épis, à l'extrémité des rameaux. Le calice offre quatre sépales obtus, creux et concaves en dedans, convexes en dehors; la corolle, quatre pétales dressés blanc, moitié plus grand que le calice, arrondis, obtus entiers, enfin ce fruit est une silicule arrondie, à deux loges contenant plusieurs graines.

On cultive cette plante dans les jardins; cependant elle croît naturellement sur le rivage de la mer. La saveur des feuilles est âcre, légèrement amère : c'est pourquoi ces feuilles que l'on fait quelquefois manger aux malades, dont les gencives sont enflammées ou engorgées, entrent dans la composition du sirop et du vin anti-scorbutique.

2° *Cochléaria de Bretagne*, dont les noms vulgaires sont : *cranson, raifort sauvage* ou *grand raifort.* Racine vivace, blanchâtre, rameuse, allongée, de la grosseur du bras. Feuilles radicales, longues d'un pied et plus, larges de trois à quatre pouces, sinueuses, irrégulièrement dentées sur les bords, à côte moyenne très proéminente ; les feuilles de la tige sont moins grandes, étroites, lancéolées. Les fleurs blanches, petites, pédonculées, disposées en longs épis paniculés à l'extrémité des rameaux. Les silicules sont petites, à deux loges qui renferment chacune cinq à six graines. La tige haute de deux à trois pieds, est glabre un peu striée. On la rencontre sur le bord des ruisseaux dans la Bretagne et d'autres provinces de France ; elle est également cultivée dans nos jardins.

La racine, dont l'odeur est piquante, la saveur âcre et très forte, est employée contre le scorbut, et regardée comme le remède le plus énergique pour combattre cette maladie.   N. CLERMONT.

COCHON. *hist. nat.*, *mammifères*. Certains naturalistes ont, par extension, donné ce nom à tous les animaux du même genre, qui ont avec lui des rapports génériques, bien que ces rapports ne soient pas assez peu distincts pour qu'on ne puisse pas en faire un genre à part comme on pourrait judicieusement l'établir pour le *babiroussa* et les *pecaris* ; nous les renfermerons cependant sous le même article, faisant observer qu'ils ont les caractères principaux du genre.

Caractères généraux ; les dents molaires sont à racines distinctes, le nombre en varie suivant les espèces, mais la structure est la même pour toutes les espèces ; elles sont composées de tubercules mousses, dont le nombre augmente en proportion de la croissance. Les fausses molaires de la mâchoire supérieure se ressemblent, elles n'ont qu'un tubercule principal, la première molaire est à peu près aussi large qu'épaisse ; elle a deux tubercules principaux séparés par un sillon, l'un à la face externe, l'autre à la face interne; les deux molaires suivantes ont quatre tubercules principaux à leurs quatre coins. Les sangliers seuls ont une septième molaire; celle-ci, outres les quatre tubercules des molaires précédentes, en a un cinquième à la partie postérieure, ce qui rend cette dent plus épaisse que longue. Les quatre premières molaires de la mâchoire inférieure n'ont qu'un seul tubercule, les deux suivantes sont conformes à celles qui leur correspondent, à la mâchoire supérieure; quant à la dernière, elle a six tubercules, trois sur chaque face. Les incisives supérieures sont au nombre de six à quatre, les inférieures de six, deux canines à chaque mâchoires; elles sont de forme et de direction différentes pour les mâles, elles constituent les défenses chez les sangliers, elles sont des armes redoutables. Les pates sont à quatre doigts; quelquefois celles de derrière

n'en ont que trois, les doigts inférieurs sont
mal conformés et sont inutiles au mouvement de l'animal ; les ongles enveloppent
tout-à-fait l'extrémité des doigts ; les yeux
sont petits, la pupille est ronde , les oreilles
sont mobiles et de grandeur moyenne , la
langue est douce , les narines sont percées
au bout d'un groin applati et glanduleux ; le
toucher est presque nu. La couche de graisse
qui s'étend sur tout le corps de cet animal,
augmente encore l'imperfection de ce sens ;
deux sortes de poils, l'une longue et rude,
l'autre plus petite, frisée et dure. Les parties de la génération n'ont rien de particulier,
le nombre des mamelles va jusqu'à douze,
la queue est courte et mince ; leur cri est le
grognement de notre cochon domestique.
Chez ces animaux les sens sont généralement
obtus, l'odorat est celui qui paraît le plus
prononcé ; la pesanteur de leur tête, la brièveté du cou, la petitesse de leurs pates, l'é-
paisseur de leur corps les rendent lourds ;
ils trottent rarement , ils marchent toujours
droit devant eux. Ils se plaisent dans les
lieux fangeux, ils s'y vautrent et y fouissent
pour trouver des vers, des racines et toutes
sortes de détritus de végétaux ; leur intelligence est très bornée, ils reconnaissent assez
volontiers les personnes chargées de les soi-
gner ; à l'état sauvage ils vivent en troupes

assez nombreuses, fréquentent les lieux déserts, on en a trouvé dans toutes les parties
du monde, la Nouvelle-Hollande exceptée.

Le sanglier est le type de notre cochon
domestique. Cette espèce a six incisives à
chaque mâchoire, les canines dépassent les
lèvres et sont recourbées en haut, elles
croissent pendant toute la durée de la vie,
elles n'ont point de racines, sept molaires à
chaque mâchoire, quatre doigts à tous les
pieds.

SANGLIER COMMUN, *sus scrofa*, *Linn*. Sa
couleur est brunâtre, ses soies sont raides,
particulièrement le long de l'épine, se retire
dans les lieux humides et fangeux des forêts,
il n'en sort que lorsqu'il est attaqué ; ce re-
paire, en terme de chasse, est appelé *bauge* ;
il s'accouple de décembre à janvier, la femelle porte cent vingt à cent vingt-quatre
jours, elle met bas de sept à huit petits que
l'on appelle *marcassins* ; leur aspect diffère
jusqu'à la seconde mue de celui du sanglier
fait, leur pelage est formé de bandes longitudinales irrégulières, d'un brun plus ou moins
prononcé, sur un fond blanchâtre ou fauve. A
la sixième année le sanglier a acquis son entier
développement, ils vivent 25 ans environ,
les vieux vont seuls, les femelles sont presque
toujours accompagnées de leurs portées de
trois ans, ils forment des troupes assez nom-

breuses. La chasse du sanglier est fort dangereuse, les laies (femelles) défendent leurs petits avec un acharnement sans exemple, ce n'est qu'à l'aide de forts chiens que l'on doit attaquer ces animaux. Si l'on rencontre une troupe de sangliers, les plus forts font tête à l'orage, malheur au chasseur maladroit, le sanglier blessé ne connaît plus de danger, la détonation des armes à feu l'excite davantage, il s'élance sur celui qui l'a frappé, et d'un coup de boutoir il le renverse, puis il lui fait souvent des blessures affreuses. Le sanglier quitte sa bauge la nuit pour chercher sa nourriture; il fait souvent dans les champs cultivés des dégâts considérables, s'il est pressé par la faim; il attaque quelquefois les animaux qui s'offrent sur son passage.

Cochon commun. — Cette espèce n'est qu'une variété du sanglier; ses soies sont plus rares et plus faibles, sa couleur est communément d'un blanc sale, ses oreilles sont longues et pendantes. L'état domestique a beaucoup influé sur ses mœurs, son intelligence seule y a peu gagné; il n'est guère susceptible que de retrouver seul son gîte à son retour des champs ou d'accourir à la voix de celui qui lui donne sa nourriture; mais il a perdu toute cette énergie qui le caractérise à l'état sauvage. Il paraît que la nourriture abondante qu'on lui donne influe sur les organes de la génération et augmente sa fécondité. Il s'accouple fréquemment : les truies font des portées de 12 à 15 petits ; le cochon domestique se subdivise en quelques variétés que l'on distingue en race, nous allons indiquer les plus importantes.

Race Anglaise.—Ces cochons sont d'une couleur blanchâtre ; ils ont le corps très-allongé, et acquièrent un développement considérable : il n'est pas rare d'en voir du poids de 1200 livres.

Race du Jutland.—Corps alongé, oreilles pendantes, dos courbé, et jambes fort longues : cette espèce est un grand objet de commerce dans le pays ; c'est surtout après la seconde année qu'elle est très-productive, elle donne de 250 à 300 livres de lard.

Race de Zélande : oreilles relevées, dos très-garni de soie ; plus petite que la précédente, et ne donne que de 150 à 200 livres de lard.

Race de Pologne, ou de Russie : espèce de couleur rougeâtre, et qui reste toujours très-petite.

Race noire à jambes courtes, tête courte, mâchoires épaisses, cou très-court, dos large, corps alongé, oreilles presque droites et petites, jambes basses, soies rares : cette espèce se trouve particulièrement dans le midi de l'Europe.

Races de France, celle dite Normande de la vallée d'Auge, tête petite, et pointue, oreilles étroites, corps long et épais, soies blanches et rares, pates minces : elle ne s'élève guère au-delà du poids de 600 livres. Celle du Périgord, poil noir et rude, cou épais et court, corps trapu et ramassé. Celle du Poitou, tête forte, oreille large et pendante, front préominent, soies rudes, pates vigoureuses et larges : dépasse rarement le poids de 500 livres; croisée avec la race du Périgord, on obtient une race très estimée.

Cochon turc. — Cette race a la tête courte et étroite, les oreilles droites et pointues, jambes grêles et basses, les soies frisées; sa couleur est généralement d'un gris de fer, quelquefois noire ou brune : cette variété se rencontre fréquemment en Hongrie ou dans la Turquie d'Europe; elle s'engraisse facilement et ne pèse guère au-delà de 400 livres.

Cochon de Siam, race très-petite, allongée, jambes très-basses, queue pendante, oreilles droites, soies rares, couleur noire et quelquefois blanche; cette rareté dont la chair est très-délicate, se trouve particulièrement répandue dans les îles de la mer du Sud.

Cochon de Guinée, taille petite, tête mince oreilles très-longues et pointues, queue tombant jusqu'à terre, pelage frisé, point de soies, couleur rousse, originaire de Guinée:

se trouve assez répandu dans toute l'Amérique.

Sanglier à masque. Cette espèce est originaire du cap de Bonne-Espérance ; ce qui la distingue, c'est une proéminence charnue et rugueuse qui se trouve sur le devant de la tête et enveloppe toute la partie supérieure : sa taille est celle de notre cochon commun ; cet animal dangereux et sauvage est heureusement peu répandu.

BABIROUSSA ; caractères généraux : quatre incisives à la mâchoire supérieure ; canines sans racines proprement dites ; les inférieures sont aiguës, arquées et triangulaires, semblables à celles du sanglier ; leurs molaires sont conformes à celles du sanglier, si ce n'est que celles-ci ont un plus grand nombre de tubercules ; pieds à quatre doigts, en tout semblables à ceux du cochon.

BABIROUSSA (le), s. m., *sus babyroussa,* Linn. Cet animal, quoique moins lourd que tous ceux de la même espèce, en résume cependant les caractères principaux ; il a le cou épais, la tête terminée par un boutoir, les yeux petits. Sa tête est un peu plus étroite ; le mâle porte de longues défenses, son poil est laineux et court, roussâtre, cendré ; son train de derrière plus élevé que celui de devant ; la peau est très-mince ; il a l'odorat très-fin, et sa chair est assez savoureuse ; sa voix ressemble au groguement du cochon ; il est essentiellement herbivore. Cette variété était connue des anciens : Pline en fait mention dans son quatrième livre ; Elien en parle aussi ; mais comme elle n'a pas encore pu être naturalisée en Europe et qu'elle est peu répandue aux Indes, on ne peut pas donner sur elle des renseignemens bien positifs ; on ne les a encore décrits que d'après les dessins qui en ont été faits.

PÉCARIS, *dycotyles* ; Cuv., *caractères généraux* : quatre incisives à la mâchoire supérieure, six à l'inférieure ; canines triangulaires comme celles du sanglier, mais sans racines distinctes ; six molaires sur chaque côté des deux mâchoires, quatre doigts aux pieds de devant, trois à ceux de derrière ; une glande sur le dos qui exhale une matière odorante. Les pécaris se trouvent dans toute l'Amérique méridionale, particulièrement au Brésil.

Pécari à collier, dicotyles torquatus, Cuv. Aspect du sanglier, si ce n'est pour la taille qui n'est guère plus élevée que celle du chien ordinaire, poils raides et épais dont les anneaux alternativement noirs et blanchâtres donnent au pelage de l'animal une teinte tiquetée de ces deux couleurs ; une bande blanche et étroite entoure le cou et s'étend obliquement du haut des épaules jusque sur le devant des jambes; les poils des pieds et du museau sont presque ras; la glande du pécari exhale une odeur fétide. La femelle et le mâle se ressemblent; la femelle met bas, une fois l'an, deux petits qui d'abord sont d'une teinte roussâtre. Il est probable que ces animaux pourraient être apprivoisés et vivre à l'état domestique; ceux qui étaient au Jardin-des-Plantes vivaient en bonne intelligence avec les autres animaux mis avec eux, notamment des chiens; ils accouraient à la voix du gardien, rentraient d'eux-mêmes dans leur écurie : ils n'aimaient point y être contraints; ils redoutaient le froid; aimaient à être libres et étaient sensibles aux caresses. La femelle étant très-faible, vécut peu et ne se montra point sensible aux besoins du rut. Lorsqu'on les effrayait, ils poussaient un cri aigu; s'ils étaient contrariés, ils cherchaient à mordre; ils témoignaient leur contentement par un grognement léger, mais d'habitude, ils étaient silencieux.

TAJASSU, *dicotyles labiatus*. Cuv. Cette espèce a été long - temps confondue avec la précédente, quoiqu'elle en diffère un peu. Sa couleur est généralement noire; on remarque sous les flancs, le ventre, entre l'œil et l'oreille, une teinte grise produite par des soies qui ont un anneau blanchâtre; leur mâchoire inférieure est entièrement blanche;

leurs petits ressemblent assez au pécari, jusqu'à l'âge d'un an, où ils prennent le pelage adulte; la matière produite par la glande dorsale du tajassu, est inodore. Cette espèce habite les bois; ils vivent en troupes nombreuses, se défendent contre les animaux féroces, et attaquent même ceux dont le voisinage les inquiète.   E. Pirolle.

COCHON D'INDE, (voy. CABIAI). -

COCON et COQUE (voyez INSECTE et VER A SOIE).

COCTION et CUISSON, en latin *coctio*. Ces deux mots qui ont la même origine ne sont pas ordinairement employés avec la même signification : on se sert du mot *cuisson* quand il s'agit de subtances alimentaires soumises à l'action de la chaleur, et du mot *coction* quand il s'agit de substances quelconques, qu'on soumet à la même action comme objet d'expérience.

Le mot *coction* a été employé aussi dans le même sens que *digestion*, parce que les anciens comparaient cette fonction à la cuisson des alimens. C'est par suite de cette théorie qu'ils se sont servis du mot *coction* pour désigner le moment de la maladie qui précède la cessation des accidens, parce qu'ils supposaient que toute maladie était due à une ou plusieurs humeurs viciées, corrompues, qui d'abord étaient dans un état de *crudité*, et qui ne pouvaient être éliminées ou purifiées qu'après un certain degré de cuisson intérieure. D'après Hippocrate, toute maladie aiguë qui se termine heureusement, passe par trois états différens, désignés par les termes de *crudité*, *coction*, et *crise*. Au résumé, par ce mot de coction, les anciens entendaient cette suite de transformations par lesquelles un aliment cru se change en matière vivante, et par analogie, l'appliquent à d'autres cas. Aujourd'hui, on n'emploie guère ce mot qu'avec la signification indiquée au commencement de cet article.

Outre son acceptation ordinaire que tout le monde connaît, le mot cuisson désigne une douleur particulière (*urens doloris sensus*); c'est celle qui est déterminée par la brûlure ou celle qui ressemble à cette dernière. Les agens qui la produisent sont tous les agens physiques ou chimiques, depuis le feu, le plus énergique de tous, jusqu'aux fluides qui nous paraissent les plus doux, à l'état normal, mais qui donnent lieu à un vif sentiment de douleur lorsque la partie avec laquelle ils sont en contact est dépouillée de son enveloppe naturelle. Ainsi, lorsque l'épiderme est enlevé de quelque partie de notre corps, la seule impression de l'air suffit pour exciter la cuisson.   Hip. Thébaut.

10.

COCOTIER , arbre très intéressant, qui forme un genre de la famille des palmiers et de la monœcie hexandrie de Linnée ; il croît de préférence , et on peut même dire exclusivement, sur les sables des rivages maritimes. Le noyau ou *noix de coco*, enfoui sous le sable humide et salé, germe au bout d'un mois, mais la croissance de la plante est ensuite très lente, il lui faut au moins dix ans pour atteindre quinze pieds de hauteur. La tige du cocotier est unique, cylindrique, décroissant faiblement dans son diamètre jusqu'à l'extrémité supérieure ; elle imite assez bien , sur une grande échelle, les joncs à canne. Cette tige est un chaume dur, à fibres compactes ; on y reconnaît encore, en zones circulaires, la trace des feuilles caduques dont elle s'est dépouillée dans le progrès de sa croissance. Le chaume d'un cocotier de 20 à 25 ans a acquis 15 à 20 pouces de diamètre, et jamais il ne va beaucoup au-delà ; l'arbre ne croît plus qu'en hauteur, et s'élève au - dessus de 60 pieds ; il forme alors une magnifique colonne, ordinairement très droite, bien perpendiculaire au sol, couronnée par un épais faisceau de longues feuilles étalées, horizontales ; ce n'est jamais qu'après vingt ans de plantations que l'arbre porte des fruits. Le rameau floral appelé *régime* ou *spadix*, sur lequel ces fruits sont attachés

ne mûrit les derniers cocos provenant des
fleurons terminaux qu'au bout de trois ans,
en sorte que lorsqu'une fois le cocotier a
commencé à fleurir, la récolte s'en fait continuellement pendant toute la durée de son
existence, car les régimes se succèdent sur
le même arbre. Chaque régime pointe à la base
des feuilles inférieures: c'est une gigantesque
panicule qui naît en de grandes spathes, et
ce spadis commun se charge de nombreux
fleurons dont les ovaires ne se développent
que successivement de la base au sommet du
spadix, et à de longs intervalles. Les feuilles
sont formées d'une côte ou prolongement du
pétiole, sont dures et solides, de 12 à 15
pieds de long, qui portent sur deux lignes
latérales opposées, des folioles de quatre à
cinq pieds.

« Nul arbre au monde, dit M. Pelouse
père, n'offre à l'homme des ressources naturelles plus variées Il semble avoir été approprié par la Providence au sol tropical où
il croît, pour s'harmoniser avec l'indolence
des insulaires et le peu de développement de
leurs facultés industrielles. Le tissu du coco à
l'extérieur, consiste en un faisceau serré, de
fibres flexibles et résistantes qu'on peut déta-
cher pour en faire des cordages solides et
durables. Les feuilles, si coriaces et presque
incorruptibles conviennent parfaitement pour

la couverture des habitations. Les folioles se tressent et on en fait des chapeaux légers, imperméables à la chaleur tropicale, dont on a à se défendre. L'enveloppe extérieure du tronc, dégagée des fibres intérieures et de la matière médulaire farinacée qui les entourent, offre des poutres légères et incorruptibles pour les cases et convient on ne peut mieux pour les gouttières et conduits d'eau. Les petites côtes médianes des folioles sont excellentes pour la confection des paniers, des hibichets et d'une multitude d'ustensiles. L'enveloppe fibreuse de la noix de coco est une matière non moins précieuse pour le calfatage des canots. La coque de l'amande est dure, solide, durable, imperméable à tous les liquides, et chacun connaît les jolis vases, les tasses, les ustensiles de toute sorte qu'elle procure et qui sont susceptibles de sculpture et de tous les genres d'ornement. On retrouve de ces travaux, fruit de l'art chez les Caraïbes, qui offrent une étonnante variété et les rudimens d'une imitation très pittoresque des objets naturels ou des rites bizarres du culte de *Manitou*. Ce n'est pas tout encore : si l'on veut faire le sacrifice du fruit et qu'on coupe le bout du régime dans sa jeunesse, ou qu'on y pratique des incisions et des ligatures, il s'en écoulera un suc abondant,

sucré, suave ; qui, à l'état de fraîcheur ,
offre une boisson rafraîchissante tonique et
délicieuse, dont on peut obtenir, par l'éva-
poration , un beau sucre cristallisé et qui ,
soumise à la fermentation donne un vin par-
fumé dont il est possible d'obtenir une eau-
de-vie très-suave et fort enivrante et d'excellent vinaigre. C'est ce suc fermenté que
les Caraïbes appelaient *souva* , *calm*, ou *vin
de palmier.* »

« Nous nous étendrons peu sur la noix de
coco parvenue à son dernier point de maturité, parce que l'importation habituelle
qu'on en fait en Europe la fait assez con .
naître ; mais on jugerait bien mal de la valeur de ce fruit comme comestible et article
de dessert, si on ne connaissait que la noix
sèche. Avant d'arriver à cet état, la pulpe
sucrée et butyreuse qu'elle renferme, passe
par tous les degrés de consistance : encore
molle, c'est ce qu'on appelle le coco à la
cuillère. Légèrement assaisonnée de sucre ,
de jus de citron et de muscade, c'est peut-
être le plus friand manger que puisse rechercher un gastronome. »

L'espèce dont nous venons de parler principalement est le *cocos nucifera* des Antilles.
Nous allons dire quelque chose du *cocos
butyracca*, autre espèce remarquable du
genre. Voici ses caractères :

Spathe générale à une seule loge, spadix rameux; dans la fleur mâle, calice à trois divisions, corolle tripétale; dans la fleur femelle, calice à deux divisions, corolle à six pétales, style nul, stigmate creux, drupe fibreux. Cette espèce de palmier est indigène du Brésil où on la trouve en abondance dans le voisinage des mines d'Ybaquenses. C'est un arbre élevé, couvert d'une écorce rude, et dont le feuillage forme un faisceau très-dense. Le fruit que l'on récolte dans tous les temps de l'année, est un drupe succulent, abovale, à une seule loge, uni, de couleur jaune, pointu à l'extrémité supérieure et conservant à sa base le calice dur et persistant. La noix a une peau cartilagineuse et une pulpe fibreuse; elle contient un noyau osseux très-dur, qui a à peu près la même saveur que celle de la noix de coco ordinaire. C'est ce noyau qui fournit *l'huile de palme*. Pour l'extraire on écrase grossièrement l'amande, ou on la moud au moulin. On fait ensuite macérer dans l'eau chaude, jusqu'à ce que toute l'huile s'en soit séparée et soit venue à la surface de l'eau, où elle se rassemble et se concentre par le refroidissement; plus tard on la purifie par le lavage à l'eau chaude. Elle a une odeur agréable, un peu analogue à celle de la violette ou de l'iris de Florence. Sa saveur est douce et légèrement sucrée. Sa consistance, à la température ordinaire dans nos climats est celle du beurre, et elle est de la couleur du citronier; elle rancit beaucoup en vieillissant.

J. L.-Numa.

CODE, fait du latin *codex*. C'est e nom qu'on donne au recueil ou collection des lois d'un pays, soit qu'elles aient été rassemblées par l'autorité publique du législateur, soit par le zèle de quelques jurisconsultes seulement. D'après cela, on comprend qu'une civilisation un peu avancée peut seule offrir de tels recueils; ainsi Rome dans son commencement ne connut de lois que celles dictées par son fondateur. Néanmoins, lorsque son enceinte se fut accrue, il fallut bien protéger le culte des Dieux, assurer la police et garantir la propriété : et dès-lors on établit des lois; mais comme elles étaient en petit nombre, la mémoire pouvait les retenir facilement. Ce ne fut donc que par l'altération des mœurs que les réglemens ayant été multipliés, un code devint nécessaire et fut donné sous le règne de Tarquin l'Ancien, par les soins de Papirius, aussi reçut-il le nom de *code papirien*.

Environ 3oo ans après la fondation de Rsme, on publia la loi des douze tables, réultat des lois précédemment rendues et de celles empruntées à la Grèce. C'est là qu'on trouve l'origine du droit romain, car ces tables, fréquemment augmentées de réglemens nouveaux, ont servi de code au peuple romain jusque vers lesderniers temps de l'empire, quoique César eût manifesté l'intention de réunir tous ces réglemens, toutes ces lois dans un recueil unique, qui pût former un corps de droit.

Le premier code qui ait obtenu un caractère officiel est celui qui fut formé par les ordres de l'empereur Théodose. Il reçut l'autorité de la loi dans tout l'empire, et il annula même les anciennes lois qui n'étaient pas consignées dans ce recueil. A peu près vers le temps des empereurs Dioclétien et Maximien, quelques jurisconsultes, avaient essayé de rassembler en un corps de droit les lois des empereurs : telle fut l'origine du *code grégorien* et du *code hermogénien* que l'on ne connaît plus aujourd'hui que par la compilation qui en fut faite par les ordres d'Alaric II, roi des Visigoths, et qui porta plus tard le nom de *code théodosien.* Ce dernier code fut long-temps en usage.

Plus tard, Justinien, pour suppléer à l'insuffisance des codes anciens, remédier à leur imperfection et faire disparaître la confusion que présentait la multitude des lois émanées de tant de sources diverses, Justinien, disons-nous, entreprit de réunir en un seul volume toutes les constitutions des empereurs qui l'avaient précédé. Ce prince en confia le travail aux soins du célèbre Tribonien, auquel il adjoignit neuf autres jurisconsultes, et le nouveau code fut publié en l'année 529. — Tribonien, aidé de quatre autres jurisconsultes, fut encore chargé de reviser ce code et de remédier à des omissions graves. Le code révisé parut sous le titre de *codex justinianeus repetitæ prœlectionis.*

Le code de Justinien, un des plus beaux monumens sortis de la main des hommes, est divisé en douze livres ; on lui reproche quelques lacunes, le défaut d'ordre et un assez grand nombre de passages obscurs.

Le territoire de la Gaule fut long-temps soumis à la législation romaine ; mais, lorsque les peuples du nord envahirent cette contrée, ils apportèrent chacun de nouvelles lois, tout en laissant aux anciens habitans le droit de se gouverner comme ils l'entendraient. Bientôt il y eut fusion, et les premiers habitans comme les conquérans eurent les mêmes usages et les mêmes lois ; aussi, Francs, Bourguignons, etc.. eurent-ils chacun leur code particulier. Tous ces codes ont été rassemblés par un jurisconsulte sous le titre de *codex legum barbarum.* La première de ces lois renfermées dans le code des barbares est celle qui fut écrite par les ordres d'Alaric, et dont nous avons déjà parlé dans cet article ; on l'appelle par excellence la *loi gothique*, et c'est la plus belle, la plus ample des lois barbares. Le second des codes compris dans la collection est celui des Bourguignons ou la loi *gombette* ; on l'appelle ainsi du nom de Gondebaud, l'un des rois de cette nation. Elle fut publiée à Lyon en l'année 502, — la loi *salique*, qui forme le troisième des codes barbares, fut rédigée lorsque les Francs sortirent des forêts de la Germanie ; il en sera question au mot SALIQUE (*loi*). La loi des Frisons date de Pepin et de Charles Martel, qui soumirent cette nation.

Les peuples du nord, destructeurs de l'empire romain, établirent encore d'autres codes empreints d'une simplicité admirable, d'une rudesse originale, d'un esprit qui, selon les paroles de Montesquieu, n'a pas été affaibli par un autre esprit. Une chose remarquable, c'est que les lois de ces peuples vainqueurs n'étaient que pour les régir eux-mêmes et n'étaient point imposées aux vaincus. Ce fut sans doute par humanité et pour maintenir l'harmonie entre les premiers et derniers maîtres du sol que les chefs agirent ainsi ; mais cette mesure favorable à l'anarchie contribua sans doute à prolonger l'état de faiblesse auquel la France fut long temps réduite. Les vassaux manquaient d'un lien commun qui leur permît de réunir leurs efforts contre les seigneurs féodaux. Les habitans des villes, puis après ceux des campagnes, durent leur affranchissement aux rois Charles VII; le premier chercha à détruire l'anarchie et commença à établir des principes uniformes. Louis XI pensait à promulguer une loi unique pour toute la France, et Henri III chargea Brisson d'un semblable projet. Ce magistrat ne put achever son œuvre; quoiqu'il demandât aux révolutionnaires d'être enfermé entre quatre murailles pour y terminer son code, il fut conduit au Châtelet et pendu à une poutre de la chambre du conseil. Charondas fut chargé de reprendre le travail, mais son ouvrage imparfait, appelé *code Henry*, n'a jamais eu force de loi. En 1629. Michel de Marillac publia un code appelé *code Marillac ou code Michault*; il comprend 471 articles qui ont rapport aux ecclésiastiques, aux universités, à l'administration de la justice; il renferme aussi des réglemens sur la noblesse et les gens de guerre, les tailles, les levées qui se font sur le peuple, les finances, la police, le négoce et la marine.

Bientôt le code Marillac, abandonné par

la plupart des parlemens de France, fut remplacé par une ordonnance de Louis XIV et portant le nom de *Code Louis*. Les lois qui le composent étaient d'abord préparées dans une réunion des magistrats et des avocats les plus distingués ; puis elles étaient portées au conseil, où le roi en personne adoptait ou rejetait les dispositions proposées, selon qu'elles étaient trouvées justes ou inconvenantes. Ces ordonnances sont : celle de l'année 1667 pour la procédure civile, celle de 1669 pour les évocations ; et une autre de la même année pour les eaux et forêts, celle de 1770 pour la procédure criminelle, celle de 1672 pour la juridiction de la ville de Paris, celle de 1673 pour le commerce, celle de 1680 pour les gabelles, celle de 1681 pour la marine, le code noir ou l'ordonnance de 1685 pour la police des nègres dans les îles françaises de l'Amérique et de l'Afrique, celle de l'année 1687 pour les fermes, l'édit de 1695 concernant la juridiction ecclésiastique. Il restait encore beaucoup de lacunes dans cette législation, et l'illustre chancelier d'Aguesseau sut en remplir quelques-unes par des ordonnances très importantes, telles que celles des donations, de 1731 ; celle du faux, de 1737 ; celle des substitutions, de 1747 ; celle des testamens et des cas prévôtaux de 1735. Toutes ces lois réunies ont reçu le nom de *code de Louis XV*. Nous ne parlerons pas ici d'un grand nombre de recueils ou de compilations que l'on a pompeusement décorés du titre de *codes*, tels que le code des chasses, le codes municipal, le code militaire, le code des rentiers, le code des procureurs, etc., etc. Arrivons à l'époque de Napoléon.

Déjà, au 25 septembre 1791, une loi portant le titre de *code pénal*, avait été décrétée; le 3 brumaire an IV, en parut une autre dite *code des délits et des peines*. Tous les gouvernemens éphémères de la république française donnèrent également d'autres lois, mais, toujours dans un système restreint. Napoléon voulant réaliser les espérances qu'on avait fait entrevoir à la nation, d'une législation plus grande, mieux coordonnée, appela dans son conseil des hommes dont la réputation était bien établie, tels que Portalis, Merlin, Tronchet, Bigot-Préameneu, Berlier, Treilhard, etc.; lui-même prit part aux discussions de ces conseillers, et quoiqu'il n'eût pas étudié le droit ni la jurisprudence, il présenta des observations pleines de justesse et remarquables par leur profondeur. Le premier titre du *code civil* fut décrété le 5 mars 1803, et le dernier promulgué le 30 mars 1804, c'est-à-dire en un an à peu près. Le *code de procédure civile*, également d'une grande importance, fut décrété dans la session de 1806. L'année suivante parut le *code de commerce*, une année après le *code d'instruction criminelle*, et enfin, dans un intervalle de deux, ans on vit se compléter la législation principale de la France par la promulgation du *code pénal*.

Sous la restauration parurent les *codes forestiers* et de la *pêche fluviale*. L'institution du jury appelait une reforme · elle fut effectuée par la loi du 2 mai 1817. Depuis les chambres législatives ont porté un grand nombre de lois sanctionnées par le roi : mais ces lois et pri cipalement celles sur la presse se contredisent entre elles ; plusieurs ont été faites sous l'influence de la crainte ou de l'esprit de parti ; aussi pensons nous qu'il faut encore du temps pour laisser calmer l s passions et juger sainement qu'elles sont celles qu'on devra conserver dans le code qui doit régir la France ; nous en parlerons d'ailleurs au mot LOI (*voy.*). Quant au *code de Prusse*, il en sera mention lorsque nous traiterions de la législation de cette monarchie. Enfin, il nous resterait à lire quelque chose sur le *code militaire*, mais il n'existe malheureusement pas ; c'est ce que nous aurons occasion de montrer aux mots LÉGISLATION et LOIS.

E. D. LACROIX.

CODÉINE. C'est une substance alcaline trouvée dans l'opium, en 1832, par M. Robiquet. Elle y est peu abondante, car sur cent livres d'opium l'auteur n'a obtenu que cinq onces de cette substance.

Elle est peu soluble dans l'eau, fusible à 150°, très soluble dans l'éther; elle cristallise assez régulièrement. Combinée avec les acides, elle donne naissance à des sels cristallisables, qui ont une action énergique sur l'économie animale : la codéine elle-même aurait, d'après M. Barbier, la propriété de provoquer le sommeil à la dose d'un grain, sans troubler les fonctions digestives; à une plus haute dose elle a occasioné quelquefois des vomissemens. Un caractère qui pourrait la faire confondre avec le *méconine* (autre substance alcaline qui s'extrait de l'opium), c'est de se transformer en huile comme cette dernière, lorsqu'on la met dans l'eau bouillante. Ce phénomène est dû à ce que la codéine se déshydrate dans cette circonstance et devient fusible à 100°.

La codéine se distingue de la morphine par le précipité que la teinture de noix de galle détermine dans sa dissolution, ce qui n'a point lieu avec la morphine. Cette dernière se colore en rouge par l'acide nitrique, la codéine n'éprouve aucune modification; les persels de fer sont également sans action sur elle :

Enfin, M. Couerbe, dans un mémoire lu à l'Académie des Sciences, en juillet 1835, a indiqué un autre moyen de distinguer la codéine de tous les autres alcalis végétaux contenus dans l'opium; il consiste à agiter cette substance avec de l'acide sulfurique contenant un peu d'acide nitrique; la codéine prend au moment de l'expérience une couleur verte très faible, qui passe au vert violacé au bout de quelque temps.

La codéine s'extrait de l'opium en traitant ce dernier par le procédé de Grégory, c'est-à-dire par le *muriaté de chaux*, qui produit du muriate de morphine mêlé de codéine. On le purifie plusieurs fois, puis on décompose par l'ammoniaque qui précipite en partie la morphine, la liqueur retient la codéine, un peu de morphine et de l'ammoniaque à l'état de muriate. On concentre la dissolution, on y ajoute de la potasse caustique en excès, et on chauffe : la codéine se présente alors sous un aspect huileux, qui, en se combinant avec l'eau, donne naissance à des cristaux d'hydrate que l'on traite par l'alcool et mieux par l'éther pour les purifier. Il est très probable que c'est à la présence de la codéine dans l'opium qu'est due la préférence que les médecins d'Edimbourg accordent au muriate de morphine obtenu par le procédé de Grégory.

C. Favrot.

CODEX. Le mot codex est un mot latin qui a été adopté par les pharmaciens français, pour désigner l'ouvrage qui leur sert de guide, et qui leur indique les doses et les manipulations auxquelles ils doivent soumettre les substances médicales, pour en former ce qu'on nomme un médicament.

Il est important d'examiner comment autrefois on suppléait à ce formulaire obligé, qu'une sage prévoyance et l'intérêt de l'humanité, trop souvent mise en danger par les erreurs de nos pères, ont imposé aux pharmaciens.

Confondue avec la médecine, la pharmacie fut dans le principe le partage des prêtres, qui, aidés de la superstition, en faisaient l'agent de leurs prétendus miracles ; l'ignorance encouragea long-temps ce fanatisme, jusqu'à ce que la science venant à sortir du néant, éclaira peu à peu les esprits, et, s'avançant à grand pas, fit de la médecine une profession spéciale, qui peu à peu s'agrandit des travaux d'hommes éclairés, qui jugèrent que la connaissance et la préparation des médicamens devaient être placées hors de la science qui avait pour but l'étude anatomique de l'homme et de toutes les altérations que peut lui faire éprouver la maladie.

Malgré ces grandes améliorations, les médicamens usités ne consistaient que dans l'emploi de quelques simples, auxquels on attribuait une vertu miraculeuse. Plus tard on annonça comme remèdes excellens une foule de mélanges que l'on faisait souvent avec des excrémens ou des parties d'animaux que la prescription recommandait de leur enlever lorsqu'ils étaient encore vivans, préjugé barbare qui malheureusement n'est pas encore entièrement détruit; ainsi, il y a encore des pays où l'on indique comme excellent remède contre les *engelures* de petits chiens grillés vifs dans une marmite; et c'est au dix-neuvième siècle que nous voyons encore de semblables absurdités! Qui ne sait que l'huile de petits chiens, dont on a tant prôné les vertus, se préparait avec ces animaux vivans, et la chronique disait que, s'ils étaient morts auparavant, le remède n'avait plus d'effet!

Nous croyons intéresser nos lecteurs en leur donnant quelques recettes indiquées au seizième siècle par le seigneur *Alexis Piémontais;* ils jugeront par là de ce qu'étaient les remèdes employés à cette époque, dont nous conserverons le style.

Secret contre les douleurs de flancs ou pleurésie.

« Soit prise dent de porc-sanglier, de la mâchoire de dessus. Scavoir est le plus gros et en fais poudre de laquelle donneras à boire avec quelque peu de brouet, puis guarira. »

Contre fièvres quartes.

» Ayes graisse ou crasse qui est sous le crin des chevaux, puis la fais bouillir en un pot de terre neuf, et quand tu sentiras venir la fièvre, oingts t'en l'eschine du dos, et seras guary en trois fois. »

Contre mal caduc ou épilepsie.

« Il faut prendre la matrice d'une truye, laquelle réduite en poudre donneras à manger ou à boire au malade, subit que le patient l'aura reçue, cela s'esmouvera du cerveau; et s'espandra jusques à la pointe des doigts luy donnant très-grand tourment : mais faut faire un ruptore : là où ladite matière se viendra à rassembler, laquelle sera jaune comme safran et guerira subit. »

Ces seules formules sont suffisantes pour montrer combien étaient ridicules les prétendus secrets des anciens pour guérir les maladies.

Dans le dix-septième siècle parurent un grand nombre de formulaires, dispensaires, etc., et entre autres le célèbre *dispensatorium medicum* de Jean de Renou, médecin et conseiller du roi de France.

C'est à cette époque que parut la première pharmacopée de Londres. Nous ne nous arrêterons pas à citer les nombreux ouvrages qui vinrent contribuer à l'amélioration de la pharmacie.

Déjà en 1590 avait paru un arrêt du parlement dans l'assemblée des membres de la faculté de médecine pour établir un dispensaire général, mais, la faculté ne tint compte de l'ordre du parlement. Sept ans après, nouvel arrêt, nouveau silence de la faculté. Le parlement le réitéra l'année suivante, et malgré des ordres aussi positifs, la faculté semblait prendre à tâche d'en reculer la publication. Le roi Louis XIII fut obligé d'interposer son autorité, et en 1639 parut le premier *codex*, bien imparfait sans doute, mais qui était encore préférable aux nombreux formulaires que chacun suivait à sa guise. Six ans après parut une nouvelle édition qui fut encore renouvelée en 1748, puis en 1758 vint la dernière qui ait été publiée au dix-huitième siècle.

Nous ne saurions, en citant les ouvrages des hommes les plus distingués, passer sous silence les *élémens de pharmacie théorique et pratique* d'Antoine Baumé, qui parurent en 1762. Cet ouvrage, justement apprécié, est une des meilleurs pharmacopées de l'époque.

En 1803, Parmentier publia un code pharmaceutique pour les hôpitaux civils.

Enfin en 1816, le 8 août parut une ordonnance du roi qui prescrivit la rédaction d'un nouveau codex que tous les pharmaciens français désiraient vivement, et dont le besoin se faisait d'autant plus sentir que les immenses progrès qu'avait faits la chimie depuis 60 ans, avaient donné un nouvel essort à la pharmacie, agrandi le cercle de ses préparations officinales, et par conséquent rendu insuffisans les médicamens employés jusqu'alors. Un nombre considérable de pharmacopées nouvelles pouvaient aider de leurs formules plus ou moins modifiées les hommes éclairés que la faculté de médecine et l'école de pharmacie avaient désignés pour concourir à la rédaction du nouveau *codex*. Ces savans qui promettaient de réaliser toutes les espérances, étaient MM. Le Roux, Vauquelin Deyeux, de Jussieu, Richard, Percy. Hallé, Henry Bouillon, Lagrange, Vallée, qui mourut pendant le travail de la commission, et qui fut remplacé par M. Cheradame.

Malheureusement ce codex ne répondit pas à l'espoir qu'avait donné le mérite des hommes chargés d'être les guides des pharmaciens.

Il y manqua l'exactitude dans les procédés, dont plusieurs étaient vicieux. Dans certaines préparations on avait supprimé un grand nombre de substances comme inertes, qu'on sait être aujourd'hui douées de pro-

priétés plus ou moins énergiques. Dans
d'autres, ce sont au contraire des additions
qui n'ont pas été heureuses. Plusieurs manipulations n'ont sans doute pas été répétées
par les collaborateurs; ils y auraient vu évidemment qu'elles étaient impraticables, ou
tout au moins que les résultats ne répon-
daient pas à ce qu'ils avaient avancé.

Malgré ces défauts, le codex de 1818 contient un grand nombre d'excellentes formules; beaucoup de recettes empiriques
vantées encore aujourd'hui par le charlata-
nisme en ont été retranchées; et on peut
dire avec justice que les nombreuses améliorations, la pureté du latin, et enfin la
masse générale de l'ouvrage a été digne des
savans collaborateurs qui y ont apporté leurs
lumières et le fruit de leurs nombreux travaux.

Cependant, comme depuis cette époque
une masse de substances nouvelles principalement extraites du règne organique, une
foule de procédés plus ou moins perfection-
nés sont venus enrichir la pharmacie, on a
reconnu d'une manière incontestable que
l'ancien *codex* n'était plus à la hauteur des
connaissances actuelles, et par conséquent
retombait dans le même cas que celui de
1758; aussi le gouvernement, éclairé par
les demandes réitérées des hommes instruits

qui savent apprécier la valeur des médicamens employés dans l'art de guérir, a-t-il
nommé récemment une commission composée de l'élite des professeurs de la faculté
de médecine, à laquelle se trouve son doyen,
dont les talens et les services lui ont acquis
l'estime de ses concitoyens. A lui sont ad-
joints MM. Duméril et Richard, aussi savans
professeurs que médecins éclairés. C'est
avec de tels aides que l'école de pharmacie
de Paris, représentée par ses principaux professeurs et administrateurs, va entreprendre
un nouveau codex qui, nous l'espérons, ne
nous laissera rien à désirer cette fois : et déjà
dans le sein même de la société de pharmacie, des pharmaciens instruits ont émis quelques opinions sur certains médicamens qui
contribueront sans doute à guider les membres de la commission pour les rectifications
qu'il sera convenable de faire. Les nombreuses expériences faites par tous les savans
et insérées dans les recueils scientifiques les
aideront puissamment dans le choix des procédés et dans les résultats qui en sont la
conséquence.

La publication d'un nouveau codex est
une chose grave, et d'autant plus importante que c'est lui qui guide le pharmacien
dans ses manipulations, lui indique le procédé qu'il doit employer pour la préparation

de ses remèdes; et à ce sujet, nous ferons une observation que nous croyons juste: c'est qu'il ne devrait y avoir dans le codex qu'un seul procédé de préparation pour chaque médicament; car, comme on le sait, telle substance médicale, préparée par tel procédé, n'est point identique avec cette même substance préparée par tel autre procédé; et ici nous rappellerons les accidens graves qui sont résultés de ce défaut qui se rencontre dans le dernier codex. Ainsi l'acide prussique préparé par le procédé de M. Gay-Lussac n'est point identique avec celui obtenu par la méthode de M. Vauquelin; c'est-à-dire que l'un n'est pas aussi concentré que l'autre; de là peuvent résulter de graves conséquences, surtout pour un médicament aussi énergique. Ce n'est qu'après de nombreuses expériences que la commission pourra adopter la méthode qu'elle jugera la meilleure. Elle pourra s'éclairer des faits déjà recueillis par une foule de praticiens habiles dont les talens garantissent l'exactitude. Un codex n'est point un ouvrage destiné à l'accroissement de la science, mais à mettre les pharmaciens à la hauteur des connaissances de l'époque, en leur indiquant les modifications que les progrès de la science ont fait subir à leurs modes opératoires précédens.

La chimie organique a, pour ainsi dire,

changé de face; depuis 1818 un grand nombre de principes ont été indiqués, qui n'avaient pas jusque là été découverts; d'heureuses applications en ont été faites à la médecine; d'autres restent encore à être soumis à l'expérience médicale, un plus ou moins grand nombre de procédés ont été donnés pour la préparation de chacun d'eux, et nous concevons que l'on peut être embarrassé sur le choix; ce n'est que par les applications nombreuses qu'on peut parvenir à connaître quel est celui qui donne le meilleur résultat. L'économie ne doit pas seule guider dans la préparation des principes médicamenteux, il faut y joindre à une sage prévoyance une méthode fondée sur la supériorité des produits.

Plusieurs pharmocopées, même celles qui ont paru récemment, changent certaines formules du codex, sous prétexte que ce qui agit sur le principe actif est telle substance qui peut être remplacée par telle autre qui remplira le même but, tout en étant plus économique et demandant moins de temps pour opérer : mais ce que la théorie indique n'est pas toujours appuyé par la pratique, et il n'est pas certain, par exemple, que l'alcool remplace dans tous les cas la fermentation que l'on fait subir aux susbtances médicales, quoique cette fermentation ait pour résultat la formation d'une certaine quantité d'alcool qui agit comme dissolvant sur les principes solubles dans ce véhicule. Mais qui nous assure que la fermentation ne modifie pas ces principes? Que de fois ne voyons-nous pas en chimie de ces phénomènes que nous ne pouvons expliquer, qui renversent toutes nos théories et dont les résultats sont différens de ceux auxquels nous nous attendons?

En voilà bien assez sur ce sujet, déjà trop long, pour faire sentir de quelle importance est un codex; le soin, l'attention, et surtout la prudence avec laquelle on doit procéder; c'est le livre de la loi sur lequel est écrit la condamnation ou le salut de l'humanité souffrante.

Qu'il nous soit permis en finissant de laisser couler une larme sur la tombe d'un de nos anciens camarades qui, dans une thèse pour obtenir le grade de pharmacien, a victorieusement démontré le danger de modifier les préparations pharmaceutiques, leurs formules et leurs modes opératoires, sans un mûr examen. C'est placé sur le bord de la tombe que sa voix s'est fait entendre pour empêcher les accidens qui pourraient frapper ses concitoyens. Ce jeune homme est M. Polydore Boulloy, que la mort nous a ravi il y a quelques mois.

Quant au codex, si nous nous sommes permis quelques réflexions, ce n'est point pour donner des leçons à nos maîtres, mais c'est pour montrer à nos lecteurs qu'on ne saurait faire choix d'hommes trop éclairés pour faire la rédaction d'une œuvre aussi importante; et d'ailleurs la composition de la commission (1) nous donne l'assurance que notre espoir ne sera pas déçu, et que le code des pharmaciens sera digne de ce corps aussi savant qu'utile, et méritera la confiance qu'on doit lui accorder.

C. Favrot.

COECUM. voy. INTESTINS.

COEFFICIENT, voy. MULTIPLICATION *algébrique.*

COEUR, (anatomie). En latin *cor*, fait du grec *kear*. Cet organe, l'un des plus importans de la vie animale, est considéré comme une pompe aspirante et foulante, placée au centre de l'appareil vasculaire, qui reçoit le sang de toutes les parties du corps, le dirige vers les organes respiratoires, reçoit encore le sang qui a respiré et le distribue dans toutes les parties du corps.

Chez l'homme, les mammifères et les

(1) La commission du codex est composée de MM. Orfila, Andral, Richard, Dumeril, pour la Faculté de Médecine); Robiquet, Bussy, Pelletier, Caventou et Soubeiran (pour l'Ecole spéciale de Pharmacie de Paris); enfin, M. Royer-Colard, chef de la 5ᵉ division.

oiseaux, le cœur est composé de quatre cavités dont les deux plus petites à parois moins épaisses, appelées *oreillettes* et distinguées en droite et en gauche, reçoivent, la première, du sang venant du corps, la seconde, du sang venant des poumons; tandis que les deux autres, plus grandes et nommées *ventricules* droit et gauche, refoulent le sang, la première de ces cavités vers le poumon, la seconde vers toutes les parties du corps au moyen des *artères* (v). Dans tous les animaux à sang chaud, les cavités droites du cœur ne communiquent point avec les cavités gauches, si ce n'est pendant la vie fatale, où cette communication a lieu par l'ouverture de la cloison des oreillettes, qu'on nomme *trou de Botal.*

Il appartient seulement à un ouvrage d'anatomie de donner une description détaillée de cet organe, aussi nous bornerons-nous à l'énoncé des faits suivans :

Chez l'homme, le cœur, situé comme dans tous les vertébrés, dans la cavité thoracique, entre les poumons, au dessus du diaphragme, au dessous des bronches et du thymus, se distingue du cœur de tous ces animaux par l'aplatissement de sa face postérieure et inférieure, et par la déviation de sa pointe en avant et à gauche. En outre des ouvertures par lesquelles le sang arrive dans les oreillettes, on en observe deux autres qu'on nomme ouvertures auriculo-ventriculaires, parce qu'elles établissent la communication entre les cavités des oreillettes et celles des ventricules, et deux autres encore par lesquelles les ventricules communiquent avec les cavités de leurs grandes artères. A l'une des ouvertures de l'oreillette droite sont les vestiges d'une grande valvule dite d'*Eustache* ; au-dessous de chaque ouverture auriculo-ventriculaire droite et gauche est une sorte de cone membraneux , fixé aux parois du ventricule par des brides tendineuses qui fait l'office de valvule ou de soupape. La valvule du ventricule droit est trifide ou tricuspide ; celle du ventricule gauche est bifide ou mitrale. Enfin, d'autres valvules qui ont la forme de petits paniers de pigeon sont au nombre de trois placées à la circonférence des ouvertures ventriculo-artérielles. Tout ce système de soupapes a été évidemment établi pour favoriser l'accès du sang dans les cavités qui le reçoivent ou l'aspirent, et pour s'opposer à son reflux au moment où ces sinus du cœur se contractent pour refouler le sang dans les cavités qui leur succèdent. Ce mécanisme, comme celui de la circulation, sera mieux expliqué au mot SANG (voy.).

Le cœur peut être considéré comme formé

de trois couches ou tuniques, savoir: l'une *interne*, en contact avec le sang et dont la duplication forme les valvules, c'est la membrane séreuse; l'autre *moyenne*, contractile et musculaire, dont les fibres se croisent; la troisième *externe*, est d'un tissu lâche qui lui permet de se transformer de bonne heure en membrane séreuse, revêtue à l'extérieur par une couche fibreuse, et à laquelle on donne le nom de *péricarde* (v). Toutes ces couches sont vivifiées par des vaisseaux et des nerfs qu'on a appelés *cardiaques*.

Le cœur, le poumon et le cerveau forment le *trepied vital;* leurs fonctions sont intimement fixées entr'elles. Le cœur a aussi de nombreux rapports physiologiques avec plusieurs parties du corps et notamment avec la moëlle spinale, le foie et l'estomac. Ses principales maladies sont: l'*anévrisme*, la *cardite* et la *péricardite*. Voyez ces divers articles.

Il nous reste à dire quelques mots sur le cœur ou l'organe qui en tient lieu dans les animaux à sang de froid, vertébrés ou invertébrés. Chez les reptiles écailleux (tortues, crocodiles, lézards et serpens), le cœur se compose de deux oreillettes, l'une pour le sang noir, l'autre pour le sang rouge, et d'un seul ventricule à trois loges, qui distribue le sang au poumon et au reste du corps. Chez les reptiles à peau nue (grenouilles, salamandre, crapaud, etc.), il n'existe au cœur qu'une seule oreillette et un seul ventricule, mais le cœur dirige encore le sang vers le poumon et tout le corps. Chez les poumons, le cœur, réduit de même à une seule oreillette et un seul ventricule, ne sert plus, dit-on, qu'à la circulation bronchiale; il ne serait que pulmonaire, tandis que dans les mammifères et les oiseaux il y a à la fois un cœur aortique et un cœur pulmonaire et que le ventricule unique du cœur des reptiles remplit à lui seul directement ou indirectement l'office de ces deux cœurs.

Chez les mollusques on ne trouve qu'un cœur aortique sans cœur pulmonaire, à l'exception des poulpes, seiches et calmars, qui ont un cœur pulmonaire. Chez les arachnides et les crustacés, il n'y a qu'un seul cœur aortique avec ou sans sinus pulmonaires. Déjà chez les arachnides trachéennes, le cœur se transforme en un vaisseau dorsal qui tient lieu de cœur dans tous les insectes, Les vers ou annélides ont pour organe d'impulsion du sang quatre grands troncs vasculaires, deux médians, l'un dorsal, l'autre ventral, et les deux autres latéraux. Enfin, dans les animaux où

le mouvement du sang est réduit à l'oscil-
lation et ne circule pas, on ne trouve plus
aucune trace de ces organes qui ont suppléé
au cœur, ou du moins cela est bien rare.

Nous n'entrerons dans aucun détail philo-
logiquesur ce mot si fréquemment employé
dans notre langue. Le sens dans lequel il
doit se prendre est assez facile d'ordinaire
pour qu'il n'y ait pas amphibologie dans la
phrase où se trouve le mot cœur.

J. L. CLOT-MNER.

COFFRE (*avea*), meuble en forme de
caisse qui se ferme avec un couvercle et
une serrure. Il y en a de toutes les grandeurs, de toutes les formes et destinés à
toutes sortes d'usages. Si ce coffre a un couvercle vouté, c'est un *bahut*; s'il est couvert
de cuir ou de peau de sanglier, c'est une
malle. S'il est en bois léger, il sert à mettre
des chapeaux ou des chiffons de femme :
s'il est en laque de chiné, on y renferme
des objets précieux; enfin, s'il est en fer ou
en bois épais garni de fer et d'une ou plusieurs serrures fortes et compliquées ou à
secret, c'est un *coffre-fort*.

Les *coffres des rois* étaient les recettes des
domaines et des revenus des rois et autres
droits qui revenaient au trésor royal. En
terme d'architecture et de menuiserie, on
appelle *coffre d'autel* la table d'un autel

avec l'armoire qui est dessus. Le coffre d'un carosse ou d'une diligence, c'est la caisse sous la banquette du fond. Le coffre à avoine est tenu dans les écuries, on appelle aussi *coffres à avoine* les grands chevaux, parce qu'ils consomment beaucoup de ces céréales. En terme de facteurs, le coffre est l'assemblage et le corps d'un clavecin, d'un fortépiano. Les imprimeurs appellent aussi *coffre* le châssis de bois où est enchâssé le marbre et en terme de chasse, de haras et d'anatomie, c'est encore le tronc d'un cerf, les flancs d'une jument, la partie du corps humain qui contient le poumon, l'estomac, le foie, etc. En terme d'artillerie, on donne le nom de coffre à une caisse renfermant les munitions pour les pièces de campagne ; enfin, en terme de marine, le *coffre* est l'espace compris sur le pont entre les murailles d'un navire.

H. Bernard.

COFFRES, poissons osseux de la famille des *sclérodermes*, ainsi nommés parce qu'ils ont, au lieu d'écailles, une espèce de cuirasse à compartimens ou *coffre* qui revêt la tête, le corps, et laisse passer par des ouvertures la queue, les nageoires, la bouche et une sorte de petite lèvre qui garnit le bord des ouïes. Les parties placées en dehors de cette cuirasse sont les seules qui soient mobiles.

Les pièces qui constituent le coffre sont osseuses en dedans, crétacées ou pierreuses en dehors, et disposées avec beaucoup d'ordre et de régularité. Leur surface est garnie d'une grande quantité de petites élévations qui la font paraître comme ciselées. On différencie les coffres par a forme du corps, qui est : 1° *triangulaire* dans les uns ; ceux ci sont sans épines, avec épines derrière l'abdomen, avec épines au front et en arrière du ventre, épines sur les arêtes ; 2° *quadrangulaire* dans les autres, qui sont aussi subdivisées en ceux ; sans épines, avec épines au front et en arrière, et à épine sur les arêtes ; 3° *comprimé*, abdomen caréné, épines éparses dans un troisième groupe. J. L. Clot-Mner.

COGNASSIER ET COING. — L'arbrisseau qui a reçu le nom de cognassier appartient à la famille des rosacées ; il s'élève à quinze pieds environ ; ses jeunes rameaux sont blanchâtres et cotonneux. Ses feuilles sont ovales, arrondies, obtuses, larges d'un à deux pouces, longues de deux à trois, molles, douces au toucher, cotonneuses en dessous, portées sur des pétioles d'un demi-pouce de longueur, entières sur les bords. Les fleurs sont blanchâtres, très grandes, solitaires à la partie supérieure des jeunes rameaux. Le tube du calice est très cotonneux, un peu renflé à la base, le limbe est à

cinq divisions rabattues, foliacées, double-
ment dentées. Cinq pistils sont renfermés
dans le tube du calice; leur ovaire est à une
seule loge, qui renferme plusieurs graines,
le style est très cotonneux à sa base. Le fruit
est une mélonide pyriforme, arrondie, jaune
et cotonneuse, d'une odeur très forte, d'une
saveur âpre et désagréable, il porte le nom
de *coing*.

Cet arbrisseau, qu'on cultive aujourd'hui
dans tous les jardins potagers, est originaire
de l'île de Crète.

Propriétés et usages. Les coings, même
dans leur état parfait de maturité, ne peuvent être mangés crus, à cause de leur saveur âpre. Mais on prépare avec eux d'excellentes marmelades, des gelées, des pâtes
très recherchées. Ces fruits intéressent la
médecine : 1° par le *sirop* que l'on prépare avec leur pulpe, lequel est légèrement
atringent, et mis surtout en usage pour
édulcorer les boissons qu'on administre contre la diarrhée chronique; 2° par leurs
graines, qui contiennent un mucilage très
abondant, que l'on obtient par la décoction
dans l'eau. Cette décoction est principalement
usitée pour préparer des collyres adoucis-
sans.   A. R.

COGNÉE, autrefois *coignée*, du latin *cu-
neus* qui veut dire *coin*. C'est une espèce de

hache à long manche, qui est employée pour fendre du bois et qui peut être regardée comme le gagne-pain du bûcheron. E. D.

COHÉRITIER. Celui qui est appelé à partager avec un autre la même succession. Tous ceux qui peuvent prendre titre d'héritier, par la raison qu'ils représentent également une personne décédée, sont des cohéritiers. Les cohéritiers sont les seuls qui aient le droit de prendre connaissance des affaires d'une succession; ils sont de même les seuls qui puissent provoquer le partage. Après le décès d'une personne, si tous les cohéritiers ne sont pas présens, ou si tous ne sont pas maîtres de leurs droits, la loi veille à leurs intérêts et empêche toute soustraction au préjudice des absens ou des mineurs. Si tous les cohéritiers sont présens et si tous sont majeurs jouissant de leurs droits, ils peuvent rester ou dans l'indivision, ou procéder à un partage à l'amiable; mais dans ce cas il faut que tous soient bien d'accord, car la volonté d'un seul suffirait pour nécessiter l'intervention des tribunaux. (Voyez l'art. 815 du code civil.) Le premier soin des cohéritiers est de faire dresser inventaire de l'universalité des biens composant la succession, et de faire procéder à sa liquidation, afin de satisfaire au plus tôt les divers créanciers. Dans le partage des biens de la succession, chacun des cohéritiers a droit de prendre sa part dans chacun des biens qui composent l'hérédité ; ainsi on peut attribuer à l'un, à moins qu'il n'y ait consentement, une valeur mobilière, et à l'autre une valeur immobilière. Les meubles et immeubles doivent être partagés également entre tous.

CHARLES GIREAU.

COHORTE ROMAINE, fait, suivant quelques auteurs, du latin *cohortari*, haranguer, parce que la masse de soldats ainsi nommée était proportionnée à l'étendue de la voix humaine. La cohorte romaine comprenait des hommes à cheval et des vélites ; elle avait été une formation momentanée, employée en Espagne par Lentulus et par Scipion, et en Afrique par Régulus ; mais elle appartient, comme ordre constitutif et permanent, au consulat de Marius. Chaque cohorte avait ses boucliers peints d'une manière particulière et était suivie de chariots qui transportaient les flèches et les javelots de rechange. L'épaisseur de la cohorte a varié entre cinq et dix rangs. Dix cohortes formaient une légion. La manière dont les cohortes se rangeaient en bataille, le mécanisme des évolutions, le nombre d'hommes dont chacune a été composée, tout cela a été trop variable pour que nous nous y arrêtions. (V. le mot LÉGION.)

Dans le langage ordinaire, le mot *cohorte* se prend en général pour une troupe de gens de guerre et, par extension, une réunion de toute sorte de gens. La Fontaine a dit :

> Que fait autour de votre porte
> Cette soupirante *cohorte*.

Et Boileau, dans la cinquième satyre, dit en peignant la noblesse :

> Qui, bravant des sergens la timide *cohorte*,
> Laisse le créancier se morfondre à la porte.

A. Letourneur.

COHÉSION, force qui unit intimement les molécules ou atomes qui constituent un corps et qui fait que ce dernier ne peut être divisé sans un effort égal à cette force. Nous allons développer notre définition.

Tout le monde sait que le bois ne peut être brisé sans un effort assez considérable, et toujours dépendant de la *dureté* de ce corps : eh bien, ce que l'on nomme dureté n'est autre chose que la cohésion, qui tient plus ou moins rapprochés les atomes qui constituent le bois, et qui exige une puissance égale à la sienne, pour en opérer l'éloignement.

C'est à la même cause qu'est due la difficulté que l'on a à introduire un clou dans une planche. c'est que le clou étant obligé de séparer les molécules du corps et de les resserrer pour se placer entre elles, éprouve une résistance d'autant plus grande que le bois est plus compacte, et a, par conséquent, ses atomes plus rapprochés les uns des autres.

La cohésion n'est pas la même dans tous les corps, elle est à peu près nulle dans les gaz ; ainsi nous divisons l'air avec facilité sans effort apparent, c'est parce que c'est un corps formé d'atomes invisibles, dont l'état d'agrégation est très faible.

La cohésion de l'eau est beaucoup plus forte comparée à celle de l'air, surtout lorsqu'on agit sur une masse considérable de liquide. Aussi sans cette force il nous serait impossible de naviguer, de nager, etc. ; car c'est la cohésion de l'eau qui l'empêche de se diviser sous le poids de l'homme ou du navire, et qui lui donne la faculté de supporter l'un et l'autre.

Mais de tous les corps les solides sont sans contredit ceux qui la possèdent au plus haut degré, quoique ce dernier varie à l'infini. Les métaux sont ceux qui ont la force de cohésion la plus grande, c'est elle qui leur donne de la ténacité, plusieurs lui doivent leur malléabilité et leur ductilité. Les uns sont très fragiles et se brisent sous le choc, d'autres résistent au marteau, et cèdent sous la lime ; eh bien la même cause produit toutes ces différences.

Elle joue un rôle puissant dans tous les phénomènes physiques, et modifie singulièrement les actions chimiques. C'est elle qui s'oppose à l'affinité qui porte les corps à s'unir les uns avec les autres, et sans elle la science chimique n'aurait pas de bornes, car les combinaisons pourraient avoir lieu dans des proportions infinies, et c'est ce qui est impossible puisque une main plus puissante que celle du chimiste rend ses tentatives infructueuses.

Si la force de cohésion n'existait pas, nous n'aurions pas de solides, en admettant toutefois que l'affinité ne soit pas assez forte pour maintenir le composé auquel elle aurait donné lieu. Malgré la puissance qui paraît appartenir à la cohésion, elle ne résiste pas toujours à l'affinité chimique ; ainsi le fer, qui est doué de cette force à un degré éminent, se laisse facilement attaquer par un air chargé d'humidité et de brillant qu'il est, devient jaune, rougeâtre, pulvérulent, perd sa cohésion, et se transforme en ce qu'on nomme *rouille* communément, et oxide de fer en langage technique.

L'affinité chimique n'est pas la seule force qui modifie ou anéantit la cohésion : la chaleur la diminue ordinairement, en liquéfiant les solides, et gazéifiant ceux qui sont susceptibles de prendre l'état de vapeur.

Le froid augmente la cohésion, l'eau de liquide passe à l'état solide ; le mercure, qui a la fluidité de l'eau à la température ordinaire, se solidifie par un froid de 40 à 45°, et prend, par conséquent, une force de cohésion beaucoup plus grande, puisque nous avons dit que les solides la possèdent à un haut degré.

La pression qui peut liquéfier et même solidifier les gaz, comme l'a prouvé récemment M. Thilorier dans ses expériences sur l'acide carbonique, augmente, par conséquent, la cohésion des molécules des gaz.

Les liquides, tels que l'eau, l'alcool, les huiles fixes et volatiles qui dissolvent les solides, détruisent évidemment la cohésion ; exemple : l'eau et le sucre, etc.

Enfin, c'est à cette force qu'est due la cristallisation des corps et leur arrangement moléculaire.

C. FAVROT.

COIFFE et COIFFURE. L'étymologie de ces deux mots n'est pas parfaitement connue ; voici sur elle quelques opinions des lexicographes : Ménage dit que le mot coiffe qu'on écrivait autrefois *coëffe*, vient de *gusfa*, qui signifie un *vêtement velu*. Du Cange le fait venir des mots *cuphia, cofea, coëffe*, et *cucupha*, dont la basse latinité se servait pour désigner la même chose. M. de Roquefort lui donne pour origine le mot latin *caput*, tandis que d'autres auteurs la tirent de l'hébreu *cupha* (vêtement de tête chez les femmes).

Quoi qu'il en soit de son étymologie, ce que nous savons bien, c'est que le mot coiffe a et a eu dans notre langue plusieurs acceptions diverses C'est d'abord une coiffure de femme, bien légère et placée immédiatement sur les cheveux; elles ne s'en servent guère que la nuit, tandis qu'autrefois elles les confectionnaient en gaze, en crêpe ou en dentelle, et les mettaient pour sortir.

On appelle *coiffe à perruque*, le tissu ou le réseau sur lequel sont implantés les cheveux d'une perruque. Les pêcheurs se servent d'une espèce de filet croisé à grandes mailles qu'ils nomment *coiffe*. En botanique la *coiffe* est l'enveloppe simple et souvent membraneuse qui renferme les organes de quelques fleurs et de quelques semences, principalement dans la fructification des mousses. En anatomie, on donne quelquefois ce nom à l'epiploon, mais plus souvent à la membrane ou la portion d'enveloppe de l'œuf que des enfans apportent sur leur tête en naissant. Enfin, il nous reste à mentionner la *coiffe* que portaient sous le casque les *chevaliers* du bain en Angleterre.

Coiffure des femmes chez les anciens peuples. La coiffure des femmes chez les anciens était, comme aujourd'hui, sujette aux caprices de la mode; mais de tous les noms qu'on lui a sans doute donnés, il ne nous en est resté que cinq : la *calantique*, la *calyptre*, la *mitre*, le *flammeum* et le *caliendrum*. On ne connaît pas bien la forme des deux premières coiffures. La *mitre* était dans l'origine un ruban ou bandelette, dont les femmes se servaient pour se ceindre la tête, ou pour contenir ou orner leurs chevelures; les Grecs la nommaient *anadromé*. Le *flammeum* servait aux matronnes et aussi aux jeunes mariées le jour de leurs noces. Les femmes chrétiennes en faisaient usage au temps de Tertullien; c'était un voile d'un jaune vif, ou couleur de feu, ou encore de pourpre. Le *caliendrum* était un tour de cheveux que les dames ajoutaient à leur chevelure naturelle, pour faire de plus longues tresses.

On appelait *dicernicula* les aiguilles qui servaient à séparer en deux les cheveux sur le devant de la tête; l'usage des faux cheveux et des perruques a été de mode parmi les Romains; les Romaines, qui avaient en général les cheveux noirs, aimaient ceux d'un blond éclatant, et, pour leur donner cette couleur, elles employaient des pommades et de certaines herbes de Germanie. Les femmes riches et quelques hommes efféminés couvraient leur cheveux de poudre d'or ; ils se servaient pour les oindre d'essences extraites des fleurs, et se coiffaient également avec des couronnes de fleurs, surtout dans les cérémonies et les grands festins.

De la coiffure chez les modernes. Depuis le commencement de ce siècle, l'usage des cheveux à la titus est devenu général pour les hommes, et les dames, chaque mois et souvent chaque semaine, changent leur coiffure ; aussi est-il bien entendu que nous ne voulons pas parler ici de toutes les modes qui ont paru depuis trente ans relativement à la manière de se coiffer ; le peu que nous dirons à cet égard remontera à des temps plus éloignés. Les peuples modernes, surtout ceux qui envahirent l'Europe, avaient un grand soin de leur coiffure ; ceux du Nord, les Gaulois, les Germains, portaient une longue chevelure, mais les peuples du Midi se rasaient la tête et ne conservaient qu'une seule houppe ou mèche de cheveux au milieu ; les Tartars, les Goths, et presque tous les peuples venant de l'Asie, étaient ainsi coiffés. Quant aux femmes, nous trouvons déjà à cette époque reculée une grande variété dans la manière dont elles arrangeaient leurs cheveux ; elles les portaient tantôt en nattes, tantôt relevés sur la tête et retenus par des chaînes d'or ou de fer.

Au commencement de la monarchie française, les rois, les reines et les princes de leur famille avaient seuls le droit de porter les cheveux longs. Cependant au moyen-âge les femmes portaient des tresses longues et nattées. Sous Philippe-le-Bel, ces nattes, séparées en deux ou trois parties, étaient fixées sur les tempes ; parfois aussi, les femmes portaient la tête presque sans cheveux ; mais plus généralement leur coiffure était un bonnet qui variait de forme pour les femmes, les filles, les veuves d'un rang différent.

Au XVIe siècle, les femmes montrèrent leurs cheveux et donnèrent à la coiffure un soin et une attention qui attira sur elle les déclamations des moralistes et des prédicateurs de l'époque. A la cour de Catherine de Médicis, les dames portaient une coiffure que l'on appelait *raquette*, parce que des mêches de cheveux formaient une espèce de grillage. En 1671, il était de mode de porter les cheveux courts et frisés; en 1680, madame de Fontange ayant vu cette coiffure se déranger par le vent, prit un ruban et l'attacha autour de sa tête ; le lendemain toutes les dames en portaient de semblables et ils reçurent le nom de *fontange*. La reine Marie-Antoinette s'étant montrée, en 1776, à l'un des bals de l'Opéra avec le toupet bien relevé et hérissé en pointe, fit venir la mode de la coiffure à *la hérisson*.

Quant à la *coiffure militaire*, voyez les mots *casque* et *schako*.

Sous le rapport de l'hygiène, la coiffure mérite quelques considérations mais elles seront mieux placées au mot CUIR CHEVELU.

COIN, cet instrument destiné à fendre ou diviser des masses solides, est trop connu pour qu'il soit nécessaire de le décrire. Les propriétés du coin sont les mêmes que celles du PLAN *incliné* (voyez). Le mot *coin* a d'autres significations qui sont également assez vulgaires pour qu'il soit inutile de nous y arrêter: à cet égard, ce qu'il nous intéressera le plus de savoir sera dit au mot POINÇON (voyez).

E D.

COINCIDENCE, du latin *incidere cum*, tomber, arriver avec. Au figuré ce mot exprime les rapports qui existent entre divers faits ou diverses circonstances qui concourent à un même résultat. Des faits dont on op re le rapprochement, parce qu'ils ont entre eux des relations déterminées, coïncident ensemble. Les preuves diverses que l'on réunit, soit pour établir une vérité historique, soit pour justifier un principe de morale, de politique ou de philosophie, doivent également coïncider, sans quoi la preuve ne serait point faite. C'est dans la coïncidence des événemens accomplis que se trouvent les plus sûrs enseignemens de l'histoire.

THÉODORE LACOMBE.

COING, fruit du COGNASSIER (voy.).

COKE, produit de la carbonisation de la HOUILLE (voy. ce mot).

COL, voyez COU.

COLCHIQUE (géog. anc.) est aujourd'hui appelée la MINGRÉLIE (voy).

COLCHIQUE, genre de plantes unilobées, à fleurs tubuleuses et radicales, assez semblables à celles du safran. La corolle est monopétale, très longue, à limbe campanulé, à six découpures profondes : ses étamines plus courtes que la corolle ; l'ovaire est au fond du tube de la corolle, sur la racine de la plante, et supporte trois styles filiformes, prolongés jusqu'au dessus des étamines. Le fruit est composé de trois capsules, cohérentes dans leur partie inférieure, séparées par le haut et contenant plusieurs graines arrondies et ridées. Ce genre ne contient que trois espèces, dont l'un peut contribuer à l'ornement des parterres en automne ; c'est le *colchique panaché* dont la fleur présente un limbe taché de petits carreaux de pourpre disposés en forme de damier ; mais la plus intéressante à connaître est le *col-*

chique commun qui infecte les prairies, dont les bestiaux repoussent les feuilles et les tiges, et dont la nature vivace semble braver tous es efforts du cultivateur pour l'extirper. On reconnaît cette espèce aux caractères suivans : la racine est une boule globuleuse, aplatie d'un côté, couverte de tuniques noirâtres. La fleur, qui paraît en automne avant la tige et les feuilles, a jusqu'à cinq pouces de longueur ; elle est d'un assez beau rose, et cependant son apparition aux approches de l'hiver ne plaît nullement aux yeux. Les feuilles et les tiges chargées de fruits ne paraissent qu'au printemps ; la plante alors est très volumineuse ; les feuilles sont larges de plus d'un pouce, droites, lancéolées, engaînées trois ou quatre en faisceau. Toutes les parties de la plante ont une odeur forte et nauséabonde, et la bulbe est regardée comme très vénéneuse ; les herbivores ont de l'aversion pour toutes les parties de ces plantes.

J.-L. Numa.

COLCOTAR, v. Fer (péroxide de).

COLÉOPTÈRES du grec *koleos*, gaîne, étui, et *pteron*, aile. Sont ainsi nommés tous les insectes du cinquième ordre de M. Latreille, et qui ont pour caractères : quatre ailes, dont les deux supérieures crustacées, en forme d'écailles, horizontales et se joi-

gnant au bord interne par une ligne droite ;
les deux inférieures placées seulement en travers, recouvertes par les précédentes : des
mandibules et des mâchoires nues et libres :
antennes de forme très-variable, en général
composées de onze articles ; yeux à facette
au nombre de deux , point d'yeux lisses ;
dans quelques espèces les élytres soudés sur
la ligne médiane forment une sorte de bou-
clier et alors les ailes inférieures manquent.
Le nombre des art'cles du tarse varie de
trois à cinq, et c'est sur ce fait qu'ont été établies, par M. Geoffroi, les quatre sections
dites : *pentamères* (cinq articles), *hétéromères*
(articles de nombre variable) , *tétramères*
(quatre articles) et *trimères* (trois articles).
Ces quatre sections sont subdivisées en familles et en genres dont il a déjà été question dans cette encyclopédie et dont nous
parlerons encore en suivant l'ordre alpha-
bétique. On connaît plus de huit mille espèces de coléoptères, aussi ne chercherons-
nous pas à indiquer ici leur nomenclature ;
nous nous bornerons à présenter quelques
faits généraux.

Les coléoptères sont répandus dans toutes
les contrées et toujours avec profusion ; on
en rencontre sur la terre, sur le sable, dans
les fientes d'animaux, sous les pierres. dans
la terre. à la racine des plantes , dans les

troncs des arbres, dans les charpentes, les boiseries, les cadavres frais ou desséchés, dans l'eau ou à sa surface. Nul d'entr'eux n'est armé d'aiguillon venimeux pour piquer l'homme et les animaux domestiques, cependant quelques-uns pincent fortement lorsqu'on les saisit. Si l'on en excepte la *cantharide* (voy.) et le milabre de la chicorée, qui dans tout le Levant et la Chine est employé pour la confection des vésicatoires, aucun coléoptère n'est utile à la médecine ni aux arts. Cependant, les couleurs brillantes et métalliques de plusieurs genres pourraient être substituées, pour l'éclat, dans des ouvrages de bijouterie, à l'or, à l'argent et aux pierres précieuses ; aussi plusieurs de ces insectes servent d'ornement et de parure aux Indiens: les femmes s'en font des colliers, des pendans d'oreille et des guirlandes. En Europe, on a souvent fait monter des bagues avec le charançon royal.

Comme la plupart des insectes, les coléoptères subissent une métamorphose complète ; aussi devons-nous parler des larves. Celles-ci ressemblent à des vers mous, ayant une tête écailleuse, une bouche analogue à celle de l'insecte parfait et ordinairement six pieds dans quelques espèces. Ces pieds sont quelquefois remplacés par de petits tubercules charnus. Leurs yeux sont de petits corps

glanduleux qui paraissent résulter de l'assemblage d'un certain nombre d'yeux lisses. La
nymphe est toujours inactive, tantôt nue et
tantôt renfermée dans une coque faite avec
des débris de diverses substances unies avec
une matière visqueuse et soyeuse. La durée
des métamorphoses et la manière de vivre tant
des larves que de l'insecte parfait varient
dans les diverses familles. Quelques-unes de
ces larves sont très-nuisibles et font des ravages considérables dans les récoltes de céréales, d'autres attaquent les pelleteries et
les substances animales ; il n'en est aucune
qui soit utile, sinon la larve du charançon
palmiste dont les Indiens et les Américains
préparent des mets qu'ils mangent avec dé-
lice, ainsi que le faisaient autrefois les Romains, qui, élevaient avec de la farine les
larves de plusieurs insectes coléoptères pour
s'en nourrir ensuite eux-mêmes.

N. Clermont.

COLÉORAMPHE. Oiseau entièrement
blanc, de la taille d'une perdrix, se tenant
par petites troupes sur les bords de la mer,
où il vit des animaux morts que la ma-
rée laisse en se retirant ou que les flots rejettent sur le rivage. Il appartient à la famille des échassiers et se fait remarquer
par son bec dur, gros, conique, comprimé, fléchi vers la pointe et recouvert en

haut, ainsi que l'indique son nom, par une enveloppe en gaine, de substance cornée, découpée par devant et garnie de sillons longitudinaux. Ses jambes sont courtes comme celles des gallinacés et les tarses écussonnés. Il porte au dessus des yeux une grosse verrue brune.

J.-L. Numa.

COLÈRE (physiologie). Ce mot formé du grec cholos (*kolos* bile) désigne une affection de l'ame, un accès momentané de fureur causé ordinairement par le sentiment d'une injure et le désir de s'en venger. La colère est commune aux hommes et aux animaux; c'est une des plus violentes passions humaines ; les traits de l'homme en colère, ceux de la femme la plus jolie deviennent tout-à-coup hideux, effrayans; l'esprit, la raison disparaissent entièrement pendant l'accès : un instinct de férocité les remplace. L'offense n'est point l'unique stimulant de la colère; la contrariété seule peut la faire éclater. Qui n'a pas remarqué des mouvemens de fureur chez des enfans, même nouvellement nés qui ne pouvaient certainement avoir la conscience d'une offense non plus que le désir de la vengeance.

Chez les adultes, les causes de la colère sont presque aussi déraisonnables que chez les enfans au berceau ; on a vu des hommes

irascibles se mettre sérieusement en colère
contre eux-mêmes lorsqu'ils avaient commis
une faute qu'ils apercevaient ensuite de
sang-froid. Il arrive souvent qu'on s'irrite
contre ceux qui, sans nous offenser, n'agissent pas selon nos vues, ne professent pas
les mêmes opinions que nous; bien plus,
qu'on se fâche jusqu'à l'emportement contre
des animaux domestiques, qui n'obéissent
pas de suite aux ordres qu'on leur donne,
contre des meubles sur lesquels on s'est
heurté. En général, l'amour propre blessé
produit dans l'homme et chez la femme
surtout des accès de colère dont les suites
sont souvent funestes.

Si la colère est contrainte et qu'on ne peut
la satisfaire ni par des actions, ni même par
des discours amers, l'individu qui l'éprouve
peut tomber dans de violentes convulsions,
et même mourir à l'instant. Telle fut, dit-on,
la fin du cruel Sylla. Les effets de la colère
sont plus modérés si c'est un être faible qui
nous offense et si nous sommes maîtres de
nous venger à l'instant. Mais la colère est
dangereuse, funeste à la santé si nous sommes
forcés de la concentrer dans notre cœur, en
attendant le moment de la vengeance; of-
fensé par son supérieur, le cœur d'un homme fier sent le besoin d'une vengeance
prompte, évidente, personnelle; mais se

venger des grands, c'est se sacrifier à son propre ressentiment.

Chez les animaux, la colère est peu durable : elle cesse avec le souvenir des impressions qui l'ont causée. Il n'en est pas de même chez l'homme, où elle tient à une combinaison d'idées plus solide, à une mémoire plus énergique. Les êtres faibles, les femmes, les enfans, les vieillards sont très irascibles, mais leur colère s'apaise assez promptement.

L'homme sanguin est plus impatient, plus emporté que colérique. Les gens bilieux, mélancoliques, nerveux, sont sujets à une colère ardente, profonde, impétueuse ; ils éprouvent des spasmes, quelquefois d'horribles convulsions ; les opérations de l'esprit, les actions des membres sont irréfléchies, incertaines : le visage pâlit et rougit alternativement : toute l'habitude du corps est bouleversée.

La colère occasionne les paralysies générales et partielles, le mutisme, la cécité, l'anévrisme.

Il est des hommes prédisposés à la colère par tempérament qui se sont abandonnés dès leur jeunesse à cette passion, soit dans la fréquentation de mauvaises sociétés, soit plus tard par l'habitude de commander à des hommes grossiers. Les préceptes d'une bonne éducation, la fréquentation d'hommes réglés auraient pu mettre un frein aux excès d'une inclination naturelle; car, enfin, il faut l'avouer, il n'est point de penchans si irrésistibles que ne puisse vaincre et maîtriser une bonne éducation. H. Thébaut.

COLIBRI. —Genre d'oiseaux, de l'ordre des *passereaux*. Tous les colibris sont remarquables surtout par la beauté de leur plumage, dont la richesse et les reflets métalliques surpassent l'éclat de l'or et le brillant des diamans, c'est pourquoi les Indiens, admirateurs de la magnificence de leur robe, leur avaient donné les noms de *rayons ou cheveux du soleil*. D'ailleurs voici leur caractère générique : bec long, droit ou arqué, tubulé à pointe acérée; bouche très petite, langue susceptible de s'alonger, entière à sa base, divisée en deux filets depuis le milieu jusqu'à la pointe; pieds impropres à la marche. Leur large queue, leurs ailes excessivement longues et étroites, la petitesse extrême de leurs pieds; leur sternum très grand et sans échancrure, la brièveté de leur humérus ou os du bras, sont, avec toutes les autres dispositions organiques qui s'y rattachent, les caractères saillans d'une structure pour un vol continu, bourdonnant et tellement rapide qu'on n'aperçoit nullement le mouvement des organes qui l'exécutent. Le battement des ailes est si vif que l'oiseau, s'arrêtant dans l'air, semble être immobile, sans action, ou s'y balancer presque aussi aisément que certaines mouches. La rapidité de leur vol les a fait comparer sous ce rapport aux martinets. La petitesse de leur gésier doit être aussi prise en considération. L'extensibilité de leur langue et le manque de cœcum sont deux caractères qui leur sont communs avec les pies. Le volume très grand de leur cœur a été considéré avec raison comme exerçant une grande influence sur le haut degré d'énergie musculaire qui préside à la vélocité et à la prestesse de leur vol.

Les nombreuses espèces de colibris ont été divisées en deux sections : *les colibris proprement dit*, qui ont le bec fléchi en arc, et les *oiseaux mouches* qui ont le bec droit et dont la plus petite espèce n'excède pas la grosseur d'une abeille. Tous ces oiseaux habitent les contrées les plus chaudes de l'Amérique : ils se plaisent dans les jardins, où ils voltigent autour des fleurs, dont ils puisent le nectar en plongeant leur langue au fond des corolles, d'où leur vient leur nom vulgaire de *becfleur*: ils mangent aussi des insectes, puisqu'on en trouve souvent leur estomac rempli. Jamais ces oiseaux ne marchent ni ne se posent à terre; ils passent la nuit et le temps de la plus forte chaleur du jour perchés sur une branche et souvent sur la plus grosse. Leur cri, plus ou moins aigu, se compose des syllabes *tere*. Ils vivent isolés, mais ils se rassemblent souvent, voltigent en nombre, se battent entre eux avec acharnement et défendent leurs nids avec courage. Un colibri force souvent les moqueurs et les pipiris à lui céder l'arbre sur lequel ils sont perchés. Les nids des colibris sont remarquables par la solidité de leur construction et par la délicatesse de leur tissu, qui est fait avec diverses sortes de coton, ou d'une bourre soyeuse recueillie sur les fleurs, et couvert à l'extérieur de lichens pareils à ceux qui croissent sur l'arbre où ils sont posés. Ceux des oiseaux mouches sont construits avec le même soin et attachés à un seul brin d'oranger ou de citronnier, et quelquefois à un fétus qui pend de la couverture d'une habitation. La ponte est de deux œufs blancs, un peu plus volumineux qu'un pois ordinaire. Les couvées se répètent, dit-on, jusqu'à quatre fois par an : le mâle et la femelle partagent le travail du nid et de l'incubation qui dure environ douze à treize jours. Au moment de leur naissance les petits sont à peu près de la grosseur d'une mouche commune.

On est parvenu à apporter de jeunes colibris vivans en Angleterre : ils étaient apprivoisés et y ont vécu quelques mois. On les conserve plus long-temps en domesticité en Amérique, on les nourrit avec du miel ou du sirop.

Depuis que le plumage si brillant de ces oiseaux les a fait rechercher pour les collections des musées, les cabinets des amateurs, et la parure des dames (on en fait des garnitures de robes), on a rejeté la chasse avec la glu, qui en salit les plumes, et on les abat soit avec de petits pois lancés avec une sarbacane, soit en les inondant avec de l'eau projetée avec une seringue, soit avec une arme à feu chargée avec du sable au lieu de plomb, ou par l'explosion seule de la poudre, si on tire de très près. On peut aussi les prendre avec un filet à papillon, lorsqu'ils voltigent sur les plantes et les arbrisseaux nains ; quoique ces oiseaux paraissent peu défians, et se laissent approcher jusqu'à cinq ou six pas, cette chasse exige beaucoup d'adresse, parce qu'ils ont toujours l'œil aux aguets, et disparaissent brusquement en poussant un cri aussitôt qu'ils se voient menacés d'un danger.   JÉRÔME BOISSARD.

COLIQUE (médecine). Sous cette dénomination, le vulgaire entend toutes les douleurs qui peuvent siéger dans les viscères renfermés dans la cavité du ventre ; mais, dans son origine, le nom de colique servit aux médecins à distinguer un état morbide et douloureux de l'intestin *colon* ; aujourd'hui on est d'accord que toutes les parties du tube intestinal peuvent être le siége de coliques. On voit que ce mot, ainsi que nous venons de le faire, peut être employé au pluriel, et cela d'autant mieux, qu'il existe dans l'intensité, la durée, la sensation et les causes de ce mal, une grande diversité qui permet d'en reconnaître plusieurs espèces. S'il en est quelquefois de légères et d'à peine sensibles, il en est aussi sous l'influence desquelles il y a perte des forces morales et physiques ; alors les jambes fléchissent sous le poids du corps, l'anxiété éclate sur le visage, et le courage, si nécessaire au rétablissement du malade, semble tout-à-fait anéanti.

L'inflammation de l'estomac, étendue d'ordinaire jusqu'aux intestins grêles, offre une première espèce de colique, qui se révèle au malade par un sentiment de brûlure à l'épigastre et se faisant sentir quelquefois dans la poitrine et même jusque dans la gorge. C'est ce qui arrive dans les cas de choléra asiatique ou sporadique, la fièvre jaune ou les empoisonnemens par les substances corrosives ; on voit alors survenir des accidens très-graves, tels que les vomissemens. Quand l'estomac est enflammé à un moindre

degré, les coliques sont vives, mais les bois
sons ne sont pas rejetées.

Si l'inflammation ne siége que sur les intestins grèles, sans péritonite, elle ne détermine ordinairement que des douleurs
obtuses; mais, dans ces deux cas, il y a
toujours constipation opiniâtre.

Dans les gros intestins, l'inflammation
produit encore de très-vives coliques, des
sensations de torsion, de déchirure, de per-
foration; il y a souvent aussi complication
de selles bilieuses, séreuses, et même san-
guinolentes.

Enfin, lorsque l'estomac et tous les intestins sont vivement enflammés, les déjections
s'opèrent par le haut et le bas; les douleurs
abdominales sont extrêmes; la moindre pression sur le ventre est intolérable, l'agitation
seule de l'atmosphère semble augmenter le
mal; c'est là ce qu'on appelle *colique de
miserere*.

De moindres douleurs accompagnent l'inflammation chronique de l'estomac et des intestins; mais elles sont fréquentes; et cette inflammation, souvent méconnue, produit une
colique à laquelle on donne l'épithète de *ner-
veuse*. Dans les nuances les plus faibles de
cet état, et quand l'affection est bornée à
l'estomac, ainsi qu'aux intestins grèles, sans
complication de péritonite, les malades digè-

rent bien, ne ressentent des douleurs sourdes dans le ventre que quelques heures après leur repos, mais il y a d'ordinaire constipation; cependant nous ne devons pas oublier de dire que la diarrhée accompagne fréquemment les coliques, quelle que soit leur cause et leur intensité.

Souvent les coliques sont accompagnées d'une production considérable de gaz qui s'accumulent dans les intestins, les distendent, font entendre un bruit ou gargouillement et s'échappent par les voies supérieures ou inférieures; on les appelle *coliques venteuses*. On donne encore d'autres noms à ces douleurs, noms indiqués par la cause à laquelle on les attribue; ainsi, quand elles sont accompagnées de vers, elles sont dites *vermineuses*; *hémorrhoïdales* quand elles siégent dans le dernier intestin et qu'il existe en même temps des hémorrhoïdes; les diverses maladies du foie donnent lieu aux *coliques hépatiques*, et celles des reins, aux *coliques néphrétiques*. Nous ne parlerons pas ici des coliques qu'on voit survenir chez les femmes à l'époque des menstrues, ou pendant la grossesse, il en sera question dans d'autres articles. Enfin, on sait que le plomb produit sur l'homme des coliques dites *saturniques*, *de plomb*, ou *de Madrid*; leurs principaux symptômes ont été présentés dans cet ouvrage, au mot CÉRUSE (15ᵐᵉ volume); on a également décrit le traitement le plus propre à les calmer.

Les moyens qu'on doit opposer à ces différentes espèces de coliques varient suivant la nature et l'intensité du mal. Aux mots *poison*, *gastrite*, *dotinenterie*, nous entrerons dans quelques détails à cet égard. Nous nous bornerons à indiquer ici les boissons douces, les cataplasmes émolliens sur le ventre, les lavemens préparés avec la graine de lin ou autres substances émollientes, le repos et la diète, comme les premiers soulagemens à donner au malade, en attendant qu'on ait fait appeler un médecin qui puisse faire l'application d'un traitement plus énergique.   N. C.

COLISÉE. — De l'italien *Collosseo*, alors nom de l'amphithéâtre le plus vaste qu'ait laissé la puissance romaine, et dont les ruines immenses, debout encore au milieu de Rome, frappent d'admiration et d'étonnement par leurs dimensions gigantesques On sait la passion des Romains pour les jeux de l'amphithéâtre, les combats de bêtes féroces, les combats de gladiateurs... Toutes leurs villes un peu considérables nous offrent des restes d'édifices destinés à cet usage.

Le Colisée était un monument vaste, intermédiaire entre le Cirque, enceinte ovale très vaste, entourée de gradins peu élevés, et l'amphithéâtre beaucoup plus petit, mais avec des arcades superposées, portant de nombreux rangs de gradins jusqu'à une très grande hauteur. Il se rapprochait du premier par la grandeur, du second par les constructions, et servait presque uniquement aux combats de gladiateurs et de bêtes féroces. Ce fut cette arène que tant de chrétiens arrosèrent de leur sang; c'est là que les prisonniers barbares allaient s'entrégorger pour l'amusement du peuple-roi.

Commencé par Vespasien pour flatter le goût de cette population de Rome à qui il ne fallait plus que le *panem et circences* de Juvénal (du pain et les jeux du cirque), il fut achevé par Titus à son retour de la guerre de Judée. Il employa à sa construction une grande partie des captifs qu'il avait amenés, et un bon nombre y périrent ensuite dans les jeux célébrés pour sa dédicace, jeux où, selon les historiens, plus de 5.000 bêtes féroces furent massacrées, indépendamment d'un nombre infini de gladiateurs et de prisonniers.

Indépendamment de deux médailles antiques qui nous sont restées, frappées en mémoire de la dédicace du Colisée, et qui en présentent l'image, de nombreuses études d'architecture ont été faites sur cet édifice, et en ont rétabli les plans. Sa forme était ovale; l'extérieur, sur une hauteur de 157 pieds, présentait trois rangs d'arcades superposées, soutenues chacune par une colonne mi-engagée dans le mur. Au-dessus de la dernière rangée s'élevait un mur percé de 80 grandes fenêtres entre les pilastres. Ces fenêtres, chacune d'un rang d'arcades, éclairaient de grandes galeries destinées à la circulation et conduisant sur 50 rangs de gradins, partagés par quatre grandes entrées, et milieu desquels se trouvaient ménagés un grand nombre d'escaliers pour y rendre la circulation plus facile, et vers les différentes galeries, et vers les gradins. Au bas de ces gradins était le *podium*, terrasse sur laquelle on disposait des siéges mobiles pour l'empereur, les personnes de haut rang et les vestales. Au dessous de cette terrasse dans le bas de l'édifice étaient ménagée les loges des bêtes féroces ; le *spoliarium*, endroit où étaient déposés les cadavres des gladiateurs, et différentes autres pièces destinées à divers usages ; des statues disséminées sur divers points variaient l'uniformité de l'édifice, et au sommet, de grandes poutres retenaient des cordages destinés à tendre une toile immense recouvrant tout l'amphithéâtre pour mettre les 120,000 spectateurs qu'il pouvait contenir à l'abri du soleil, pendant que des canaux habilement ménagés faisaient pleuvoir sur eux une légère rosée d'eau parfumée, et que des bassins disposés çà et là faisaient fumer des tourbillons d'encens etd aromates.

L'arène était recouverte de sable destiné à boire le sang des victimes, et s'étendait au bas de l'amphithéâtre sur une longueur de 285 p. et une largeur de 182; c'était le lieu des combats. Des empereurs poussèrent le luxe jusqu'à remplacer ce sable par du vermillon ou sable mêlé de poudre d'or. Les fraisqu'ils faisaient pour y présenterdes animauxrares y passent toute croyance. Il suffira de dire que Commode y fit tuer 100 lions en une journée, et qu'à son retour de la conquête de Palmyre, Aurélien y fit courir à la fois 500 autruches, une girafe, un rhinocéros et une multitude de lions et de tigres qui furent tués ensuite; on évalue à 30,000 le nombre des animaux qu'il amena dans les différens cirques et amphithéâtres de Rome.

Aujourd'hui, le colysée est en ruines qui, malgré les travaux divers entrepris pour leur conservation, sont en mauvais état. Les invasions multipliées des Barbares n'ont pas plus ménagé ce monument que l s autres, et plus tard, lorsqu'au XIIe siècle il devint château fort, séjour de familles nobles qui s'y faisaient la guerre, il souffrit encore davantage. Une portion tombée en ruines fut démolie, pour servir à d'autres constructions, et bientôt chacun y enleva des pierres, des marbres et d'autres matériaux à sa guise. Benoit XIV arrêta ces dévastations en faisant un calvaire de ce lieu consacré par le sang de tant de martyrs. Depuis, et surtout à partir du commencement de ce siècle, des déblaiemens considérables, des constructions d'appui diverses ont retardé sa chute et rendu plus faciles à étudier ses belles proportions.

VICTOR MARTIN.

COLISÉE DE PARIS. Parodie morte presque aussitôt que née du colisée de Rome, que le règne de Louis XV vit exécuter à Paris. Une compagnie. poussée par quelques grands seigneurs, s'organisa pour faire construire un édifice qui put servir de lieu de fête perpétuelle, et réuni tous les genres d'amusement. Ce projet, longuement discuté au conseil du roi. fut doté d'un privilége, et les travaux commencèrent en 1769 sur un terrain acheté fort cher à l'extrémité nord des Champs-Elysées, près du faubourg Saint-Honoré. Des embarras pécuniaires, le refroidissement du zèle de quelques souscripteurs, retardèrent un peu la construction ; pourtant la dédicace en eut lieu au mois de mai 1771, et on lui donna le nom pompeux de colisée.

Le bâtiment s'ouvrait par une belle cour circulaire, entourée de colonades formant galerie, et conduisant à un péristyle dorique, donnant sur deux vestibules d'architectures différentes, formant galerie destinée à des boutiques. A ce vestibule succédait une vaste salle ronde soutenue par seize colonnes corinthiennes et prenant jour par une coupole portée par des cariatides dorées. Des galeries latérales communiquaient avec une infinité de chambres destinées à divers usages. Au nord du monument était un bassin pour les joutes sur l'eau; à l'ouest, des bosquets qui eurent à peine le temps de fleurir.

Cette entreprise n'eut pas le succès que les auteurs s'étaient promis, la jalousie des autres établissemens, les vices de construction, l'immensité du local, et surtout les bruits malveillans qui couraient sur la destination d'une partie de l'édifice, tel que d'en faire un lieu de prostitution régulière, autorisé par le gouvernement; bruit accrédité par le nombre infini de chambres sans destination qui s'y trouvaient; tel encore que celui qui faisait regarder le colisée comme devant amener la suppression des vauxhalls des boulevards, et gêner le Parisien dans l'indépendance de ses plaisirs; tout cela arrêta la foule, et l'affluence qui s'y était montrée à son ouverture s'arrêta bientôt. On eut beau baisser les prix, varier les genres de spectacles, courses olympiques, fêtes chinoises, loteries, combats de coqs; rien ne put relever l'entreprise, et bientôt ce vaste monument tomba en ruine. Fermé en 1783, il fut démoli l'année suivante.

VICTOR MARTIN.

COLLABORATEUR, COLLABORATION, mots faits de *cum* (avec) et du substantif *labor* (travail). Un collaborateur est celui qui travaille avec un autre, de concert avec un autre, qui l'aide à la confection d'une œuvre, à la composition d'un ouvrage, d'un livre, etc. Ce mot est surtout employé dans la littérature, et l'action dans la littérature théâtrale. En effet, plusieurs auteurs se réunissent pour composer, soit un drame, soit un vaudeville, enfin, toute espèce de genres. Avant la révolution, aucun auteur ne se serait soucié de travailler avec un camarade, l'esprit de sociabilité n'était pas aussi fort, aussi répandu qu'il l'est de nos jours, et si l'art dramatique a fait tant de progrès, croyons bien que cela est dû au système de la collaboration. Quelques gens ont prétendu que deux auteurs ne pouvaient travailler ensemble, que leurs idées ne pouvaient coïncider, que leurs pensées devaient se contrarier à chaque instant, que l'œuvre terminée devait, sans aucun doute, manquer d'unité. Tous ces discours routiniers ont été détruits par les faits; plusieurs pièces dramatiques estimables et dignes de louanges ont été le fruit de la collaboration de deux auteurs. Cette chose est facile à concevoir : chacun apporte ses qualités et son talent; s'il existe des défauts, ils sont plus visibles pour deux que pour un seul, ce qui n'est pas vu par l'un est remarqué par l'autre; l'un sait filer une scène gaie et comique, l'autre sait filer une scène de tristesse et de terreur; celui-ci possède le style dramatique, celui-là les situations théâtrales, chacun apporte sa pierre au monument, et, ce qui est encore une qualité, l'ouvrage est plus vite fait et ne se ressent pas du long temps que plus d'un auteur a mis à la composition de son œuvre. — Les jeunes gens qu'un penchant irrésistible, qu'une vocation décidée, entraînent vers la culture des lettres, rencontrent d'ordinaire une foule de mécomptes, un nombre infini de rebuts, d'ennuis et de dégoûts de tous genres. Les commencemens sont arides et épineux plus qu'on ne saurait le croire. Une des voies littéraires où ils s'engagent avec le plus d'ardeur et de témérité, est la carrière du théâtre; en effet, c'est celle qui présente le plus de chances de fortune et de renommée, de

14

gloire et d'argent. On fait un roman, on le fait bon, on trouve un éditeur qui veut bien hasarder quelques centaines de francs, quitte à en gagner quelques milliers ; alors il est doux, il est glorieux pour un jeune écrivain de se voir imprimé sur beau papier, avec une vignette du dessinateur en vogue, de figurer derrière le vitrage d'un cabinet de lecture bien achalandé... Mais qu'est-ce que tout cela, qu'est-ce que l'éloge même le plus complet dans le journal le mieux en crédit, en comparaison de la célébrité qui s'empare d'un nom jeté par un acteur à deux mille spectateurs qui acclament et applaudissent, qui, parfois, non contens de donner ovation à ce nom, veulent avec fureur la donner à la personne... Qu'est-ce que l'approbation de quelques amis qui disent : c'est bien ! et vous gratifient d'une poignée de main franche et loyale, en comparaison des louanges exagérées et chaleureuses des acteurs, des cajoleries des actrices, des prévenances du directeur... Ainsi donc, résumons-nous, plus il y a de fidèles, plus il est difficile de parvenir dans le temple. Beaucoup sont appelés, mais peu sont élus !.. A l'entrée de sa carrière, on ne redoute aucun péril, on ne craint aucun danger, on travaille avec courage, avec conscience, le cœur épanoui, le rire sur les lèvres, on porte dé i au sort, le moindre échec ne fait que vous éperonner, vous inspirer davantage, puis l'amour-propre se mêle de la partie et quelque temps encore il vous sert de force et de stimulant.

Cependant, si opiniâtre que soit le caractère, si robuste que soit le courage, quand à chaque nouveau pas que l'on essaie en avant une nouvelle brutalité de la fortune vous arrête et vous fait reculer, alors, alors, malédiction! Le cœur faiblit, le courage manque, la volonté polie, plus d'enthousiasme, plus de confiance, le chagrin envahit votre ame, vos illusions se dissipent, vos espérances meurent; alors commence une vie de déceptions et de souffrances, une vie désenchantée; alors commence entre les rêves ambitieux d'autrefois, et les difficultés de la position présente, un duel terrible, sans pitié ni merci; alors on ne veut pas faire rire les imbéciles qui vous ont dit que la carrière des lettres n'était que stérile et honteuse à parcourir; alors ce qu'on redoute par dessus tout ce sont les railleries et les sourires moqueurs des envieux et des jaloux même de vos espérances de réussite et de vos confidences de succès; alors on brûle de faire taire les croassemens inévitables de ces amis bons et humains.... On peut bien souffrir en silence, on peut bien ne manger que du pain, travailler et attendre encore, mais on ne saurait retourner en arrière sans laisser sur le chemin des traces de sang ! *Escousse* et *Lebras* vous reviennent à la mémoire... on a la tête perdue!.. De cette avidité de succès qu'on a rêvés et qu'on ne peut voir se réaliser tout de suite, de cette soif de renommée pour étouffer les criailleries méchantes, et de ce besoin d'argent pour se débarrasser de créanciers exigeans et importuns sont nés *collaboration* et *collaborateur.* — La pensée qui doit venir au jeune auteur est de corriger et de modifier son amour propre, il ne se sent plus ni assez de talent ni assez de persévérance pour marcher sans appui, il va donc porter son œuvre chez un confrère en renom, un homme connu, et il rentre dans la route la plus frayée et la plus courte, il peut toucher au but qu'il n'aurait jamais atteint s'il s'était obstiné à marcher seul. — Maintenant, voyons si cette méthode est la meilleure et la plus naturelle? Oui et non... *Non,* car combien de jeunes auteurs sont allés brûler leurs ailes aux bougies de la collaboration; leur talent, libre et indépendant, concentré en lui-même, aurait produit un auteur mâle et original; esclave et enchaîné, il n'a mis au jour qu'un écrivain ordinaire sans couleur, sans type, qui, au milieu de la foule, ne sortira jamais de la foule. — *Oui,* parce que toute pièce faite par un commençant est presque toujours mal charpentée, mal écrite (du moins le style est mal approprié à la scène), elle fourmille de longueurs, de détails oiseux et inutiles, de situation faibles ou outrées , de contre-sens dramatiques, alors est nécessaire le collaborateur, l'homme expérimenté, le guide, l'ami. — Jeunes gens qui vous destinez au théâtre et qui voulez vous y produire, écoutez ce conseil de l'un des vôtres, et faites-en votre profit, car il est franc et désintéressé ; celui qui signe cet article sait à quoi s'en tenir sur la marche à suivre, la conduite à observer; il a déjà laissé quelques lambeaux de sa robe aux ronces du chemin, et ne sait encore s'il parviendra au terme sain et sauf; n'ayez point confiance en vous seuls, ne travaillez point seuls, ne heurtez pas les obstacles de front et inutilement, pliez-vous aux usages, agissez selon les circonstances, cherchez quelque patron qui se chargera de vous soutenir, de vous pousser en avant, ne soyez pas trop orgueilleux, faites taire votre amour propre, ne soyez pas fier d'un premier succès; partis de bien bas, ne cherchez point trop vite à vous élever trop haut, et vous réussirez infailliblement, et vous occuperez la place, espoir de vos rêves, récompense légitime de votre constance et de votre travail. Sur ces jeunes gens, je vous souhaite des collaborateurs bienveillans et faciles, ils sont difficiles à trouver, j'en conviens, il en est plusieurs cependant que je pourrais citer.

Joanny Augier.

COLLAGE, COLLE, COLLEUR. —Le mot de collage désigne l'action de *coller*, verbe qui possède plusieurs acceptions dont la plus générale est d'enduire quelque chose avec de la colle de farine ou de la colle forte.

Coller sur bande s'emploie au jeu de billard; cela veut dire qu'on met la bille tout près de la bande, de manière qu'elle soit difficile à jouer. On dit aussi *coller* son adversaire pour signifier qu'on l'a mis *au pied du mur*. Un homme studieux a toujours le nez *collé* sur ses livres; un cavalier bien assis sur son cheval, semble *collé* sur sa selle. etc., etc.

La COLLE est une substance animale qui n'est autre chose que de la gélatine desséchée. C'est un produit très utile et indispensable même dans un grand nombre d'arts, tels que la menuiserie, la papeterie, la chapellerie, la marqueterie, la cordonnerie, l'impression des toiles, etc., etc. Il y a plusieurs sortes de colle : la *colle de Flandre,* la colle *façon anglaise,* la colle dite de Givet, et la colle dite *au baquet* — La colle dite de *Flandre* se fait en deux cuites; pour faire cette colle bonne et bien claire, les *colles matières* doivent être rincées à plusieurs eaux, et détrempées pendant un certain temps; il faut, en outre, éviter que la solution gélatineuse bouille trop long-temps. — La colle *façon anglaise* doit être beaucoup plus cuite que celle de *Flandre*. — La colle de *Givet* exige une lente ébullition. — La colle *au baquet* est celle de fréquent usage chez les peintres en bâtimens; on la trouve toute préparée chez les marchands de couleurs qui emploient à sa fabrication les peaux de lapin, les rognures de parchemin, et les vieux gants.

Le COLLEUR est autrement appelé *afficheur*. La colle dont se sert l'afficheur est très économique; on la nomme *colle de pâte*; elle est composée d'amidon, ou de farine cuite dans beaucoup d'eau. Le collage des affiches constitue une profession fort exercée dans les grandes villes et qui est soumise à des réglemens de police. — Il y a encore le colleur de papiers-tenture ou tapisserie. Son art est plus relevé que celui de l'afficheur, en ce qu'il exige de l'adresse, de la propreté, et du goût.   B. R. A.

COLLÉGE ÉLECTORAL (Voy. ÉLECTIONS.)

COLLÉGE. Etablissement public où l'on enseigne les lettres, les sciences et les langues. C'est François Ier, surnommé le père des lettres, qui fonda à Paris le Collége de France pour l'enseignement public et gratuit des langues, de la poésie, de l'éloquence et des hautes sciences mathématiques et physiques. Nous ne trouvons le germe de ces cours publics que dans Sparte et Rome. Là, dans des réunions immenses, on recommandait aux jeunes gens la crainte des dieux, l'amour de la patrie, la haine des ennemis, l'obéissance aux lois, la soumission aux parens et le respect de la vieillesse; et ces leçons étaient données sur le bord des fleuves comme pour présager que l'instruction traverserait les mers et répandrait partout ses lumières. Rome eut même, dans les premières années de son existence, des écoles particulières et, des établissemens consacrés à l'éducation de la jeunesse, témoin ce maître qui livra aux ennemis les fils des patriciens. Cependant nous voyons dans le moyen-âge ces établissemens prendre une physionomie plus nette; le christianisme commençait alors à ouvrir ses universitées à l'étude des sciences et des lettres, et jetait ainsi d'une manière indirecte les fondemens de sa doctrine dans le cœur de la jeunesse. Mais alors il se fit une halte. Le clergé, tenant tout en main, n'enseigna que ce qu'il voulut, et l'instruction resta long-temps stationnaire; ce ne fut qu'à la chute de l'empire grec, époque dite de la renaissance des lettres, qu'elle fit de nouveau quelques pas, secondée qu'elle était par l'imprimerie, qui venait d'être découverte.

François Ier, en fondant le Collège de France, y établit des chaires de grec et d'hébreu, plus tard il y fit enseigner les mathématiques, la médecine et la philosophie. A Henri III nous devons une chaire d'arabe; à Henri IV une de botanique. Sous le règne de Louis XIV, si fécond en poètes et, en écrivains distingués, il manquait un cours de littérature française qui fut bientôt ouvert par son successeur.

Après la mort de Louis XIV, la Convention, qui voulait effacer jusqu'au moindre vestige, jusqu'au plus mince souvenir de la royauté, donna au collège de France le nom de collège national, et le dota de quelques chaires nouvelles, comme d'astronomie, d'anatomie et de langues orientales. Puis vint Napoléon, qui voulant tout résumer en lui, nomma le collège Collège Impérial. A la restauration de 1815, on nomma le collège Collège Royal, nom qu'il conserve encore aujourd'hui.

Cependant, nous n'avons jusqu'ici parlé du collège qu'en général, nous ne l'avons considéré que dans sa première acception, c'est-à-dire dans ses cours publics et gratuits des lettres, des sciences et des langues, qui ont lieu tant à Paris que dans les villes qui renferment des académies; maintenant il reste à parler du collége en particulier.

Le chef d'un collége royal porte le nom de proviseur; bien que sous la surveillance du conseil académique et d'inspecteurs qui deux fois dans l'année visitent les classes et études, il ne relève pourtant que du ministre de l'Instruction publique. Il peut à son gré diriger les études, faire les innovations et changemens qu'il lui plaît. Ainsi dans tel collége, le proviseur tient à ce que les élèves commencent le grec de bonne heure, dans tel autre c'est l'anglais qu'il s'empresse d'enseigner. Il est secondé dans ses fonctions par le censeur, qui se charge des plus petits détails de la surveillance. Chaque collége a sa chapelle et son aumônier.

Nous avons à signaler de fort heureuses innovations; maintenant on a reconnu qu'il ne suffisait plus de savoir le grec et le latin, qu'il fallait connaître quelques unes des langues vivantes, et des classes d'anglais et d'allemand ont été créées. Une autre classe encore s'est ouverte. La musique, cet art si suave, si fécond en inspirations généreuses, devait aussi faire partie de l'éducation. Aussi, dirons-nous sans crainte qu'un jeune homme qui vient de finir ses études doit connaître la musique s'il ne veut que son éducation soit regardée comme tronquée.

Le collége s'est toujours ressenti immédiatement de l'esprit des gouvernemens. Sous l'Empire dont le principe était la guerre, l'éducation était militaire; après avoir traduit Virgile et Homère, l'élève apprenait le maniement des armes. Sous la restauration, l'éducation était toute religieuse, il fallait en même temps que son devoir présenter un billet de confession. A la révolution de juillet il s'est fait quelques changemens : la cloche qui appelait au travail et à la récréation a été remplacé par le tambour, les élèves se sont choisis parmi eux caporaux et sergens, et se sont exercés sans armes aux évolutions militaires. Nous dirons deux mots du système pénitentiaire, que nous trouvons blâmable. Dans certains colléges il règne une rigueur excessive. Là un mot, un geste, un mouvement est puni. Est-ce qu'il ne vaudrait pas mieux former doucement au bien des cœurs si impressionables? A cet âge on devient bientôt indifférent aux punitions tandis qu'on est toujours sensible aux bons traitemens. Du reste nous tendons à une amélioration. A la voix du ministre qui tout récemment, à la suite d'un triste attentat, vient de donner ses conseils aux recteurs des académies, sans doute la sévérité des maîtres se mêlera de quelque douceur.

Il y a encore deux espèces de colléges. Le collége d'arrondissement, dans lequel on peut faire toutes ses études, et le collége communal, où l'on n'enseigne à peu près que les élémens de la langue latine. Dans l'un et l'autre de ces établissemens le chef porte le nom de principal.

EUGÈNE LEFÈVRE.

COLLÈGUE, en latin *collega*, fait de *cum* avec, et *lex* loi. Ce mot, chez les Romains, désignait un homme associé à un autre, et se disait de ceux qui exerçaient ensemble le consulat ou toute autre fonction. — Nous avons adopté ce mot dans le même sens : ainsi les magistrats, les juges, les députés, les ambassadeurs, les commissaires, tous les administrateurs depuis les simples commis jusqu'aux ministres se qualifient entre eux de *collègue*. Les notaires, avant la révolution, s'appelaient entre eux *confrères*, de nos jours ils se disent *collègues*, et le protocole des actes passés devant eux commence toujours ainsi : par devant M^e... et son collègue, notaires à... Ces messieurs ont bien fait d'abandonner l'expression de *confrère*, pour celle de *collègue*, car la *confraternité* supposait une conformité de vues et d'opinions qui n'existe pas toujours maintenant chez les *collègues*.   JOANNY AUGIER.

COLLIER. Ornement qui se porte au cou. L'usage des colliers remonte à la plus haute antiquité; ils ont été ou sont encore pour tous les peuples des objets de parure ou des marques de distinction. Si nos femmes portent des colliers d'or, de diamans, de perles, les sauvages s'en font avec des coquilles, des grains de corail, et même avec des os et des dents d'animaux Chez les Romains on donnait des colliers comme récompenses militaires; ils étaient d'or ou d'argent, ornés de pierreries. — Le mot COLLIER a plusieurs autres acceptions. On dit un *cheval de collier* pour signifier qu'il est bon tireur : *il est franc du collier*, se dit d'un homme qui agit franchement, qui est sans reproche. Lorsqu'on fait des efforts pour réussir dans une affaire *on donne du collier*. Pour par'er d'un travail pénible, on emploie ces mots : porter *le collier de misère*. Les cercles de cuivre, d'acier ou de peau qu'on met au cou des chiens, sont de même appelés COLLIERS.

JOANNY AUGIER.

COLLIER (ordre du); ordre de chevalerie de la république de Venise. Les titulaires de cet ordre ne portaient point de costume particulier, ils avaient seulement au cou, pour marque distinctive, la chaîne de leur ordre, à laquelle était appendue une médaille à l'effigie d'un lion ailé. — En

1335, le comte Amédée de Savoie institua l'ordre des *lacs d'amour*. En France, c'est Louis XI qui le premier a entouré ses armoiries du collier de l'ordre qu'il avait institué. En général, on appelle le *collier d'un ordre* une chaîne d'or au bout de laquelle est appendue une croix, une médaille, ou toute autre marque distinctive. LOUIS DE VALVERT.

COLLIER (procès du). Ce procès fameux a eu un grand retentissement dans toute l'Europe; il a provoqué une infinité de discussions, soulevé des querelles et des récriminations, et a mis en émoi la cour de France, le clergé, le pape, et le collége des cardinaux. Les causes de ce grand mouvement proviennent des passions politiques qui à cette époque s'attachaient à tout, envahissaient tout. La bizarrerie, l'originalité des incidens, l'imprévu, l'extraordinaire règnent dans ce procès si compliqué, si scandaleux... Et que voit-on à la fin de tout ceci, que découvre-t-on... Un délit d'escroquerie et un faux en écriture. — La grande chambre du parlement s'occupa pendant huit mois de l'enquête judiciaire. Voici les faits : les joailliers de la couronne *Boehmer* et *Bossange* avaient fait dessiner un collier admirable, et l'avaient fait exécuter en brillans superbes. Ce collier fut estimé 1,800,000 francs; c'était le roi Louis XV, qui, voulant donner à sa maîtresse, la Dubarry, la plus belle parure de diamans, avait commandé ce travail à Boehmer et Bossange. La mort du roi, qui arriva pendant la fabrication de ce collier, ne leur permit pas d'abandonner leur entreprise. Ils continuèrent donc dans l'espoir que la reine de France ou toute autre souveraine ou princesse pourrait l'acheter. Pourtant à la fin de 1784, ces joailliers n'avaient pu se défaire de cette parure magnifique ; elle avait été refusée par les diverses cours de l'Europe auxquelles on l'avait proposée, et la reine de France elle-même avait déclaré à Boehmer qu'elle n'en voulait pas. Ce collier, refusé par des reines et des princesses, était convoité par une femme sans fortune et sans considération, non pour s'en parer, mais pour s'en approprier la riche valeur. Cette femme était la comtesse de Lamotte, issue par bâtardise de la seconde branche royale des Valois. Cette femme née dans une profonde misère avait formé le projet de se remettre en possession des honneurs et du rang auxquels l'inconduite de ses ancêtres l'avait fait renoncer. Jolie, vive, spirituelle, remplie de manége et d'intrigue, ayant des talens agréables, un sang-froid peu commun, une astuce encore supérieure, elle était capable de conduire une trame importante et habilement ourdie. Elle était d'autant plus dangereuse qu'elle pouvait,

sous la coquetterie, la légèreté et une indifférence trompeuse, cacher le plan qu'elle
aurait conçue. Pour parvenir à ses fins, cette
femme intrigante et rusée sut adroitement
s'emparer de l'esprit du prince Louis de
Rohan, cardinal, évêque de Strasbourg, et
grand aumônier de France. Ce seigneur
était l'objet de l'envie de tous les ambitieux
de la cour; il aurait dû vivre heureux, et
pourtant il ne l'était pas. Sa splendeur, sa
fortune, son crédit appuyé sur des ressources
immenses ne pouvaient le contenter; en un
mot, la faveur de la reine lui manquait, et
non seulement il ne possédait pas cette faveur désirée. mais, pour comble de désespoir,
il se savait haï de Marie-Antoinette. La cause
en datait de loin.

L'archiduchesse d'Autriche, la fille de
l'impératrice Marie-Thérèse, arrivait en
France pour épouser le dauphin, en 1770.

Louis XV régnait alors, et avec lui la
Dubarry; cette fille publique apporta au
château de Versailles des habitudes de vice
que l'étiquette seule en avait écartées jusque
là. Le prince Louis de Rohan, rangé parmi
ses flatteurs, en obtint l'ambassade de Vienne, et par là devint son protégé. Il en résulta
une correspondance toute d'anecdotes, de
caquetage, de contes malins et scandaleux.
L'ambassadeur, trop étourdi, ne ménagea

pas même l'auguste impératrice, la tourna
en ridicule, et révéla plusieurs faits de sa vie
intérieure. La dauphine en fut instruite,
son indignation fut portée au comble, et dès
que la couronne advint à Louis XVI, son
époux, le prince Louis fut rappelé de son
ambassade et remplacé par le baron de Breteuil, son ennemi personnel. De retour à Versailles, les intrigues, les sollicitations, les
bassesses du prince Louis ne purent apaiser
la reine; elle demeura inexorable, froide,
silencieuse, méprisante, et toute remplie de
dédains pour le prince. Il parvint néanmoins
malgré elle à la grande aumônerie. Cette
victoire accrut encore le dépit de Marie-Antoinette qui prit plaisir à le manifester; dès
lors, jamais un mot, un regard, un geste, un
sourire ne consola le cardinal de sa disgrâce.

La comtesse de Lamotte sut donc exploiter ce chagrin et cet ennui mortels pour
un courtisan, cette ardeur de tout disgracié
à se rattacher au moindre mot de bonheur,
à la plus petite lueur d'espérance. Elle sut
persuader au prince qu'elle était pour Marie-
Antoinette une amie, une confidente, que
ses torts étaient à la veille d'être pardonnés,
et que tout cela se ferait par son entremise
de favorite; elle lui fit faire d'abord un
mémoire dans lequel il se justifiait, puis lui
montra plusieurs billets soi-disant de Marie-
Antoinette; le premier était ainsi conçu :

» J'ai lu votre mémoire; je suis charmée
» de ne plus vous trouver coupable. Je ne
» peux encore vous accorder l'audience que
» vous désirez; quand les circonstances le
» permettront je vous en ferai prévenir.
» Soyez discret. » — Le cardinal avait ré-
pondu à la reine; une correspondance réglée
s'en était suivie. Marie-Antoinette était
censée consulter le prince sur plusieurs affaires politiques; elle lui recommandait toujours une discretion complète, une prudence
à toute épreuve. L'heure, lui mandait-elle,
n'était pas venue où il devait paraître rétabli
dans ses bonnes grâces, elle ajoutait : « Les
« personnes de ma société intime prendraient
» de l'ombrage, si ma faveur se reposait
» publiquement sur vous; attendez donc,
« prenez patience, ne laissez rien deviner de
» nos rapports, sans quoi tout serait perdu.
» Continuez à communiquer avec moi par
« l'intermédiaire de la comtesse, on ne peut
» vous être plus dévoué, etc. etc., » De telles
lettres transportaient de joie le prince Louis,
il n'admettait plus dans son intimité que la
comtesse de Lamotte; il lui faisait part de
ses projets, de ses plans, de ses rêves, elle le
laissait dire et le poussait en instrument,
lorsqu'il se flattait de marcher en directeur; il fallait pourtant terminer ces préliminaires et frapper le grand coup. Un jour,

la comtesse se rend chez le cardinal et lui tient ce langage : Prince, il s'agit cette fois d'un coup d'adresse qui vous attachera la reine plus que tout ce que vous pourriez faire. — Que veut-elle ? demande le prince avec empressement. — Un collier, répond l'intrigante. — Sera-ce le licou au moyen duquel je conduirai la reine à ma fantaisie ? — Précisément, monseigneur, et jamais il ne sera lien plus fort et plus durable. Boehmer et Bossange ont fait un collier admirable dont ils veulent 1,800,000 francs ; Boehmer l'a montré à la reine qui se meurt du désir de l'avoir, mais elle n'ose pas en proposer au roi l'acquisition ; la reine voulait donc un prête-nom, et prétendait acheter le collier de ses épargnes et à l'insu du roi ; que si le cardinal se chargeait en son nom de cette affaire, il recevrait pour garantie une autorisation de sa main, dont il ne se dessaisirait qu'après avoir été payé ; qu'il devrait de son côté conduire les joailliers à accepter des paiemens en divers termes de trois mois en trois mois ; que le cardinal fît bien attention de ne pas mentionner dans le contrat public le nom de la reine ; que ce traité ne porterait que le sien et que l'autorisation signée de celui de S. M. était une garantie suffisante. Le cardinal écouta cette révélation nouvelle avec un contentement qu'il ne dissimula pas.

Il ne trouva aucune objection à faire. Qu'était-il de plus facile que de paraître acheter un collier dont la reine fournirait les fonds ?

Enfin tout fut bientôt résolu. Le prince se rendit chez les joailliers ; les 1,800,000 francs qu'ils demandaient furent réduits à 1,600,000 ; les époques de paiement arrêtées à partir du 30 juillet 1785, et, en retour des billets du prince, les vendeurs s'engageaient à livrer la parure le 1er février suivant. Cependant le contrat de vente du collier ne fut pas prêt aussitôt que le cardinal l'aurait désiré ; il y eut des délais, parce que les vendeurs, ne se confiant que médiocrement à la solvabilité du prince, consultèrent leur notaire, et lui recommandèrent d'apporter un soin extrême à la rédaction des articles. Le cardinal avait 800.000 fr. de rente, mais on savait aussi qu'il avait beaucoup de dettes et peu d'ordre. Pourtant, comme ce collier avait été refusé partout (ainsi que nous l'avons dit plus haut), les joailliers finirent par s'estimer heureux que le prince de Rohan s'en accommodât. Les craintes de retard dans les paiemens disparurent tout-à-fait, lorsqu'un peu plus tard, et à la veille de la livraison du collier, le cardinal, effrayé de ce que les joailliers pourraient croire, s'ils voyaient à la reine leur parure, sans savoir de quelle façon elle lui était arrivée, se détermina à leur montrer le contrat, où à la marge il y avait ces mots: *approuvé, Marie-Antoinette de France*. Le prince, de même quoique assez crédule, était tourmenté, et commençait à vouloir plus que des lettres ou des paroles rapportées; ce fut alors que la comtesse lui promit une entrevue avec la reine; la scène se passa dans le jardin de Versailles, une aventurière remplit le rôle de Marie-Antoinette. Voici comment eut lieu cette nouvelle supercherie, et le prince ne manqua pas d'y donner tête baissée ainsi que dans les précédentes: il était depuis un instant dans le jardin attendant avec impatience, lorsque tout à coup la comtesse accourt, lui prend la main et l'entraîne dans le plus obscur du bois. Le cardinal, certain alors de son bonheur, vole, arrive et voit devant lui... la reine... ou plutôt la malheureuse qui en tenait la place, la *demoiselle Legai d'O-liva*; elle fait un pas vers lui et lui présentant une rose... *vous pouvez espérer que le passé sera oublié*, dit-elle. *Ah! madame*, répond le prince en se précipitant à ses genoux, *ma vie entière.* . une voix qui s'élève assez rapprochée lui coupe la parole, la reine se recule, le prince se relève, et la comtesse entraîne celui-ci encore plus promptement que la première fois. Cette scène de mystification avait été rapide et pleine de succès. Le collier

passa bientôt des mains des joailliers dans
les mains du cardinal, et des mains du cardinal dans celles de madame de Lamotte.
Alors celle-ci se crut assurée de la réussite ;
elle la célébra par un festin avec ses dignes
complices, son mari, le chevalier *Reteaux
de Villette*, la d'*Oliva* et son amant *Tous-
saint Beausire.* Ensuite, elle ne perdit pas
un instant pour faire disparaître les riches
débris du collier et ses complices. Beausire
et d'Oliva partirent pour Bruxelles, Reteaux
de Villette pour la Suisse, et le comte de Lamotte pour l'Angleterre avec la meilleure
partie du butin. Madame de Lamotte seule
resta, pour son malheur. Tout cet échafau-
dage de ruses et de tromperies s'écroula bientôt devant une lettre de remerciement écrite
à la reine de France par les joailliers le 12
juillet 1785. Cette lettre parvint à sa destination, car peu de jours après ces derniers
eurent audience de la reine. Là tout se décou-
vrit : la signature *Marie-Antoinette de France*
apposée au bas du marché était fausse. Toutes
les lettres de la reine au cardinal étaient
fausses. Le 15 août, jour de l'Assomption,
jour anniversaire du vœu de Louis XIII, à 11
heures 1/2 du matin, le cardinal Louis de
Rohan, grand-aumônier de France, fut arrêté
au moment où il entrait à la chapelle de Versailles, revêtu de ses habits pontificaux.

On le conduisit à la Bastille le lendemain de son arrestation. La comtesse de Lamotte fut arrêtée dans sa maison de Bar-sur-Aube au milieu d'une société nombreuse et brillante. La demoiselle Legai d'Oliva fut arrêtée à Bruxelles, et Reteaux de Villette à Genève. On arrêta successivement, pour la même affaire, Cagliostro, sa femme, L. Féliciani, le baron de Pianta, ami du cardinal, le chevalier d'Etieuville, madame de Couville et le baron de Fagel. L'arrêt ne fut prononcé qu'après une instruction qui dura plus de cinq mois. Les accusés subirent leur dernier interrogatoire sur la sellette. Reteaux de Villette parut les yeux baignés de larmes; madame de Lamotte s'assit sur la sellette avec un air plein d'impudence; il fut permis au cardinal de s'asseoir sur un fauteuil, son interrogatoire dura deux heures. Le lendemain on interrogea d'Oliva et Cagliostro. Le comte de Lamotte, contumace, fut condamné au fouet, à la marque, et aux galères à perpétuité; Reteaux de Villette au bannissement *sans fouet ni marque*; madame de Lamotte *ad omnia citra mortem*, c'est-à-dire qu'elle serait fouettée et marquée par le bourreau sur les deux épaules d'un double w , la corde au cou, et enfermée à l'hôpital pour le reste de ses jours. La d'Oliva fut mise hors de cour. Cagliostro, déchargé de l'accusation, fut de suite mis en liberté. Le cardinal de Rohan fut sévèrement réprimandé, et déchargé ensuite de l'accusation; mais il ne fut mis en liberté que le 1er juin à dix heures du soir. Le lendemain le baron de Breteuil lui signifia les ordres du roi qui étaient : 1° de ne pas sortir de chez lui, de ne recevoir que ses parens et hommes d'affaires pendant trois jours; 2° de se rendre après ce délai dans l'abbaye de la Chaise-Dieu, en Auvergne. et d'y rester jusqu'à nouvel ordre; 3° de donner sur-le-champ sa démission de sa charge de grand-aumônier. Le pape interdit de même au prince le titre et les insignes du sacerdoce et du cardinalat. Ce pauvre Louis de Rohan fut cruellement puni de sa foi aux discours d'une intrigante, et de son vif désir de gagner la faveur d'une reine. Ainsi agissent les courtisans; tout leur est bon pour parvenir; pour un sourire du pouvoir ils mettraient en jeu leur honneur et même leur vie.—La comtesse de Lamotte qui avait été mise à la Salpétrière s'en évada en juin 1787. Elle se réfugia à Londres où elle écrivit des mémoires, réimprimés en France; ces mémoires sont le plus violent des libelles publiés contre la reine Marie-Antoinette. — Ce procès eut un grand retentissement dans toute l'Europe, et la honte de cette procédure n'a pas rejailli que sur les coupables. On aurait mieux fait d'étouffer cette affaire qui n'a engendré que scandale, qui a mis en cause des familles honorables, et dans laquelle le nom de la reine de France a été étrangement compromis.   JOANNY AUGIER.

COLLINE. On donne ce nom à de petites montagnes. Les pays coupés par des collines sont en général les plus fertiles et ceux dont les productions sont aussi les plus variées, parce que ces monticules offrent plusieurs expositions qui favorisent, les unes certaines plantations, les autres certaines céréales. (V. MONTAGNE.)

COLLYRE. Espèces de médicamens que l'on emploie pour combattre l'inflammation chronique ou aiguë du globe de l'œil ou des paupières; c'est surtout dans les cas d'ophtalmie, ou d'ulcération des paupières, qu'on doit y recourir, et alors ils doivent être appropriés à l'intensité et à la nature du mal. Si les douleurs sont très vives, on peut laver plusieurs fois par jour les yeux avec le collyre narcotique suivant :

Infusée de feuilles de jusquiame. huit onc.
Extrait de belladone. . . . . huit gr.
Extrait d'opium, ... quat. gr.

Le formulaire magistral comprend encore treize formules de collyres aqueux ou secs; nous ne les mentionnerons pas tous dans cet ouvrage qui n'est pas un manuel de médecine, mais nous reviendrons sur l'emploi des collyres au mot OPHTHALMIE.

N .CLERMONT.

COLOMBE. Genre d'oiseaux de l'ordre des *gallinacées*. Les espèces qu'il renferme habitent sur tous les points de la terre, elles sont plus nombreu es dans les climats chauds que vers le nord, ou l'on en voit seulement quelques-unes en été. Elles ont le bec voûté, les narines percées dans un large espace membraneux et couvertes d'une écaille cartilagineuse, qui forme un renflement à la base du bec; leur sternum est osseux et leur jabot fort dilaté; toutes ont les doigts libres et sans membrane, la queue a douze pennes et le vol est étendu. Elles vivent constamment en monogamie, nichent sur les arbres et dans les creux de rochers, et ne pondent qu'un petit nombre d'œufs, ordinairement deux, que le mâle et la femelle couvent successivement : leurs pontes se répètent plusieurs fois dans la même année. Ces oiseaux nourrissent leurs petits en leur dégorgeant des graines macérées dans le jabot; quelques-uns d'entre eux, sans être tout-à-fait réduits en domesticité, sont, pour ainsi dire, devenus nos tributaires; ils vivent autour de nous en captifs volontaires; d'autres sont asservis sans retour, et ce n'est que par nos soins qu'ils peuvent perpétuer leur race.

M. Levaillant indique, dans ce genre, trois groupes principaux.

1° Celui des *colombes gallinées*, lesquelles se rapprochent plus encore que les autres des gallinacées, et sont caractérisées par leur torse élevé, et leur bec grêle et flexible; elles vivent en troupes, cherchent leur nourriture à terre et ne se perchent point. Leur taille est assez considérable; nous citerons entre autres le *goura*, ou pigeon couronné de l'archipel des Indes (columba coronata Guslin), qui est tout entier d'un bleu d'ardoise, avec un peu de blanc et de marron à l'aile; sa tête est ornée d'une huppe de longues plumes effilées; ce bel oiseau se trouve à Java, ainsi que dans les Iles voisines; dans certains endroits, on l'élève dans les basses-cours. 2° Le deuxième sous genre est celui des *vraies colombes* ou pigeons ordinaires, qui ont les pieds plus courts que les précédens, mais le bec grêle et flexible comme le leur. Les espèces sont extrêmement nombreuses; l'Europe n'en possède que quatre à l'état sauvage, ce sont le ramier, le colombin ou petit ramier, le biset ou pigeon de roche, et la tourterelle, qui nous occuperont ailleurs; on voit aussi dans quelques contrées, mais seulement à l'état domestique, la tourterelle à collier ou rieuse, qui est originaire d'Afrique 3°. Enfin celui des colombes dont on ne connaît que quelques espèces de la Zone-Torride de l'ancien continent; on les reconnaît à leur bec, gros, de substance solide et comprimé sur ses côtés, à leur torse court et à leurs pieds larges; elles vivent dans les bois et se nourrissent de fruits.

La colombe, célébrée par les poètes, joue un grand rôle dans toutes l'antiquité. C'était l'oiseau favori de Venus, cette déesse la portait à la main, l'attachait à son char et prenait souvent sa forme. Jupiter fut nourri par des colombes, fable dont l'origine ressemble à celle de beaucoup d'autres; elle vient de ce qu'en phénicien le mot *colombe* signifie prêtre ou surêté. Il est fait mention de deux colombes fameuses; l'une se rendit à Dodone. où elle donna la vertu de rendre des oracles à un chêne de prédilection, l'autre s'en alla en Cylésie, où elle se plaça entre les cornes d'un bélier, d'où elle publia ses prophéties. Celle-ci était blanche, l'autre était d'or. La colombe d'or qui avait transmis le don de prophétie aux arbres, ne le perdit pas pour cela. Elle était perchée sur un chêne; on lui sacrifiait, on la consultait, et ses prêtres vivaient dans l'abondance. Ce fut elle qui annonça à Hercule sa fin malheureuse. La colombe enfin était le seul oiseau qu'on laissât vivre aux environs du temple de Delphes.

Après la mort de Sémiramis, on publia que cette reine s'était envolée sous la figure d'une colombe, et dès lors les colombes furent consacrées parmi les Assyriens , qui les portèrent dans leurs enseignes. C'est à ce respect pour ces oiseaux peints dans les étendards des Assyriens que fait allusion l'écriture sainte dans l'endroit où il est dit : *fugite a facie gladii columbæ.*

Les habitans d'Ascalon avaient un souverain respect pour les colombes : ils n'osaient en tuer ni en manger, de peur de se nourrir de leurs dieux mêmes. Philon assure qu'il avait vu dans cette ville un nombre infini de colombes qu'on nourrissait, et pour lesquelles on avait une vénération particulière. Tibulle a très heureusement exprimé ce respect des Syriens pour les colombes dans ses vers.

Si la colombe était en si grande vénération chez quelques nations, il s'en trouvait d'autres qui avaient des idées bien différentes au sujet de cet oiseau : les Perses, par exemple, regardaient surtout les colombes blanches comme des oiseaux de mauvaise augure ; ils les détestaient. Persuadés que le soleil les avait en horreur, ils n'en souffraient point dans leur pays, du moins à ce que raconte Hérodote.

On donne le nom de *colombe*, en terme

de charpente, à toute solive posée debout dans les cloisons et pans de bois pour la construction des maisons et des granges. En terme de layetier, c'est un instrument percé à jour comme le rabot, et garni d'un fer tranchant destiné à dresser le bois. Les tonnelliers appellent de même une sorte de grande varlope renversée, dont ils se servent pour pratiquer des joints au bois. Enfin, c'est le nom de l'une des constellations de la partie méridionale du ciel.   Jopline G.

COLOMBIE (république de).

Position entre 61° et 8;° de longitude occidentale, entre le 12° de latitude boréale et le 6° de latitude australe.

Limites. Elle est bornée au nord par la mer des Antilles et l'océan Atlantique ; à l'est, par l'océan Atlantique, la Guiane anglaise et l'empire du Brésil ; au sud, par le Brésil et la république du Pérou ; à l'ouest, par la république du Pérou, le Grand océan et l'état de Costarica dans la confédération de l'Amérique centrale.

Fleuves et lacs. La Colombie est arrosée par une multitude de fleuves et de rivières, dont les plus considérables sont : l'Amazone, l'Orénoque, le Guarapiche, le Tay, le Tocuyo, la Magdalena, le Cauca, le Senu, l'Atrato, le Chagrès, le San-Juan, le Dugua, le Mira, le Patia et le Guayaquil ; une

partie de ces rivières sont tributaires de l'A-
mazone ; celles qui ont leur source à l'ouest
des Andes , se jettent dans le Grand océan ;
celles qui surgissent entre les branches orientales et occidentales de ces monts , se dé-
chargent dans la mer des Antilles. Plusieurs
lacs d'une eau presque partout potable fournissent aux peuples de leurs rives une pêche
abondante et variée ; le plus remarquable
peut-être est le lac de Guatavita , situé au
nord de Bogota, sur la crête des montagnes
de *Zipaquira* , à la hauteur absolue de
1,400 toises ; sa circonférence est de 3 mille ;
une compagnie anglaise avait entrepris son
dessèchement parce que, dans des temps
déjà reculés, un cacique, chef de ce district,
offrit régulièrement à la divinité du lac de
la poudre d'or et des pierres précieuses. On
a évalué à un billion cent vingt millions
le montant de ces offrandes. Le fruit des
premières recherches faites par Ferdinand
Perez de Quesada et Antonio de Sepulveda
les mit en état d'expédier à la métropole ,
pour sa part de trois pour cent, une somme
de 850,000 piastres et une seule émeraude,
envoyée alors à Madrid , fut estimée plus
de 200,000 piastres. Les entrepreneurs du
nouveau dessèchement avaient dépensé dès
1824 500,000 fr. en travaux inutiles ; un
vieillard seulement retirant du lac une bran-

che d'arbre avait trouvé une statue d'or de la valeur de 5oo fr , ce qui avait animé l'espoir des travailleurs ; le dessèchement complet amena la découverte d'une magnifique émeraude ; on plaça un cordon de troupe sur les rives pour intercepter toute communication et veiller aux intérêts des entrepreneurs ; mais les fouilles ne répondirent point à l'attente générale et la spéculation en définitive fut désastreuse.

Montagnes et minéraux. Les montagnes de la Colombie appartiennent aux deux systèmes que M. Balbi appelle *Péruvien* et *Missouri-Mexicain.* Dans les environs de Popagaro, les Andes forment une grande trifurcation connue sous le nom de Cordilières de la Nouvelle-Grenade. La *Sierra de la Somma-paz,* qui en est la chaîne orientale, traverse la Colombie du sud-ouest au nord-est jusque dans la nouvelle république de Venezuela. La chaîne centrale, dite aussi de *Quindiu,* court droit au nord en séparant la vallée de la Magdelena de celle du Cauca. Le chaînon occidental, dit aussi *Choco,* se dirige vers le nord et sépare la vallée du Cauca des terrains côtiers. Sa dépression est telle, comparativement aux chaînes centrales et orientales, qu'entre le golfe de *Cupica* et l'embarcadère du *rio-napipi,* on ne trouve plus qu'une plaine, à travers laquelle on a projeté un canal de jonction entre les deux océans. Ce chaînon renferme le fameux terrain aurifère qui verse dans le commerce plus de 13,000 marcs d'or par an et une grande quantité de platine. On peut regarder comme dépendances géographiques de ce système le petit groupe isolé de la *Sierra Nevada de la Santa Marta*, dans le département de la Magdalena et les pics des îles qui s'élèvent en face de Maracaïbo. Quelques nevadas de *las Sierras de Mérida* et de *Santa-Marta* ont 3,000 toises de hauteur. Le système *Missouri-Colombien*, prolongement des andes depuis l'isthme de Panama jusqu'au-delà du 55e parallèle dans l'Amérique du nord, traverse, avant d'entrer dans Guatimala, le département colombien de l'itshme sous le nom de Cordilière de Véragua. Les monts ignivomes les plus remarquables des andes colombiennes sont : l'Antisana, le Cotopaxi, le Sauguay et le Pichincha dans le département de l'Équateur, les volcans de Pasta, de Satara et de Purace, dans celui du Cauca. Plusieurs de ces montagnes ont long-temps passé pour les plus hautes du globe. Les andes sont moins une réunion de montagnes qu'une montagne unique percée à jour par les torrens et dont le noyau est tout de métal. A 50 toises, on trouve l'or et le platine ; plus haut l'argent; le sel, le mercure, le **cuivre**, le plomb et le fer touchent aux extrémités supérieures; les torrens roulent des émeraudes, des diamans, des hyacinthes, des grenats et des améthystes.

Plateaux. Parmi les grands plateaux américains remarquables par leur élévation et leur étendue, on cite le plateau colombien, qui comprend toutes les plus hautes vallées de la république colombienne dans les départemens d'Assonay, de l'Équateur, de Candinamarca et de Boyaca.

Son élévation est de 800 à 1,500 toises. Parmi les grandes vallées américaines remarquables par la hauteur de leurs berges, malgré l'élévation de leur sol au dessus du niveau de l'Océan, on doit mentionner les vallées du Cauca, de la Magdalena et de Quito. Cette dernière a 804 toises de profondeur perpendiculaire; et son fond reste pourtant encore élevé d'un nombre égal de toises au dessus de la mer. La Colombie fait partie de deux des plus vastes plaines du Nouveau-Monde; de la plaine de l'Amazone, qui s'étend aussi sur plus de la moitié du Brésil, sur la partie orientale du Pérou et sur la partie septentrionale de la Bolivia; et de la plaine de *Guaviaro-Orenoco*, qui comprend aussi les *blanos* ou pâturages de Venezuela; la plaine de l'Amazone, chaude, humide, couverte d'immenses forêts d'une végétation colossale, a 200,000 lieues carrées. La plaine du *Guaviaro-Orenoco*, semblable, par son manque d'arbres et ses innombrables graminées, aux plaines du Mississipi, n'a que 20,000 lieues carrées.

Climat et maladies. Le climat de la Colombie varie selon la position des lieux, l'air est humide et malsain; des vents de mer règnent sur le rivage du Grand océan; ils soufflent du sud à l'approche du beau temps, du nord quand arrivent la pluie et les orages; dans les andes, les saisons se confondent. D'un côté, d'immenses forêts, aussi vieilles que le monde; plus loin, la triste aridité du désert; à une autre éléva tion, un air pur et balsamique, l'air salubre de notre Europe et une année toujours divisée en deux saisons sèches et deux saisons pluvieuses, voilà l'intérieur de la Colombie; mars, avril, mai, juin y sont pluvieux, le ciel est pur les trois mois suivans, les pluies recommencent en octobre jusqu'en décembre, et font place aux beaux jours jusqu'au mois de mars. Cette variabilité de température donne lieu à des maladies dangereuses, telles que la fièvre jaune, qui fait chaque année des ravages sur les côtes de la mer des Antilles et dans les ports du Grand océan; l'*éléphantiasis*, qui règne dans les départemens de la Magdalena et de Boyaca, et les goîtres, qui sont communs dans plusieurs vallées.

Productions naturelles. Le sol de la Colombie, infiniment diversifié, ne le cède en fertilité à celui d'aucune autre contrée ; on recueille dans les plaines basses du sucre, du café, le meilleur cacao d'Amérique, de l'indigo, du coton, d'excellent tabac, de la vanille, du quinquina, du bois de teinture, et beaucoup de plantes médicinales. Les forêts fournissent de très-beau bois de construction. Les palmiers sont communs dans les plaines et sur les collines ; on y trouve aussi de nombreuses fougères arborescentes, des cyathées, des ptérides, des aspidies, des doradilles, de larges *cactus* dont les bras simulent des candélabres, des oranges, des limons, des bananes, des ananas.

On cultive avec succès dans les plaines élevées du blé, du maïs, les fruits et les légumes d'Europe ; les pelouses des andes sont couvertes de troupeaux de bœufs, de moutons, de chevaux et de mulets ; on pêche quelques perles sur les côtes du grand océan ; on recueille quelques écailles de tortue sur le sable brûlant du rivage. Les animaux sont nombreux et variés ; dans les contrées froides, on rencontre des cerfs, des ours, des lapins, des chats de montagne :

sous un climat plus doux, LA GALINAZA, ou reine des poules, dont le plumage est agréablement nuancé, et dont la grosseur égale celle du coq d'Inde, plusieurs oiseaux, rivaux du rossignol pour le chant, tels que le *toche*, jaune et noir; la *siata*, noir avec le bout des plumes doré; l'*azulejo*, bleu céleste; le *bagage*, orange et bronze; de nombreux perroquets différens de taille et de couleur; des singes curieux, l'*unau*, si justement appelé paresseux; un petit singe jeune avec une couronne blanche, ayant le poil fin et doux comme de la soie, mais dont la complexion est si délicate qu'il ne supporte pas une traversée; quelques animaux féroces, le *tayo*, qui attaque l'homme et le poursuit, des serpens vampires, et dans les eaux de quelques fleuves, des loups marins et des caïmans à lunettes et à paupières osseuses. Il ne faut pas oublier les scorpions venimeux, les mille-pieds, d'insupportables moucherons, et l'insecte appelé *lligua* par les Espagnols, *bicho* par les Portugais, *chique* par les Français, espèce de puce qui sautille, s'introduit entre cuir et chair, et, s'y enfermant dans son cocon, y cause des démangeaisons inexprimables.

Population. La population de la Colombie se compose de 550,000 blancs, européens; 450,000 Indiens ou indigènes;

80,000 Nègres, transportés d'Afrique, et leurs descendans, libres ou esclaves; 950,000 métis, mulâtres, zambes, tiercerons, quarterons, provenant du mélange des trois premières races, et parmi lesquels il n'existe plus de distinction ; en tout 1,830,000 âmes. C'est à tort, on le voit, que l'Europe se persuade que la race des Indiens a presque entièrement disparu de la surface de l'Amérique ; une masse considérable de ce peuple a survécu aux cruautés des conquérans et maintient contre eux son état de liberté : cette population se divise dans la Colombie en trois classes, les *réduits*, les *civilisés* et les *sauvages*. Les premiers sont remarquables par leur constance dans le travail, leur vigueur à supporter les intempéries des saisons, leur patience dans les ouvrages qui en exigent le plus ; les seconds, au contraire, semblent avoir trouvé dans leurs montagnes toute la douceur enivrante du *far niente* de l'Italie. Enveloppés dans la vapeur atmosphérique des sommets qu'ils habitent, resserrés entre des barrières de frimas, ils passent leur vie dans une liberté qui n'est dangereuse pour personne. L'Indien des plaines est agriculteur, ses champs se couvrent des moissons de l'Europe. Il est mélancolique et soucieux ; passionné pour la musique et pour la danse, il porte dans ses amusemens tout le sérieux de son âme, bien différent en cela du Nègre, qui jusque dans les fers conserve sa gaieté bruyante. Les sauvages n'ont ni la douceur des *réduits*, ni l'audace des *civilisés* ; s'ils combattent un ennemi, c'est par derrière , et ils le mangent souvent quand ils l'ont tué ; l'esclave marron nègre ou mulâtre est toujours sûr d'être bien accueilli par ces âpres enfans de la nature. Si nous les classons comme M. Balbi, d'après leurs langues, nous trouverons dans les départemens méridionaux , comme dans le Pérou et dans la Bolivia , la famille péruvienne, la plus policée de l'Amérique méridionale à l'arrivée des Espagnols , ayant des *quippos* ou peintures symboliques assez semblables à celles des Égyptiens , des institutions politiques et religieuses , de grands monumens , des forteresses , des temples , des routes de 500 lieues sur la crête des andes , d'immenses canaux d'irrigation , des ponts , des ustensiles d'or , des armes et des vêtemens fort extraordinaires. Dans la partie nord-ouest de la péninsule formée par le golfe de Maracaïbo et la mer des Antilles, nous rencontrerons les *Guaheros* et les *Motilones* , entretenant des relations commerciales avec les Anglais de la Jamaïque et infestant les routes montueuses de la Colombie. Ils ont sous leur dépendance les *Cocinas*, autre peuple barbare qui vit sur la côte orientale de la même péninsule. Dans le voisinage sont les *Caymans* et les *Orabas* qui habitent la côte orientale du golfe de Darien, les *Magnas* et les *Chanacunas*, nation belliqueuse dont on a beaucoup exagéré le nombre et qui occupe la partie orientale de l'isthme de Panama. Tous ces peuples aiment l'indépendance.

Commerce. Dans la république, il est en voie d'amélioration: les principaux articles d'exportation consistent en cacao, indigo, tabac, café et bétail; ceux d'importation en toutes sortes d'objets de fabrique, qui sont taxés suivant leur valeur; tous ceux relatifs aux arts et aux sciences, les ustensiles, les machines propres à travailler les métaux et à perfectionner l'industrie manufacturière sont exempts de droits. Sont prohibés à l'entrée, la poudre à canon, le sel, les denrées coloniales que fournit le pays. Il se fait un grand commerce de contrebande sur la côte de la mer des Antilles, avec Curaçao, la Trinité et la Jamaïque. Le produit du sol est évalué à 30,000.000 de piastres par an, en grains, végétaux et fruits; plus 30,000,000 pour l'exportation, 10,000,000 en denrées, total 70,000,000. Les taxes sur les importations sont de 18

pour cent et de 12 sur les exportations;
ces taxes rendaient plus de 40.000,000 fr.
par an sous le gouvernement espagnol;
mais la contrebande est aujourd'hui si générale qu'elles ne rapportent pas les deux
tiers; les préposés des douanes, mal payés,
se laissent aisément corrompre; il est de
l'intérêt du gouvernement de les mettre à
l'abri des tentatives de séduction par des
émolumens suffisans.

Le *gouvernement* de la république est
militaire, populaire, et représentatif; le
pouvoir exécutif est confié à un président
dont les fonctions durent deux ans. et qui
est suppléé en cas d'empêchement par un
vice-président; le pouvoir législatif appartient à un congrès, composé d'un sénat et
d'une chambre de représentans; le président et le vice-président de la république
sont élus par des assemblées provinciales,
choisies elles-mêmes par des assemblées
paroissiales; le sénat se compose de 28
membres élus pour huit ans par les assemblées provinciales; il se renouvelle par
moitié tous les quatre ans; l'expédition des
affaires est confiée à cinq ministres d'état;
tous les fonctionnaires publics, y compris
le président, sont responsables de leurs
actes; le président a près de lui un conseil
composé de vice-président, d'un membre

de la haute cour de justice et des cinq ministres. La constitution garantit aux citoyens l'égalité devant la loi ; la liberté individuelle, l'inviolabilité des propriétés, la liberté de la presse et le jugement par jury ; les habitans de la Colombie professent en général la religion catholique, mais elle n'est pas la religion de l'état.

Religion, instruction. Le gouvernement s'occupe avec activité de l'instruction du peuple, si long-temps entravée sous la domination espagnole ; il est puissamment secondé dans ce soin louable par la plupart des membres du clergé, qui sont loin de croire que les lumières, sagement dirigées soient incompatibles avec l'amour de Dieu et le culte de la vertu. Bolivar, au milieu de ses grands travaux, n'avait pas cessé un instant d'encourager la propagation des études ; plusieurs couvens, abandonnés de leurs religieux, on été convertis en colléges. Une loi de 1821 prescrit l'établissement d'un collége et d'un école normale lancastrienne dans chaque chef-lieu de département ; de là des maîtres devront être disséminés dans les villes et villages de la république ; chaque département est tenu, en outre, d'envoyer en Angleterre ou en France deux enfans qui y sont instruits aux frais de l'état, afin que, leurs études achevées, ils reviennent dans leur patrie travailler à l'œuvre de l'illustration. Plusieurs sont de retour et occupent déjà avec distinction différens emplois publics. Des écoles d'enseignement mutuel pour les deux sexes couvrent maintenant la surface de la république; on en trouve jusque dans les hameaux les plus obscurs, elles sont les ramifications d'un plan général dont le centre est Bogota; les livres dont on fait usage dans ces écoles méritent des éloges; il serait à souhaiter que l'on n'en employât que d'aussi bons dans nos villes d'Europe. Après la loi de Dieu révélée dans les saintes écritures, on y trouve la constitution de l'état, une esquisse de son gouvernement et de ses principales lois, de sorte que les enfans apprennent à la fois en sortant du berceau ce qu'ils doivent au ciel, à leurs concitoyens et à la patrie, Bolivar a long-temps entretenu à la tête de ces établissemens utiles le vénérable Lancastre, qui les a fondés et dirigés avec un soin tout paternel; le but de cet habile maître était que l'enseignement devînt gratuit pour tous ceux qui désiraient s'instruire, et que les lumières passassent comme un héritage de père en fils. Ce vœu d'un philantrope a été en grande partie exaucé.

Revenus de la Colombie depuis la séparation de Venezuela s'élèvent à 18,000,000 fr. montant de l'emprunt fait à l'Angleterre.

Armée de terre et marine. — Elle se compose d'infanterie, de cavalerie et d'artillerie; mais à l'exception de la garde du président, qui porte un uniforme, le reste s'équipe à volonté; un habit et un pantalon bleu, les pieds nus, telle est leur tenue ordinaire dans ce climat brûlant; les lanciers n'ont pour arme que leur lance, les hussards portent le sabre et la carabine, chaque homme pris à part est un excellent cavalier, mais peu de discipline règne dans ces corps, si on les compare aux armées européennes. Les officiers ont un uniforme rouge ou bleu, un chapeau rond ou à cornes; l'artillerie laisse beaucoup à désirer. L'armée s'élève à 10,000 hommes. Il y a en outre une milice nombreuse, composée en grande partie d'Indiens, qui, sous un aspect misérable, cachent des cœurs de lions et une persévérance à toute épreuve; tel est le noyau de cette glorieuse armée colombienne à la tête de laquelle Bolivar a rendu de si grands services au Nouveau Monde: c'est avec elle qu'il a purgé le sol de sa patrie de ses oppresseurs : que gravissant la cîme des Andes, il a pu, sans aucun chemin frayé, à travers le mélange de tous les climats et la confusion du chaos primitif, descendre l'Amérique méridionale dans presque toute sa longueur, et, après des dangers inouis et des fatigues incroyables, arriver assez tôt au Pérou pour y remporter de brillantes victoires et conquérir l'indépendance de ses alliés.

La marine colombienne consiste en 16 bâtimens de différentes grandeurs, et 30 cannonières ; la plus grande partie des équipages se compose d'étrangers ; une portion des fonds provenant des couvens supprimés est affectée à son entretien.

Depuis 1821 la république a défendu la traite des nègres et ordonnée l'affranchissement des esclaves qui auraient rendu des services à la patrie dans la lutte contre l'Espagne ; tous les enfans d'esclaves nés depuis la première déclaration d'indépendance sont affranchis de droits ; les maîtres des parens doivent les nourrir jusqu'à leur dix-huitième année.

La conquête de sa liberté a placé la nation coombienne trop haut dans l'estime des peuples pour qu'elle oublie jamais ce qu'elle doit au triomphe des principes qu'elle a soutenus, et ce qu'elle se doit à elle-même. L'exemple des Etats-Unis a été pour les colonies de l'autre Amérique un véhicule irrésistible. Lorsqu'il y a 49 ans, l'Espagne, jalouse de la puissance britannique, s'unit à la France pour affranchir les colonies anglaises, on peut dire qu'elle fit son propre testament politique et qu'elle signa la perte des siennes. Le cabinet de Madrid essaierait vainement d'ensanglanter les mers et le sol de l'Amérique, le succès est hors de sa puissance, aucun pouvoir humain ne peut détruire ce qu'un peuple veut fortement, surtout quand ce peuple s'appelle *Colombie*, et quand il produit des hommes comme Bolivar. Les anciennes colonies espagnoles sont pour toujours détachées de la métropole.

Venezuela fut le berceau de la liberté colombienne ; la Nouvelle-Grenade ne fit que suivre le mouvement. Un tremblement de terre, interprété par des voix fanatiques, paralysa, en 1812, les succès des indépendans, et leurs revers se prolongèrent jusqu'en 1816, époque où la fortune cessa de leur être contraire. Bolivar ayant battu, en 1817, Morillo, l'un des plus habiles généraux de l'Espagne, Venezuela et la Nouvelle-Grenade opérèrent leur réunion et formèrent la république de Colombie. La présidence fut unanimement décernée à Bolivar, avec le titre de *libérateur*, et depuis lors, à leur tour, les Espagnols n'éprouvèrent plus que des revers : chassés de la Colombie, ils se maintenaient cependant encore au Pérou ; Bolivar y accourt à la tête de son armée, et la face du pays est changée ; les Espagnols l'évacuent comme ils avaient évacué la Colombie, mais le général Paez avait profité de l'absence du libérateur pour se révolter contre le gouvernement central de Bogota, dirigé par Santander ; Bolivar revint et Paez se soumit. Accusé d'aspirer au trône, le libérateur répondit à cette calomnie en se démettant de la dictature qui lui avait été décernée. Une convention nationale fut convoquée à Ocagna, et Bolivart se vit forcé de reprendre le pouvoir ; Santander, accusé de conspiration, fut condamné à mort ; sa peine ayant été convertie en exil, il se retira en France. Le Pérou, soulevé contre la Colombie, signa la paix ; mais la république était agitée. Bolivar convoqua un nouveau congrès. Avant sa réunion, Venezuela se sépara de la Colombie, forma un état indépendant, et mit Paez à sa tête. Le libérateur fut supplié de reprendre la dictature ; il refusa, quitta Bogota et s'ensevelit dans une retraite où une maladie rapide l'enleva. Sa mort, causée en grande partie par l'ingratitude de ses concitoyens, ne rendit pas d'abord le calme à la république. Cependant peu à peu les haines s'apaisèrent ; mais Venezuela a persisté dans sa déclaration d'indépendance, et Santander, de retour à Bogota, a repris les rênes du gouvernement colombien, diminué d'un de ses plus beaux fleurons.

Villes remarquables.

Bogota, dans le département de Cundinamarca, située au pied de deux montagnes assez élevées, qui l'abritent contre les terribles ouragans de l'est; elle en reçoit des eaux toujours fraîches et pures, et domine sur la plaine de manière à pouvoir se défendre facilement contre l'ennemi qui se présenterait de ce côté. Le climat de Bogota est un des plus humides que l'on connaisse et excessivement pluvieux, sans cependant être très malsain. La fréquence des tremblemens de terre, qui se font sentir dans cette ville, a beaucoup influé sur la construction des édifices; à l'exception de la cathédrale, ils n'offrent rien de vraiment remarquable. Toutes les maisons sont peu élevées, quoique les murailles en soient d'une prodigieuse épaisseur; les édifices publics ont des soubassemens énormes, et le fût des colonnes des églises est hors de proportion avec la longueur, afin de résister plus facilement aux secousses. Les maisons sont bâties en briques séchées au soleil, et couvertes en tuiles. et les murs extérieurs sont blanchis, leur intérieur offre les inconvéniens des maisons de l'Europe à l'époque de la découverte de l'Amérique. Autour de la cour intérieure des grandes maisons règne assez généralement ou une galerie, si l'édifice n'est composé que d'un rez-de-chaussée, ou une terrasse couverte, si la maison a un étage. L'escalier est communément en pierre et gothiquement construit. Les places de Bogota sont spacieuses, et toutes sont ornées de fontaines. Celle de la *cathédrale* est le lieu où le vendredi se tient le marché, qui est fréquenté par une foule immense, qui y accourt des environs. Les trois rues principales sont gaies, assez bien alignées, mais mal pavées. Les trottoirs y sont plus commodes que dans les autres villes espagnoles, et l'on y marche à couvert de la pluie, parce que le toit des maisons les abrite presque entièrement.

Parmi les édifices publics, nous mentionnerons la *cathédrale* bâtie en 1814 ; c'est le plus beau bâtiment de Bogota, malgré les défauts qu'on reproche à sa façade ; les couvens de *San Juan de Dios* et des *Dominicains*, plus remarquables par la solidité de leur construction que par la beauté de leur architecture ; on prétend que les quatre sixièmes des maisons de Bogota leur appartiennent ; le vaste *palais du gouvernement* est un bel hôtel, bâti en 1825 par un riche particulier qui l'a vendu à l'état ; depuis

1828 il est habité par le président et richement meublé: une grande partie est occupée par les bureaux des ministres et par la chambre des députés. Nous nommer ns aussi le *palais du Sénat*; c'est une aile du couvent des Dominicains où l'on a arrangé assez proprement et sur le modèle de la salle des députés, une chambre dont les murs sont ornés de figures emblématiques; enfin la *monnaie* et le *théâtre*, qui n'offrent rien de remarquable. Bogota possède plusieurs établissemens publics, nous citerons : l'*université* qui est la plus fréquentée de la Colombie ; *l'école normale d'enseignement mutuel*, le *musée d'histoire naturelle* où des professeurs enseignent la botanique, la chimie et la minéralogie, le *proto-médicato* où l'on enseigne la jurisprudence, les *colléges* de *San-Bartolomé*, *du rosario*, de *san-Thomas* et des *Ordenandas*; la *bibliothèque publique* ou *nationale* qui est la mieux composée de la république; l'*observatoire* et le *jardin botanique*; l'*académie nationale*, qui compte parmi ses membres les citoyens les plus distingués de toute la Colombie. En 1826 on y publiait six *journaux*. Bogota est la capitale de toute la république, le siége du congrès, des deux présidens de la cour souveraine de justice et de toutes les autorités supérieures de l'état. Cette ville est aussi la résidence d'un archevêque. On ne connaît pas exactement sa population ; il paraît cependant qu'elle s'élève à 40.000 ames. Ses environs offrent de jolies promenades entourées de saules et de rosiers, sur lesquels grimpent des capucines, mais elles sont peu fréquentées ; plus loin se trouvent plusieurs villes et localités remarquables.

Caracas, autrefois capitale de la capitainerie générale de ce nom, et maintenant du département de Venezuela. Avant le tremblement de terre qui en 1812 la ruina presque entièrement, cette ville se distinguait par plusieurs beaux édifices et par une population qui s'était élevée au dessus de 45.000 ames. Bâtie dans une vallée délicieuse, à 454 toises au dessus du niveau de la mer et au pied du pic de la Silla, baignée par quatre petites rivières, elle avait auparavant des rues bien alignées et des maisons très belles. Caracas est le siége d'un archevêché et s'est relevée en partie de ses ruines ; mais la guerre et les maux qui l'accompagnent l'ont empêchée de se rétablir entièrement. Cette ville a été le théâtre de plusieurs grands événemens depuis la guerre de l'indépendance, et a fait plusieurs efforts pour se séparer de la Colombie, afin de former un état entièrement séparé, d'après les dernières nouvelles qui ont annoncé la scission de la

Colombie en différens états fédérés. Caracas serait la capitale d'un de ces états, ainsi que Bogota et Quito le seraient des deux autres. Sous le rapport littéraire, Caracas rivalise avec ces deux grandes villes, étant le siége d'une *université* de premier rang, d'une *école normale d'enseignement mutuel*, d'un *collége*, d'un *séminaire* et de plusieurs autres établissemens littéraires. Elle est aussi le centre d'un grand commerce avec les vastes contrées qui forment le département dont elle est le chef-lieu.

Dans ces environs immédiats nous citerons: la *Guayra*, petite ville de près de 4,000 ames avec un mauvais port, mais très importante par son commerce, étant le port par lequel Caracas fait ses expéditions maritimes ; le climat est très sain. Plus loin et dans un rayon de soixante mille nous nommerons : la *Victoria*, petite ville assez florissante, qu'on nous assure être la plus peuplée du département après Caracas. *Maragay*, gros village, dans une position délicieuse, dans la vallée d Aragua, près du beau lac Tacarigua ou de Valencia ; on regardait il y a quelque temps son église comme la plus belle de la province.

Quito, grande ville, capitale du département de l'équateur, située à 1.480 toises au dessus du niveau de la mer, dans un ravin , ayant à l'ouest le volcan Pichincha, à l'est un rang de collines appelé Pancello, et au nord et au sud une plaine. Toutes les rues, excepté les quatre qui aboutissent à la grande place (Plaza Mayor), sont tortueuses et construites sans ordre; la plupart sont percées par des crevasses, dont les maisons occupent les parois irrégulières. Il n'y a que les rues principales qui soient pavées. Les maisons appartenant aux principaux habitans ont en général un premier étage, mais celles des classes inférieures n'ont ordinairement qu'un rez-de-chaussée; elles sont pour la plupart construites en *adoles* ou briques cuites au soleil, ou bien en pierres et couvertes de tuiles. Les principaux édifices de Quito sont: le *palais* du ci-devant *président*, bâtiment d'un aspect sombre, dont la façade est en pierre; *le palais* de *l'évêque* et la *cathédrale*, qui est loin d'être la plus belle des églises de Quito; ces trois bâtimens se trouvent sur la grande place, au centre de laquelle s'élève une belle fontaine en cuivre. Parmi les églises, celle du ci-devant *collége des jésuites* est regardée comme la plus belle; sa façade est en pierre et du travail le plus exquis; les piliers, d'ordre corinthien, ont trente pieds de haut et chacun est taillé d'un seul bloc de pierre blanche; plusieurs sculptures d'un grand mérite ornent cet édifice.

dont l'intérieur a été construit sur le modèle de l'église de Jésus à Rome ; sur un des murs, on voit l'inscription en marbre laissée par les académiciens français envoyés au Pérou en 1736 par l'Académie des sciences de Paris, pour mesurer un degré du méridien. Viennent ensuite *l'église* du *Sagrario* et celle du *monastère* de *sainte Claire* ; cette dernière est surtout remarquable par son beau dôme elliptique. On doit aussi nommer le *couvent* de *san Francisco*, pour son immense étendue et sa belle église ; le *couvent* de *San-Diégo*, remarquable par sa situation délicieuse, qui rend cette retraite une des plus romantiques ; enfin le *grand hôpital*, à cause de son architecture et de ses vastes dimensions. Quito a toujours été un lieu célèbre dans l'Amérique-Méridionale-Espagnole, par le grand nombre d'étudians qui s'y rendaient et s'y rendent encore pour étudier à son *université*. Après cet établissement viennent *l'école normale d'enseignement mutuel*, le *collége*, le *séminaire*, la *bibliothèque publique* du ci-devant collége des jésuites, regardée comme la plus riche de toute la Colombie. En 1826 on publiait trois *journaux* dans cette ville. Sous le régime espagnol, Quito était la résidence d'un commandant général : actuellement elle est le siége d'une cour supérieure de justice, d'un évêché et d'autres autorités du département. Les principaux produits de ses manufactures consistent en étoffes de coton, de laine, en beiges, flanelles, *pouchos*, bas, dentelle, fil, ruban de fil, et autres articles de moindre importance On ne connaît pas exactement sa population; mais tout porte à croire qu'elle s'élève à 70,000 ames, ce qui rend cette ville la plus peuplée de toute la République.

Lorsqu'on a vécu, dit M. de Humboldt, pendant quelques mois sur ce plateau élevé, où le baromètre se soutient à 0 ^{m} 54 ou à 20 pouces de hauteur, on éprouve irrésis i-blement une illusion extraordinaire; on oublie peu à peu que tout ce qui environne l'observateur, ces villages annonçant l'in-dustrie d'un peuple montagnard, ces pâtu-rages couverts à la fois de troupeaux de lamas et de brebis d'Europe, ces vergers bordés de haies vives de durneta et de bar-nadésia, ces champs labourés avec soin et promettant de riches moissons de céréales, se trouvent suspendus dans les hautes régions de l'atmosphère; on se rappelle à peine que le sol que l'on habite est plus élevé au dessus des côtes voisines de l'océan Pacifique que ne l'est le sommet du Canigou au dessus de la Méditerranée. L'espace nous manque pour signaler au lecteur tous les lieux et tous les objets remarquables qui dans un rayon de 60 milles mériteraient de fixer son attention; nous nous bornerons aux suivans :

Nous commençons par mentionner quelques uns de nos majestueux colosses qui couronnent la haute vallée de Quito, en nommant le *volcan de Pichincha* dans les environs immédiats de Quito, remarquable par son activité, et par la fameuse *croix* élevée sur une de ses cîmes, qui a servi de signal aux académiciens français lors de la mesure de la méridienne ; le *Cayambé*, dont le sommet majestueux est traversé par l'équateur ; on peut, dit M. de Humboldt, considérer cette montagne, qui est une des plus belles qu'on puisse voir, comme un de ces monumens éternels par lesquels la nature a marqué les grandes divisions du globe terrestre ; l'*Antisana*, le plus haut de tous les volcans du globe ; sur ses flancs mêmes, à la hauteur de 4,101 mètres, est située la *métairie d'Antisana ;* on la regardait, il y a quelques années, avant qu'on connût la hauteur du Plato-Titicaca, comme le *lieu habité le plus haut du Nouveau-Monde* ; le *Cotoponi*, qui est le plus redouté de tous les volcans du ci-devant royaume de Quito. En 1738 les flammes s'élevèrent au dessus du bord du cratère à la hauteur de 900 mètres. En 1748, ses mugissemens furent entendus jusqu'à Honda à une distance de 200 lieues communes. La quantité de cendres qu'il vomit en 1768, fut si grande que dans les villes de Hombato et de Tacunga, la nuit se prolongea jusqu'à trois heures du soir et que les habitans furent obligés d'aller avec des lanternes dans les rues. Sa hauteur est double de celle du Canigou; elle surpasse par conséquent de 800 mètres celle qu'aurait le Vésuve, s'il était placé sur le sommet du pic de Ténériffe; sa forme est la plus belle et la plus régulière de toutes celles que présentent les cimes colossales des Hautes-Andes. C'est, dit M. de Humboldt, un cône parfait qui, revêtu d'une énorme couche de neige, brille d'un éclat éblouissant au coucher du soleil et se détache d'une manière pittoresque de la voûte azurée du ciel. La fonte subite de cette immense calotte de neige dans la terrible éruption de 1803, causa des dégats affreux dans le pays qui l'environne. Enfin l'*Ilinissa*, une des cimes les plus majestueuses et les plus pittoresques dont les pointes mesurées trigonométriquement par Bouguer, tant au dessus du plateau de la ville de Quito qu'au dessus des côtes de l'Océan, servirent à déterminer la valeur approximative du coefficient *barométrique*, doit être par conséquent placé par les physiciens à côté du Puy-de-Dôme, où Perrier, guidé par les conseils de Pascal, tenta le premier de mesurer la hauteur des montagnes à l'aide du baromèt e.

Parmi les villes les plus remarquables qu'on trouve dans les environs de Quito, nous nommerons au nord de l'équateur *Ibarra*, qui n'offre rien de remarquable, mais dont on porte la population à environ 10,000 ames; *Otovalo*, parce qu'on vante la beauté de ses habitans. qu'on estime à 15 ou 16,000. Au sud de l'équateur : *Latacunga*, assez grande ville qu'on nous assure avoir une population de 17,000 ames, malgré les grandes pertes qu'elle a éprouvées par les terribles éruptions du Cotopaxi, qui plusieurs fois l'ont presque entièrement détruite. C'est dans le voisinage de cette ville que se trouvent deux monumens remarquables : la *maison de l'Inca* à *Callo* et le *Panecillo* ou *pain de sucre* dans ses environs; ce dernier est une butte conique d'environ 80 mètres d'élévation. couverte de petites broussailles ; les naturels la regardent comme un *tumulus* élevé pour servir de sépulture à un personnage distingué; Ulloa le croit un monument militaire ; il paraît probable que cette colline doit, sinon en tout. du moins en partie, son existence à la main des hommes. La *maison de l'Inca*, située un peu au sud-ouest du Panecillo, est un édifice de forme carrée,

dont chaque côté a trente mètres de longueur. On distingue encore quatre grandes
portes extérieures et huit chambres dont
quatre se sont conservées. Les murs ont à
peu près cinq mètres de hauteur sur un mè-
tre d'épaisseur. Les portes semblables à
celles des temples égyptiens ; les niches au
nombre de 18 dans chaque division , dis-
tribuées avec la plus grande symétrie. Les
cylindres servant à suspendre les armes ; la
coupe des p erres dont la face est convexe,
et coupée en biseau, tout rappelle l'édifice
du Caguar. M. de Humboldt appelle l'attention sur l'étonnante conformité de construction qu'offrent tous les monumens péruviens
répandus sur une ligne de plus de 450 lieues,
depuis 1000 jusqu'à 4000 mètres d'élévation
au dessus du niveau de l'Océan.

Parmi les autres villes remarquables de
la Colombie, nous pouvons citer.

Dans le département de *Cundinamarca
Ibague*, très petite ville importante par son
collége; *Médellin*, petite ville, chef-lieu de
la province d'Antioquia, importante par sa
population, par son collége, et plus encore
par son commerce. *Antioquia*, petite ville
siége d'un évêché, et jusqu'en 1825 chef-lieu
de cette province. *Santa-rosa de osos*, remarquable par sa situation elevée et par ses
riches lavages d'or. *Rio-Negro*, la plus im

portante de la province sous tous les rapports après Medellin. Dans la province d'Artioquia hérissée et environnée de tous côtés de montagnes difficiles à franchir, les personnes aisées ont l'habitude de se faire porter par des hommes qui ont une chaise liée sur le dos, c'est ce que les habitans disent *aller à dos d'hommes* (andar en carguero), comme on dit *aller à cheval*; aucune idée humiliante n'est attachée au métier des *cargueros*, les hommes qui s'y livrent ne sont pas des Indiens, mais des métis, quelquefois même des blancs. Les cargueros portent ordinairement 6 à 7 *arrobas*, ou 75 à 88 kilogrammes, il y en a de très robustes qui portent jusqu'à 9 arrobas. Quand on réfléchit, dit M. de Humboldt, sur l'énorme fatigue à laquelle ces malheureux sont exposés en marchant huit à neuf heures par jour dans un pays montueux, quand on sait qu'ils ont quelquefois le dos meurtri, comme des bêtes de somme, et que les voyageurs ont souvent la cruauté de les abandonner dans la forêt, lorsqu'ils tombent malades ; quand on pense qu'ils ne gagnent dans un voyage d'Ibagne à Cartago que 12 à 14 piastres ou 60 à 70 francs dans l'espace de quinze jours, quelquefois même de vingt-cinq à trente jours, on a de la peine à concevoir comment ce métier de cargueros, un des plus pénibles de ceux auxquels l'homme se livre , est embrassé volontairement par tous les jeunes gens robustes qui vivent au pied des montagnes. Malgré cela, leur nombre est si grand au Choco, à Ibagne et à Médellin, que l'on en rencontre quelquefois des files de cinquante à soixante. Les mines du Mexique offrent aussi une classe d'hommes qui n'ont d'autre occupation que celle d'en porter d'autres sur leur dos. Dans ces climats, continue M. de Humboldt, la paresse des blancs est si grande, que quelque directeur de mines a à sa solde un ou deux Indiens qu'on appelle ses chevaux, parce-qu'ils se font seller tous les matins et qu'appuyés sur une petite canne et jetant leur corps en avant, ils portent leur maître d'une partie de la mine à l'autre. Parmi les *cavallitos* et les *cargueros* on recommande aux voyageurs ceux qui ont le pied sur et le pas doux et égal. On est peiné d'entendre parler des qualités de l'homme dans des termes qui désignent l'allure des chevaux et des mulets.

Dans le département du CAUCA : *Popayan* située sur le fleuve de ce nom, dans une position des plus belles qu'on puisse imaginer, mais au pied des grands volcans de *Puracé* et de *Sotara*. Plusieurs beaux édifices ornent cette ville ; la rue de Belem est sa plus belle partie. Cependant ses places n'ont rien de remarquable, et la plupart des maisons qui les entourent tombent en ruines, depuis qu'on s'est battu dans la ville. La guerre a porté un grand dommage à son commerce et à son industrie et a contribué à diminuer sa population qu'on n'estime plus qu'à 7,000 ames. Malgré ses pertes, Popayan est encore une des villes principales de la Colombie par son *hôtel de la monnaie*, par son *évêché*, par son *université* du second rang, par son *collége*, et parce qu'elle est l'entrepôt commercial entre Quito et Bogota. En 1826 on y publiait un journal.

Dans les environs de Popayan, on trouve le petit village de Paracé, célèbre dans le pays à cause des belles cascades de la rivière Pusambio dont l'eau est acide, ce qui l'a fait nommer *Rio-Vinagre* par les Espagnols. Elle forme trois cascades, dont les deux supérieures sont très considérables; la hauteur de la seconde est de plus de 120 mètres. Nous nommerons ensuite *Cali*, petite ville importante par son collége, sa population et son commerce; *Carthago* par son commerce; *Barbacoas* par ses riches mines d'or, et *Pasto* remarquable par la grande élévation du plateau sur lequel elle est située; c'est une plaine entourée de volcans et de soufrières qui dégagent continuellement des tourbillons de fumée et à laquelle on n'arrive qu'à travers des ravins profonds et étroits comme les galeries d'une mine. Les malheureux habitans de ces déserts ne recueillent de leur sol aurifère que des papates *Iscuande*, misérable et très petite ville, située au pied de la cordillère, importante par la belle qualité de platine qu'on retire des riches mines de ce métal situé dans son voisinage. *San-Buenaventura*, misérable hameau, très important par la belle baie de son nom, déjà fréquentée par plusieurs vaisseaux marchands ; *Quibdo*, chef-lieu de la province du Choco, une des parties les moins peuplées de la Colombie, et une des contrées les plus humides que l'on connaisse, mais aussi une de celle qui, eu égard à son étendue, produit le plus d'or et de platine.

Dans le département de l'ISTHME, *Panama*, chef-lieu du département, ville épiscopale bien bâtie, au fond d'une vaste baie et sur une péninsule formée par la côte méridionale de l'isthme auquel elle donne son nom. La cathédrale et le collége sont ce qu'elle offre de plus remarquable. En 1826, on y publiait deux journaux. Sa population, souvent exagérée par les auteurs, arrive à peine à 10,000 ames. Viennent ensuite *Chorrera* et *Los-Santos*, petites villes de 4,000 ames. *Cruces*, *Chagnes*, toutes petites villes de 900 à 4,000 ames.

Portobello, très petite ville, importante par la beauté de son port, et mal famée pour son climat délétère, qui lui a valu le triste surnom de *sepultura de los Europeanos* (tombeau des Européens). Malgré ce grand inconvénient on y a tenu pendant long-temps *une des plus riches foires du monde*. Le gouvernement colombien a diminué son insalubrité en faisant abattre une partie des bois qui s'étendaient jusqu'à ses portes. Sa population, que quelques géographes portent jusqu'à 8,000 ames, n'était dernièrement que de 1.122 habitans. Santiago, petite ville d'environ 5,000 habitans.

Mais avant de quitter ce département nous devons dire un mot sur la *pêche des perles*, dont on exagère tant la richesse, et sur une *colonie* qui s'est formée dans ces dernières années et sur laquelle les géographes gardent le plus profond silence, malgré son importance et la singularité de son origine. Cette colonie a été fondée il y a près de 6 ans, au dessous du cap de Blas sur la côte de Darien, par sept pêcheurs, dont trois Anglais, deux Américains, et deux Colombiens; elle compte déjà 120 personnes de tout âge. Leur occupation principale est la pêche des tortues et la vente de leur chair fraîche ou salée, de l'huile et de l'écaille qu'ils en retirent. Depuis 4 ans elle a vendu annuellement

pour la valeur de 7oo,ooo francs. La *péche
des perles* a été cédée en 182o, pendant 10
ans, par le congrès à une compagnie anglaise, qui arme depuis lors deux bâtimens,
dont l'un est chargé de pêcher dans les parages de la mer des Antilles, surtout près de
Rio-Ilacha ; l'autre dans ceux de l'archipel
de Las Perlas, que nous avons dit appartenir à ce département. On nous assure que
les produits de cette pêche ont été si
peu considérables, que les actionnaires
étaient sur le point d'abandonner leur entreprise.

Dans le département du Magdalena :

Carthagène. Ville épiscopale, située sur
une île sablonneuse, non loin du Magdalena et chef-lieu du département de ce
nom : Carthagène a *un des plus beaux ponts
de l'Amérique*, et est la station ordinaire
d'une partie de la marine militaire de la
Colombie et *la première place forte* de
cette répub'ique ; mais ses fortifications ont
besoin d'être réparées en plusieurs endroits. Quelques *églises*, quelques *couvens*,
et surtout ses immenses citernes sont les
constructions les plus importantes de cette
ville, qui possède une *université* de second
ordre ; une *école de navigation* et un *collége*. On doit cependant avouer qu'en général Carthagène offre un aspect lugubre,

ce qu'elle doit en partie à ses longues galeries, à des colonnes basses et lourdes, à des rues étroites et sombres et à des terrasses trop saillantes, qui y dérobent la moitié du jour. Malgré tout ce qu'elle a souffert pendant la guerre de l'insurrection, Carthagène compte encore environ 18,000 habitans en y comprenant ceux du faubourg *Gimani*, qui communique avec la ville par un pont de bois. Elle est encore le centre d'un commerce étendu et de communications régulières entretenues par des paquebots avec l'Europe, les États-Unis et les Antilles.

TURRACO, village indien, où se retirent pendant les grandes chaleurs les personnes les plus riches de Carthagène; dans la forêt voisine s'élèvent 18 à 20 petits cônes, dont la hauteur n'est que de 7 à 8 mètres, les indigènes les appellent les *volcancitos* (les petits volcans), à cause des éruptions d'air qui ont lieu à de très-petits intervalles accompagnées d'un bruit sourd et assez fort. Souvent ce phénomène est accompagné d'une éjection boueuse comme dans les volcans semblables de Macalouba et de Taman, que nous avons mentionnés aux pages 336 et 493. Et *carmen*, petite ville, regardée comme le lieu le plus salubre de la province de Carthagène.

Tolu, renommée par son baume. *Mon·pox*, importante par sa population, qu'on porte à 10.000 ames. par son *collége* et par son commerce. *Ocana*, ville très-petite ; mais remarquable par le congrès qu'on y a tenu en 1828. et par ce qu'on a eu le projet d'en faire la capitale de toute la Colombie. *Santa-Marta*, ville épiscopale, importante par ses fortifications, son port et son commerce ; on lui accorde 6,000 habitans. *Rio-Hacha*, remarquable par la pêche des perles qu'on fait dans ses parages et dont nous venons de parler ; elle a un port et compte un millier d'habitans.

Dans le département de BOYACA. TUNJA, autrefois riche, populeuse et florissante, et aujourd'hui en grande partie ruinée et déserte, malgré *l'université* du second ordre et le *collége* qu'on y a établis. C'est à Tunja qu'avant l'arrivée des Espagnols résidait le *Jaque* ou roi des Muyscas, nation très-puissante, maîtresse alors du plateau de Bogota, de même que les Japonais, les Muyscas étaient gouvernés simultanément par deux chefs ; l'un d'eux, espèce de pontife, résidait à Traca, où il était, comme le Dalaï-Lama et le Daïri l'objet de la vénération d'un grand nombre de pélerins qui allaient lui offrir des présens. L'autre, qui était le chef politique, avait le titre de *Jaque* et résidait à Tunja. Les Muyscas, qu'on peut regarder comme la nation indigène la plus avancée en civilisation après quelques autres peuples, paraissent avoir eu des hiéroglyphes dans le genre de ceux des Mexicains.

Bocaya, où les Espagnols perdirent une bataille en 1819; *Chinquiquira*, visitée par un grand nombre de pélerins; *Santa-Rosa*, la mieux bâtie de toute la province. *Sogamoso*, assez florissante, mais cependant déchue de ce qu'elle était quand un grand nombre de pélerins allaient visiter son temple du soleil et assister à la célébration du sacrifice humain qui devait marquer l'ouverture d'une nouvelle indication ou cycle de quinze années.

Pamplona, petite ville très déchue malgré son collége et la richesse des mines d'or et de cuivre de ses environs; *Soccoro*, *San-Gil*, etc

Dans le département de Venezuela nous citerons encore *Palancia*, dont le climat est excellent et la position très-belle; elle a 15,000 habitans; *Puerto-Cabello*, la seconde place de la Colo bie; *San-Carlos* et *San-Felipe*, importantes par leurs belles planches d'indigo, de café, de coton; *Aroa*, etc.

Dans le département de Zulia : *Maracaïbo*, jolie ville située sur le bord occidental du détroit qui sépare la lagune de Maracaïbo du golfe de ce nom : elle est défendue par trois forts, possède un collége et une école de pilotage, ainsi que de beaux chantiers pour la marine, et renferme environ 20,000 habitans. *Coro*, *Tocuyo*, *Térida*, sont les autres villes de ce département.

Dans le département de l'Orénoque, nous ne ferons que citer les six petites villes qu'il renferme : *Varinas*, *Guanare*, *Mantecal*, *Angostura*, *Guyana-Vieja*, *Caycara*.

Dans celui de Maturn : *Carnana*, *Ma nicarès*, *Barcelona*, la plus peuplée de la province quoiqu'elle ne compte que 5,000 habitans ; *Pampatar*. Nous nommerons encore *Cubagua*, petit îlot aujourd'hui stérile et désert, mais qui brilla d'un grand éclat, surtout dans la première moitié du XVIᵉ siècle, à cause des trésors que la riche pêche des perles y accumulait.

Dans le département de l'Équateur nous avons déjà décrit *Quito*, il nous reste à mentionner *Riobamba* et *Ambato*. remarquable par sa beauté, par la bonté de ses productions et celle de son climat, par sa population et par le voisinage du célèbre *Chimborazo*, regardé jusqu'à ces dernières années comme la plus haute montagne du nouveau monde, mais qui vient de céder son rang aux deux pics, le Nevado de Sorata et celui d'Illimani.

Dans le département de Guayaquil est

une ville du même nom, son chef lieu, ayant 22,000 ames; elle a un chantier magnifique, un collége, une école de navigation et renferme le principal arsenal maritime de la Colombie. A l'entrée de Guayaquil est un rocher nommé *Amortajado* (cadavre revêtu du drap mortuaire), parce qu'il ressemble à un corps humain sous l'habit de franciscain. On dit que dans cette ville, des hommes montent en haut des clochers, pourvus de tambours et de trompettes avec lesquels ils accompagnent le son des cloches comme font les Chinois avec les instrumens.

Enfin dans le département de l'Assuay, *Cuenca*, ville épiscopale assez bien bâtie, ayant 20.000 ames de population dont une partie considérable est occupée dans les manufactures de coton, de chapeaux, et dans la fabrication de confitures estimées, et d'un fromage qui ressemble beaucoup au parmesan. Il y a un *collége*, un *séminaire*, un ancien *couvent des jésuites*, et un palais épiscopal.　　　　　G. Lefèbvre.

COLOMBIER, (*économie domestique*). Jadis le droit de posséder colombier constituait un droit seigneurial ; aujourd'hui que tout le monde est libre de se procurer cette jouissance, il est peu de propriétaires qui se la donnent. Les pigeons sont d'un produit assez avantageux ; mais les inconvéniens qui en résultent dans le voisinage. le dégât qu'ils font dans les champs sont une raison qui leur font préférer des volatiles plus *casaniers*. (V. Pigeons) cependant un colombier *bien garni* est un des parties obligées d'une basse cour complète. Le choix de l'emplacement du colombier ne doit pas être indifférent, c'est dans la partie la plus élevée ou la plus isolée de la basse-cour qu'il doit se trouver, il se composera d'une seule pièce autant que possible assez haute et assez large pour que lon puisse se tenir debout dans l'intérieur et en faire le service, il doit être muni de bâtons pour percher, de nids et de mangeoires exprès, et de petits abreuvoirs pas trop profonds; une ouverture avec une trappe une poulie et un cordon doivent exister sur le devant afin de pouvoir ouvrir et fermer à volonté sans être obligé de pénétrer dans l'intérieur ni d'y monter, et une planche en saillie doit en faciliter l'entrée, les abords en doivent être bien défendus aux animaux malfaisans, tels que *belettes*, *fouines*, etc. C'est ordinairement avec des plaques de tôle que l'on en garantit l'accès, il faut surtout éviter qu'il soit trop près des grands arbres; enfin le colombier doit être dans un lieu isolé et bien sec, on ne saurait surtout prendre trop de soin pour en entretenir la propreté, sans quoi les pigeons s'y dégoûtent et l'abandonnent.   H. Bernard.

COLUMBO. Radix columbæ. s. m. racine du ménisperme à feuilles palmées Lamk, ménispermées j. diœcie dodécandrie. C'est une plante sarmenteuse qui naît dans l'île de Ceylan et dans diverses parties des Indes orientales. Le commerce nous l'offre en morceaux de trois à quatre pouces de long sur un à deux de diamètre, elle est d'un jaune verdâtre à l'intérieur, son écorce est brune, épaisse et rugueuse, sa saveur amère et mucilagineuse. L'analyse chimique y a démontré une grande proportion d'amidon, un principe jaune très amère, et une matière animale abondante. C'est un médicament tonique qui paraît agir spécialement sur l'estomac, et relever un peu les forces des organes de la digestion, mais comme toutes les substances de la classe à laquelle il appartient, on ne doit l'administrer que quand les symptômes inflammatoires ont cédé à un traitement convenable. On le donne en décoction à la dose d'une demi-once par livre d'eau.

Dans les diarrhées chroniques, l'infusion faite à froid ne contenant pas de fécule s'emploie plutôt comme stomachique. La poudre se donne de vingt-quatre grains à un gros, dans une tisane ou un sirop appropriés.

A. Ménestrel.

COLONAGE (bail à). Contrat agricole ayant pour objet une espèce de société pour laquelle le propriétaire fournit sa terre et le paysan son travail, avec convention que les produits seront partagés annuellement.

Quant à ses principes généraux ce contrat est réglé d'une manière fort incomplète par les articles 1800 et suivans du code civil. Le législateur dominé par l'exemple des usages suivis dans le nord de la France, n'a eu en vue que le cas des bestiaux donnés à cheptel, tandis que dans certains départemens du midi *le cheptel* ou *le colonage partiaire* comprend toutes les productions d'une même métairie.

L'exécution du bail dont les clauses restent le plus souvent sous la forme de simples notes, ou d'acte sous-signature privée, est précédée de l'estimation des cabeaux. Le colon en paie la moitié, presque toujours il en reste débiteur jusqu'à sa sortie. Le maître lui remet sa part des semences : à la récolte celles-ci sont prélevées sur la masse à partager. Le congé ne peut être donné de part et d'autre qu'à des époques convenues d'avance ou déterminées par l'usage des lieux.

Assez généralement une somme représentant le montant des contributions, quelquefois plus forte, est payée tous les ans au propriétaire ; ce qu'on appelle *aide de tailles*.

Le maître fait des abonnemens pour les

produits en volailles, œufs, lait, beurre, foin et paille de tel ou tel pré, de tel ou tel champ.

Il ne se réserve le droit de commandement qu'en ce qui a trait au transport de ses denrées.

Le bail à colonage résume presque toutes les anciennes espèces de conventions faites entre les seigneurs et les paysans (voyez *contrat agricole*). Les moindre de ses inconvéniens est aujourd'hui d'assumer sur la tête du propriétaire la responsabilité de tous les trafics, quoiqu'il ne participe directement à aucune, les ventes, les achats, les échanges des bateaux étant le fait exclusif du colon.

Quant à ses rapports avec la culture, ce bail empêche l'introduction de tout procédé nouveau. L'idée d'un changement vient échouer contre les habitudes des paysans naturellement ignorans et portés à ne jamais s'écarter des méthodes de leurs devanciers.

Par cette raison, on peut seulement expliquer les dificultés que rencontre encore en certains pays l'amélioration des terres ou des prairies artificielles et l'emploi des machines agricoles.

Dans le midi il n'est pas rare de voir des biens que le propriétaire ne visite que deux fois tous les ans aux deux récoltes du blé et du maïs. Là règne encore dans toute son étendue le préjugé d'après lequel la terre a b soin de se reposer tous les trois ans une fois : c'est dire que le système des jachères y est suivi avec une entière confiance, qu'en arrive t-il ? c'est que la même qualité de terre recevant annuellement la même qualité de semence après une préparation à peu près toujours semblable, doit nécessairement donner peu de différence dans le résultat.

Le paysan ne vise d'ordinaire qu'à obtenir sa nourriture de chaque année. Si la récolte est abondante, il absorbe tout, s'il y a disette il s'aide des plantes à bon marché, le maïs et la pomme de terre. Sans avances et sans économies, exploité par un propriétaire qui *lui augmenterait l'aide de taille*, à mesure qu'il deviendrait plus riche, il vit au jour le jour, végétant sur un sol dont la monotonie se confond avec celle de son existence.

Si le bail à colonage est tout dans l'intérêt du maître, il arrive souvent telle circonstance imprévue qui paralyse en une année tous les profits qu'il a pu faire les années précédentes ; ainsi une mortalité de cabeaux, le non-paiement d'un troupeau, une grêle, une inondation en ruinant le colon, occasionent presque toujours des pertes énormes au propriétaire. Obligé de renvoyer ses métayers, soit pour ne pas laisser accroître indéfiniment leur dette, soit à cause d'une augmentation de famille qui ne leur permet plus de vivre sur une terre peu étendue et peu productive, celui-ci éprouve pendant les six mois qui suivent le congé tous les effets d'une véritable dévastation dans les pailles, dans les fourrages, dans les approvisionnemens d'hiver, dans la fumerie excessive de ses terres (le colon a la moitié de la récolte l'année de sortie), en un mot dans l'abus de ce qui peut augmenter la portion du paysan.

Rien ne justifie mieux la vérité de ce proverbe du midi : *il vaut mieux deux grêles que le renvoi d'un métayer.*

(Voyez *ferme* (bail), (maître , valet).

J. F. A. C...

COLONEL. Mot récent de notre langue, qui n'est plus employé que substantivement. Jadis on appelait *tambour colonel* un *tambour- major.* On ignorait le mot colonel sous Louis XI; il naissait sous François Ier ainssi que tous les mots militaires modernes, mots dont on connaît d'autant moins l'origine qu'elle est plus récente. Personne n'est éclairé sur ce terme qui a eu des sens infiniment divers.

La ferveur grammaticale et patriotique de Henri Estienne, qui écrivait en 1579. se révoltait de la moderne admission des locutions *colonel, colonelle.* On peut donc les croire d'origine italienne, puisque c'était contre le *français italianisé* ou plutôt contre l'*italien francisé* que notre savant grammairien s'élevait. On a prétendu faire dériver *colonel* de l'Italien *colonna*, et on rechercha de chimériques analogies entre *colonel* et *colonne de troupes*; ce mot, mis en usage d'abord dans les troupes étrangères à la solde de Louis XII, ne s'est légalisé ou nationalisé dans les troupes françaises que sous François Ier, a'ors il signifiait un suprême général, ou le général d'un arme; quand des Gascons vinrent servir Charles IX et Henri IV, l'outrecuidance native de leurs chefs s'accorda mal du titre de capitaine, qui déclinait; ces Gascons qui ne voulaient être ni étrangers ni Français, s'arrogèrent le titre de *colonel*; et le chef du moindre petit corps croyait se rehausser en s'emparant de la qualification jusque là réservée au général de l'arme. Cette intrusion nécessita un accroissement de titre, il fallut que l'ancien colonel se fît reconnaître par la domination de *colonel-général*.

Louis XIV, qui ne tolérait de pouvoirs latéraux que des pouvoirs soumis, se garda bien de laisser subsister un colonel général de l'infanterie; il se souvenait des prétentions et de l'humeur insubordonnée dont plus d'un avait fatigué ses prédécesseurs. Si le titre a reparu depuis, ce ne fut plus qu'une sinécure. La dénomination n'avait rien de féodal et n'était même apparue qu'à la chute de la féodalité ; mais l'ignorance des hommes de la révolution s'y méprit ; ils la crurent entachée du vice nobiliaire, et y substituèrent le titre prolixe et inexact de *chef de brigade*, qui, à son tour, fit place à la qualification qu'il avait remplacée. La gloriole impériale fit renaître des colonels généraux ; mais Bonaparte se garda bien de leur accorder autre chose que des grades inutiles, et il n'osa pas refaire un *colonel-général* de l'infanterie, car un tel personnage eût donné à son ambition ombrageuse la même crainte que le grand roi Louis XIV en avait éprouvé. A. Letourneur.

COLONIE, du latin *colere*, cultiver, dont on a fait *colonus* (colon), c'est-à-dire laboureur ou fermier. Le mot *colonie* se prend dans une double acception : c'est le transport forcé ou l'émigration volontaire d'un peuple ou d'une partie d'un peuple d'un pays dans un autre et la désignation de l'établissement qu'ils ont formé dans leur nouvelle patrie.

Colonies anciennes. Suivant l'Écriture-Sainte, les enfans de Noé, s'étant trop multipliés pour demeurer ensemble, se séparèrent par tribus et cherchèrent de nouvelles habitations, ce furent là les premières colo-

nies. Plus tard, l'ambition, la violence, la
guerre et quelquefois un excès de population, obligèrent encore une partie de ces
nouveaux peuples à émigrer; c'est ainsi
qu'Inachus, Phénicien d'origine, vint fonder en Grèce le royaume d'Argos, dont sa
postérité fut depuis dépouillée par Danaüs,
autre aventurier sorti d'Égypte. Cadmus
n'osant reparaître devant Agenor, son père,
roi de Tyr, aborda sur les confins de la Pho-
cide et y jeta les fondemens de la ville de
Thèbes. Cécrops, à la tête d'une colonie
égyptienne, bâtit Athènes: à leur tour, les
Grecs fondèrent des colonies en Asie et dans
le reste de l'Europe. Carthage et Rome dû-
rent leur origine à des émigrés d'Asie.

Il est arrivé d'autres fois que, pour s'assurer des frontières, un peuple vainqueur,
mais pas assez fort, dispersait les vaincus
dans les terres de son obéissance, et distri-
buait les leurs à ses propres sujets; ou bien,
qu'il se contentait d'y bâtir et d'y fortifier des
villes nouvelles qu'il peuplait de ses soldats
ou des citoyens de son état. C'est par de telles colonies qu'Alexandre contint une multitude de peuples si rapidement vaincus.
Quelquefois aussi des peuples chassés par de
plus forts. ou par l'influence de leur climat,
et attirés par l'attrait de pays plus heureux,
viennent s'emparer de force d'une nouvelle

contrée, s'y mêlent avec les habitans et ne font bientôt qu'une nation avec eux.

Dans l'antiquité tyrienne, Carthage et Marseille, les seules villes qui ont fondé leur puissance sur le commerce, établirent quelques colonies assez semblables à celles de nos jours, c'est-à-dire dans le but d'augmenter la grandeur ou la richesse de la métropole. Utique et les colonies établies à Malte ou le long des côtes, servaient de retraite aux vaisseaux tyriens ; Cadix, l'une des plus anciennes et des plus fameuses colonies des Phéniciens. ne prétendit jamais qu'au commerce de l'Espagne, et n'entreprit pas de lui donner des lois. Marseille, colonie des Phocéens chassés de leur pays et ensuite de l'île de Corse par les Tyriens. ne s'occupa dans son territoire stérile que de la pêche, de son commerce et de son indépendance.

Les nations qui établissaient ces colonies y avaient des comptoirs et des forteresses pour la commodité et la sûreté de leur commerce. C'étaient donc de véritables entrepôts où les navires allaient faire les échanges.

Comme le peuple romain est celui de l'antiquité qui a le plus établi de colonies, nous nous y arrêterons plus spécialement. Il en fonda, suivant quelques auteurs, jusqu'à cent cinquante dans l'Italie, soixante en

Afrique, environ trente en Espagne, à peu près autant dans le reste des Gaules et ainsi de reste; toutes se servaient de la langue romaine, et non pas du langage du pays où ils s'établissaient. Elles étaient divisées en *colonies romaines* et *colonies latines*. Les habitans des colonies romaines étaient citoyens romains et avaient droit de suffrage, sans néanmoins avoir droit aux charges et aux honneurs de la république; ceux des colonies latines avaient droit de suffrage si le magistrat le leur permettait, et étaient reçus citoyens romains après avoir exercé quelque magistrature dans une ville latine. Il y avait encore des colonies militaires pour les vieux soldats qui n'étaient plus capables de rendre service; mais ces colonies ne faisaient pas une classe séparée des colonies romaines, dont elles ne différaient que par le choix de ceux dont elles étaient formées d'abord.

Les Romains, de même que les Grecs, avaient coutume, dans les colonies, de bâtir des temples et d'autres somptueux édifices, pareils à ceux de Rome et des autres villes d'Italie, pour adoucir l'ennui des nouveaux habitans; et ils donnaient aux rivières et aux montagnes de ces colonies les noms des rivières et des montagnes qu'ils avaient quittées. C'est ainsi que Trèves, Cologne, Toulouse, etc., ont eu chacune leur Capitole, à l'exemple de Rome; et que Vérone, Lyon, Vienne, Nimes, Arles et d'autres villes ont eu de même leur cirque et leur amphithéâtre, dont quelques-unes conservent encore d'assez beaux restes.

Nous renvoyons au mot ÉTABLISSEMENS AGRICOLES ce que nous aurions à dire sur les colonies modernes en général. Puis, à l'article spécial de chaque nation, nous devrons indiquer ses possessions coloniales.

J. MAISON.

COLONNE et COLONNADE. Ces deux mots viennent du latin *columen*, soutien; nous allons nous occuper d'abord du premier, par lequel on désigne un pilier circulaire employé à soutenir un fronton, un portique, une statue, etc.

Une colonne se compose de trois parties principales: d'un corps en *fût*, placé sur une *base* et surmonté d'un *chapiteau*. La moitié de son diamètre ou *module* sert de mesure au fût, qui, dans l'ordre toscan, en comprend douze, dix ou seize dans l'ordre dorique, dix-huit dans l'ordre ionique et vingt dans l'ordre corinthien. La proportion des autres parties varie aussi suivant les différens ordres d'architecture.

Outre leur usage comme support, les colonnes servent aussi à la décoration des temples et des palais. La pierre, le marbre, le

bronze, le bois lui-même et une foule d'autres corps sont employés pour faire des colonnes; nous citerons dans un instant combien il y en a à Rome de matières différentes. D'abord elles furent faites de quatre ou
cinq tronçons; mais on remarque d'anciens
temples avec des colonnes *monolithes* (Voy.
ce mot et OBÉLISQUE), c'est-à-dire d'un seul
bloc; et cele convient mieux, lorsque la
hauteur des colonnes ne dépasse pas celle des
blocs dont on peut disposer.

Diverses dénominations. Ordinairement
les colonnes sont unies, cependant il y en a
de *cannelées* dans toute leur hauteur, comme au Louvre. Quelquefois elles sont *ru-
dentées*, c'est-à-dire que dans le tiers du
bas de la colonne, chaque canelure est remplie par un corps arrondi en sens inverse de
la canelure. Suivant la manière dont elles
sont placées, on dit qu'elles sont *isolées*,
*accouplées, liées, groupées, flanquées, en-
gagées, cantonnées*; les *angulaires* sont celles placées aux angles d'un monument.

On nomme *solitaire* la colonne qui à elle
seule forme un monument, et, suivant
leurs usages, elles sont dites *triomphale,
navale, rostrale, pulcrale, itinéraire* ou
milliaire. Je vais ci r les colonnes solitaires
les plus remarquables qui ont existé ou existent encore; et d'abord je mentionnerai celle

en jaune antique érigée à Jules-César ; la colonne de Marius, vainqueur des Latins ; celle élevée à la mémoire de Claude II ; le pilier des Horaces, où Curius déposa leurs dépouilles ; la colonne rostrale de Duillius, rappelant sa victoire navale sur les Carthaginois. La colonne Trajane est une des plus remarquables ; elle est d'ordre dorique, se compose de trente-quatre blocs de marbre blanc et est sculptée à son pourtour ; le bas-relief, en spirale, représente les victoires remportées par Trajan sur les Daces ; sa hauteur totale est de cent trente-deux pieds. La colonne Antonine, élevée en l'honneur de Marc-Aurèle Antonin, représente les victoires de cet empereur sur les Marcomans ; elle se compose de vingt-huit blocs et a cent quarante-huit pieds de hauteur. Nous citerons encore, à Rome, la colonne élevée en 608 à la mémoire de Phocas, et celle relevée par le pape Paul V devant l'église de Sainte-Marie-Majeure ; enfin les deux colonnes qui furent élevées à Constantinople, l'une à Constantin, l'autre à Théodose.

Des temps modernes, on remarque la colonne élevée à Londres pour rappeler le terrible incendie de 1666 ; elle a cent quatre-vingt-dix-sept pieds de hauteur ; une autre, en mémoire des nombreuses victoires du duc de Marlborough, surmontée de sa statue et

supportée par des prisonniers. A Varsovie, il en est une élevée à la mémoire du roi Sigismond II. Une colonne rostrale élevée par Catherine II dans les jardins de Tsarkoiecelo, en mémoire des victoires navales remportées sur les Turcs. Celle de la Halle-au-Blé, à Paris, faisant autrefois partie de l'hôtel Soissons; la colonne de la place Vendôme, élevée à Paris par l'empereur et recouverte de bronze, représente les victoires de la grande armée sur les Russes et les Autrichiens; elle fut construite par l'architecte Lepeyre, à l'imitation et de la même grandeur que la colonne Trajane. Une autre colonne très remarquable est celle élevée, en 1830, à Saint-Pétersbourg, en l'honneur de l'empereur Alexandre; elle est d'ordre dorique et à peu près de la même proportion que la colonne Trajane; mais le fût, d'un seul bloc de granit rouge, a quatre-vingt-quatre pieds, et vient des carrières de Péterlaxe, en Finlande.

M. Auguste Ricard de Montferrand, architecte français, a dirigé tous les travaux.

Il y a beaucoup de monumens remarquables par la beauté, l'arrangement ou le nombre de leurs colonnes. En Égypte, les anciens temples en offrent de plusieurs variétés : la plupart n'ont ni base ni piédestal leur diminution part du bas et va jusqu'en haut, sans aucun renflement vers le tiers du fût, ainsi qu'on le remarque dans celles de l'architecture grecque. Il sera question (au mot ORDRE) d'architecture des diverses espèces de colonnes et de temples que nous ont laissés l'antiquité et l'architecture gothique; nous aurons aussi occasion de parler des colonnes modernes, qui ne sont jamais que des copies plus ou moins parfaites des monumens antiques.

Nous avons déjà dit qu'on a employé diverses sortes de matériaux pour l'édification des colonnes. Sur les douze cents au moins qu'on voit encore à Rome, il y en a quatre-vingts en porphyre rouge, et soixante-deux en porphyre vert, vingt six en granit noir d'Égypte, cinquante-deux en granit noir de la même contrée, deux cent onze en granit gris de divers pays, trente-huit en marbre jaune antique, soixante en brèche violette, dix-huit en chipolin, cent en marbre blanc, vingt-un en albâtre, et quatre cent soixante-onze en marbre de diverses couleurs. On en compte encore en d'autres matières plus précieuses : vingt-six en lumachelle, vingt en jaspe oriental et douze en lapis-lazuli. Les plus remarquables de ces colonnes sont celles du temple d'Antonin et de Faustine; elles sont en chipolin et leur fût à trente-six pieds; puis celles du Panthéon, au nombre de cinquante-huit. Les seize du Portique sont en granit oriental gris et rouge, cannelées avec des chapiteaux en marbre blanc.

Voici quelques renseignemens que nous trouvons dans le travail d'un écrivain de l'époque. « A Saint Paul, avant l'incendie de 1823, la nef seule était ornée de cent trente-deux colonnes, dont vingt-quatre en brèche violette venaient, à ce que l'on croit, de la basilique Émilie. Pline l'ancien et Stace en ont parlé. Le temple de Vesta avait vingt colonnes cannelées de trente-deux pieds de haut, en marbre blanc et d'ordre corinthien. A Sainte-Marie-Majeure, on voit huit b lles coniques et trente-six du même ordre en marbre blanc; ces dernières viennent, à ce que l'on croit, du temple de Junon. On voit aussi quatre colonnes corinthiennes en porphyre, et quatre en jaspe oriental. A Saint-Pierre, il y a vingt colonnes cannelées d'ordre dorique; elles sont en marbre grec et ont vingt-cinq pieds de haut. Au temple Nerva, on voit trois colonnes corinthiennes en marbre blanc; elles ont cinquante-un pieds de haut. A Sainte-Marie-des-Anges, huit colonnes en granit gris de quarante-trois pieds de hauteur; elles viennent des Termes de Dioclétien. A Saint-Barthélemi, on voit dans l'intérieur vingt-quatre colonnes en granit, que l'on croit venir de l'ancien temple d'Esculape. Au palais de la chancelerie quarante-quatre colonnes de granit venant du portique de Pompée. »

« A Constantinople, les plus grandes colonnes de porphyre se trouvent à Sainte-Sophie ; elles sont d'un seul bloc de quarante pieds. Celle de l'hippodrome est formée de plusieurs serpens entortillés. A Saint-Marc de Venise, et dans la cathédrale de Pise, on trouve une infinité de colonnes en porphyre vert : elles y ont été apportées de Constantinople. Les église de Sicile sont décorées de beaucoup de colonnes d'un marbre gris bleuâtre de vingt à vingt-quatre pieds. A Florence on voit aussi beaucoup de colonnes d'un marbre dit *pietra-serena*, et qui se trouve dans les environs de cette ville. On voit à Lyon dans l'église d'Ainay, quatre colonnes de grosseur inégale, parce qu'elles ont été formées en sciant les deux colonnes en granit gris, qui ornaient l'ancien autel d'Auguste. L'arc de triomphe de la place du Carrousel à Paris est orné de huit colonnes en marbre de Languedoc, dont le fût a dix-huit pieds ; les bases et les chapiteaux d'ordre corinthien sont en bronze. Des colonnes en marbre blanc dont le fût est d'un seul bloc se voient dans la salle des séances de la chambre des députés. Le musée du Louvre est orné d'un nombre de colonnes bien précieuses par la matière et par l'ancienneté. Dans la salle des hommes illustres on voit huit colonnes de granit gris, provenant du tombeau de Charlemagne, à Aix-la-Chapelle, elles ont dix pieds de haut La salle d'Apollon en offre quatre en granit rouge de la plus belle qualité et provenant aussi du même tombeau. Les quatre colonnes de la salle du Laocoon sont en marbre vert; elles ont près de onze pieds, et proviennent du tombeau du connétable Anne de Montmorency. Dans la salle des Muses, on voit deux colonnes de sept pieds environ, l'une est en marbre africain, l'autre en granit gris foncé, mêlé de vert et de rose, avec quelques taches blanches. Plusieurs des arcades de la grande galerie sont soutenues par des colonnes en marbre rose, de douze pieds environ : il y en a quatre en chipolin, provenant de l'ancien autel de Saint-Germain-des-Prés; deux en marbre de Flandre, provenant de l'église de la Sorbonne ; dix-huit en brèche violette, venant des Grands-Augustins, et quatre en marbre commun. Dix autres petites colonnes, de quatre pieds environ, se trouvent disposées à différentes places, mais sans faire partie de la construction : il s'en trouve deux en marbre noir, deux en marbre de Californie, deux en brèche jaune, deux en vert antique, et deux en albâtre oriental. On doit encore remarquer deux colonnes en granit gris de Cherbourg : elles sont placées dans le salon octogone, à côté de l'entrée de la galerie d'Apollon. La taille et le poli de ces colonnes ont coûté 30,000 francs; on peut ainsi juger de l'immense valeur de toutes les colonnes antiques dont nous avons parlé. »

Il existe un grand nombre de beaux monumens ornés de colonnes, tels sont le Louvre, la Bourse, le Panthéon, la Madeleine, etc., à Paris; l'église de Saint-Isaac à Saint Pétersbourg. Mais comme il sera question de tous ces monumens dans divers articles, nous ne nous y arrêterons pas davantage ici.

COLONNADE. C'est une réunion de colonnes, placées symétriquement en galerie, soit autour ou seulement au devant d'un édifice, soit à l'intérieur et à l'extérieur, et servant de décoration ou de promenade.

COLONNES MILLIAIRES. Les Romains plaçaient ces colonnes de *mille* en *mille* pas sur les routes et les chaussées qu'ils construisaient. Une base carrée prise dans le bloc servait à les fixer en terre. La colonne s'élevait hors de terre de plusieurs pieds; et une inscription latine indiquait le nom de l'empereur sous le règne de qui cette voie avait été ou construite ou réparée. Venait ensuite l'indication numérique de la colonne qui indiquait ainsi la distance en *milles* de la ville où la route commençait.

COLONNE VERTÉBRALE. VOY. VERTÈBRES.

E. HENRION.

COLOPHANE, résine cuite et totalement privée d'huile essentielle ; on la tirait autrefois de *Colophon*, ville d'Ionie, d'où lui est venu son nom. Aujourd'hui nous ne sommes plus tributaires de la Grèce pour la colophane, et à Méricourt notamment, petite ville du département des Vosges, on fabrique de très bonne colophane.

Cette fabrication, toute simple, consiste à faire fondre dans une chaudière de fonte un mélange de deux parties de résine, résidu de la distillation de la térébenthine, avec une partie de poix blanche. On tient longtemps ce mélange à petit feu, en le remuant de temps à autre avec une spatule, pour empêcher que la matière ne s'attache au fond de la chaudière. Toute l'essence finit par se dégager. On s'assure que la colophane en est bien purgée en en faisant refroidir une goutte, qui, à l'état de perfection, doit être bien sèche et pulvérulente; par le refroidissement lent de la masse dans la chaudière, toutes les impuretés des résines tombent au fond. On écume alors avec soin, et on coule la matière dans des moules appropriés à ce but. Les résidus servent à la fabrication du noir de fumée.

La colophane, dont la préparation a été long-temps conservée par ceux qui la connaissaient, est employée par le joueur d'instrumens à cordes pour frotter les crins de son archet, afin d'augmenter leur action sur ces cordes. On s'en sert aussi pour arrêter l'écoulement du sang, dans quelques cas d'hémorrhagie.

H. Bernard.

COLOQUINTE. Voy. cucumère.

COLORATION des corps. Voy. Lumière.

COLORIS, ce mot s'emploie en peinture pour indiquer ce qui résulte de l'assemblage des couleurs dans les tableaux. Il y a diverses espèces de *coloris* Le coloris frais, tendre, vif; un peintre est renommé pour la délicatesse de son coloris. On se sert souvent de cette expression pour désigner la supériorité d'un artiste sur un autre; ainsi on dit : ce peintre a un excellent *coloris*, et celui-là n'a pas de *coloris*.

Ce mot diffère du mot *couleur* en ce que ce dernier s'applique aux nuances naturelles, comme la couleur du ciel, de l'eau, etc.; il désigne également les tons chauds et vigoureux. Le *coloris* appartient davantage aux tons fins, délicats ; ainsi, le coloris de ce tableau est doux et gracieux.

Mais ce n'est point là encore toute la définition que l'on peut donner à ce mot. Il s'applique aussi à la fraîcheur du visage, aux teints frais et vermeils ; ainsi un compliment fait à une jeune vierge lui fait monter la rougeur au front, et lui donne un charmant *coloris*; dans ce sens il est synonyme de *incarnat*. On dit aussi le coloris des feuilles, des fleurs et des fruits.

La rose a un beau coloris, la tulipe a un coloris velouté, le *géranium* présente le coloris le plus varié. Parmi les fruits, les pêches sont en première ligne pour la beauté du coloris.

La poésie emploie aussi cette expression pour désigner la peinture d'une idée avec des couleurs étrangères, ou plus propres à lui donner plus de vigueur ou plus de charme, suivant l'idée du poète.

A lui seul appartient le choix du coloris ; dans son génie il trouve les expressions capables de donner à son sujet la force qui lui manque, la grace qu'il n'a pas assez et cette harmonie qui fait la beauté d'une ballade sortie de la plume d'un enfant des muses.

Si le coloris indique le talent du peintre, il peut aussi désigner le bon poète ; en effet ce dernier doit savoir à propos tonner avec

la tempête, mugir avec le torrent, et prendre au besoin le calme et la fraîcheur du
léger zéphir, et le doux murmure du ruis-
seau qui serpente dans la prairie. C'est là
ce que l'on nomme les images en poésie, et
c'est par là qu'ont brillé la plupart de nos
poètes les plus célèbres : LaFontaine dans
ses peintures d'animaux, Boileau dans ses
satires; Delille, le peintre des champs et
des bergers, dont la muse inspire la mé-
lancolie, dans ses immortelles géorgiques;
et de nos jours nous sommes heureux de
pouvoir citer Casimir Delavigne notre premier poète, remarquable surtout par l'expression qu'il donne à ses tableaux; Victor
Hugo, le patron du moyen-âge et le créateur du romantisme; on peut dire de tous ces
poètes qu'ils sont de très bons *coloristes*,
parce qu'ils sont à la fois terribles et tous
chauds, gracieux et sévères.

COLORISATION. Ce mot signifie le
changement de couleur ou les phénomènes
que présentent les corps soumis aux agents
chimiques. Ainsi, par exemple, quand dans
un liquide coloré en bleu on verse une matière qui le colore en rouge, on produit ce
qu'on nomme un phénomène de colorisation.
Il se dit aussi de la manière dont un peintre
dispose ses couleurs.

C. F.

COLOSSE, statue d'une hauteur remarquable, *mass statuarm turribus pares*,
a dit Pline, *masse de sculpture* à l'image de
l'homme *et pareille à une tour.* Suivant le
dictionnaire de *Trévoux*, un colosse est
ainsi nommé parce qu'on ne peut voir cet
objet sans que les yeux soient éblouis de sa
hauteur; comme explication naturelle, nous
dirons que cet objet est très grand à la vue.
Cette définition admise, on comprend que le
mot *colosse* ait dû s'appliquer à d'autres
idées qu'à la grandeur gigantesque du corps
humain, et qu'on ait employé ce mot pour
désigner toute chose qui s'élevait au dessus
des proportions ordinaires de la nature. On
a donc pu dire que la grande pyramide, qui
a 466 pieds de hauteur perpendiculaire,
12,100 toises carrées de superficie à la base,
et 513,590 toises cubes en solidité, est un
monument *colossal*, de même qu'une colonne d'une grandeur prodigieuse; jeter un
pont sur la mer et percer l'Atlas n'était rien
moins qu'une *entreprise colossale.*

Gigantesque et *colossal* expriment tous
deux une élévation démesurée; mais chaque
mot représente une idée différente; *colossal*
signifie une grandeur extraordinaire jointe à
une grosseur prodigieuse. Ce qui se projette
en hauteur est du *gigantesque;* ce qui non
seulement se prolonge par la cime, mais se

distend par le volume est du *colossal*. Un chêne qui aurait amplifié sa circonférence sans ajouter proportionnellement à la hauteur de sa tige mériterait mieux l'épithète de colossal que celle de gigantesque. Un peuplier qui est monté à perte de vue, sans dépasser beaucoup la grosseur ordinaire du tronc, est plutôt *gigantesque* que *colossal*. *Gigantesque* signifie donc la grandeur immense : *colossal* exprime la grandeur énorme, et c'est par la conséquence naturelle de ces idées que les Romains avaient nommé *Colossacum* ce vaste massif et monstrueux amphithéâtre que nous appelons *Colisée*. L'Apollon de Rhodes, si fameux sous le nom de *Colosse*, surpassa toutes les représentations colossales, et fut compté au nombre des sept merveilles ; il était l'ouvrage de Charès, né dans cette île et élève de Lysippe. Il avait coûté douze années au statuaire et 300 talens (1,570,625 fr.) à la république. Il était d'airain, et sa hauteur de 70 coudées. Peu d'hommes pouvaient embrasser son pouce, ses doigts était du volume des statues ordinaires ; un tremblement de terre le renversa cinquante-six ans après son érection : vendu après la conquête de Rhodes par les Sarrasins (653), et mis en pièces par un juif qui l'acheta, il fallut neuf cents chameaux pour emporter ses débris.

Sans nous arrêter aux statues colossales de Roland, qu'on rencontre en quelques villes d'Allemagne, la plus grande statue que possède aujourd'hui l'Europe est celle en cuivre battu de saint Charles-Borromée, sur la route de Milan, qui mène au lac Majeur. Posé sur un piédestal de 46 pieds, ce colosse a lui-même 66 pieds de haut. Ce qu'il y a de particulier, c'est qu'on peut s'y introduire, monter dans le corps du saint jusqu'au nez, et regarder par les narines. L'homme sans culture qui puise ses idées dans la grossièreté de ses sens ne peut se représenter une puissance surhumaine que sous une image disproportionnée ; aussi chez les idolâtres voyons-nous partout des colosses, soit au Japon, chez les Indiens, soit à Siam; on y a vu une statue couchée qui couvrait 150 pieds de sa longueur, et une autre qu'on appelait *statue aux mille mains*, car c'était une espèce de Briarée avec un œil dans la paume de chaque main.

S. P.

COLPORTEUR, celui qui fait le métier de porter sur son dos, dans une *caisse* ou *balle*, de menues marchandises; on rencontre surtout ces marchands dans les foires et villages qui environnent les grandes villes. On appelle *colporteur* ou *porte-balle* celui qui ne débite qu'avec balle ou manne des marchandises neuves ou de hasard. Le mot *colporteur* s'applique plus particulièrement aux crieurs des imprimés d'une à huit feuilles, aux vendeurs de petits livres ou brochures qui ne dépassent pas huit feuilles.

Un ancien réglement de 1628 réserve le droit de colportage aux anciens imprimeurs, libraires ou relieurs qui, par leur âge avancé ou des infirmités, ne peuvent plus exercer leur premier état. Le premier réglement sur le colportage a été modifié en 1649, 1722, et 1723. Le nombre des colporteurs à Paris, fixé d'abord à 6p, fut bientôt élevé au double. Les colporteurs ne pouvaient débiter ni crier sur la voie publique que des feuilles volantes, arrêts, ordonnances, et de petits ouvrages brochés ou reliés à la corde, de moins de huit feuilles, et portant les noms du libraire éditeur et de l'imprimeur, sans la permission du lieutenant-général de police, étant sous la dépendance absolue de ce magistrat. Le simple soupçon de contravention exposait à des peines plus graves que celles prescrites par les réglemens, à des détentions indéfinies et toujours arbitraires, ce qui n'empêchait pas, que de toutes les contrebandes celle des écrits prohibés ne fût encore la plus lucrative et la plus active; les plus adroits savaient éluder toutes les investigations de la police : les écrits contre le gouvernement, les hommes du pouvoir, ne circulaient qu'au moyen du colportage. Les huit plus anciens colporteurs de Paris avaient le privilége d'étaler au palais de justice, que l'on appelait avant 1789 *palais marchand*. La révolution avait affranchi cette industrie, seulement une première loi du 17 mars 1701 assujettit à l'impôt de patente ceux qui faisaient le commerce des livres ou brochures hors de leur domicile. Une ordonnance de police du 16 avril 1740 assujettit le colportage à toutes les pénalités de l'ancien régime. La restauration à cet égard n'eut qu'à continuer les traditions de la censure de l'empire ; depuis 1830, chacun sait qu'une loi nouvelle a été portée sur les crieurs, les afficheurs et colporteurs, et que cette loi qui a précédé les lois d'intimidation contre la presse, a été dictée à peu près par les mêmes sentimens.

ALPHONSE ROBERT.

COMBAT, voyez, pour ce qui concerne les armées de terre, le mot BATAILLE, et le mot NAVAL où nous dirons tout ce qu'il y a de plus intéressant sur les batailles navales et le combat sur mer.

COMBAT SINGULIER. Voy. DUEL.

Combat judiciaire. Voy. duel judiciaire et épreuve.

COMBUSTIBLE (corps). Ce sont les substances qui se combinant avec l'oxigène, produisent de la chaleur et quelquefois de la lumière : c'est en 1718 que le mot *combustible* fut défini d'une manière rationelle. Stahl regarda les combustibles comme des composés de feu et d'une base incombustible de nature terreuse, et, pour distinguer le feu combiné du feu libre, il donna au premier le nom de phlogistique. Dès lors, la combustion d'un corps fut la séparation totale ou partielle du phlogistique de la base à laquelle il était uni. Stahl avait appuyé sa théorie de plusieurs expériences décisives en apparence, mais dans lesquelles il avait négligé l'action de l'air atmosphérique sur les corps soumis à ces épreuves. En 1774 Bayen observa l'influence de l'air sur ces corps, et ses conclusions s'accordaient avec les expériences que Lavoisier avait publiées peu de temps auparavant pour prouver que le phosphore, le soufre et plusieurs métaux augmentaient de poids en brûlant, parce qu'ils fixaient une portion d'air atmosphérique. Cependant Bayen ni Lavoisier ne purent détruire promptement une théorie professée dans les écoles depuis près de cinquante années, et qui avait pour partisans les savans les plus distingués d'alors. Ce ne fut qu'en 1777 que Lavoisier présenta sa théorie à l'Académie des Sciences : basée sur les faits les mieux observés, sur des expériences faites avec une exactitude jusque là inconnue, cette théorie fixa tous les regards ; elle eut à triompher de quelques obstacles et fut enfin unanimement adoptée par toute l'Europe savante. Rien de plus facile dans cette théorie que d'expliquer la combustion : ainsi, lorsqu'on élève suffisamment la température du charbon, du phosphore, du zinc, etc., dans un volume d'air déterminé, et que ces corps, dégageant de la chaleur et de la lumière, présentent tous les phénomènes de la combustion, si l'on a eu soin de peser, avant l'expérience, ces corps qui en font l'objet, on trouve que les résultats de la combustion pèsent plus que le charbon, le phosphore, le zinc qui ont brûlé ; que le résidu gazeux pèse moins que l'air ; enfin que l'augmentation de poids des premiers corps est précisément égale à la perte que l'air a éprouvée et que cette perte est due tout entière à de l'oxigène. Si l'on soumet ensuite chacun des produits de la combustion à l'analyse, on retrouve dans chacun d'eux l'oxigène et le corps qui a brûlé, et l'on observe qu'ils ont des propriétés distinctes de celles des corps qui les constituent. Il suit de là que quand l'oxigène se combine avec le phosphore, le charbon, etc., il y a dégagement de chaleur et de lumière, et que, par conséquent, la combustion de ces corps n'est autre chose que leur combinaison avec l'oxigène. L'oxigène étant nécessaire à ces combinaisons fut appelé *comburent*, qui fait brûler; on donna le nom de *combustible* aux corps avec lesquels l'oxigène se combine. Lavoisier donna, en 1778, plus d'extension à sa théorie : remarquant que les corps oxigénés, le carbone, le phosphore, etc., acquéraient de l'acidité par leur combinaison avec l'oxigène, il en conclut que cet élément était le principe de l'acidité, comme l'indique le nom qui lui fut donné.

Il est à propos de dire ici que ce n'est point le dégagement de feu (chaleur et lumière) qui caractérise la combustion : non seulement il est des corps qui brûlent (dans l'acception que nous avons donnée à ce mot) sans dégagement de feu; mais il en est d'autres, tels que l'eau et la chaux, l'arsenic et le potassium, qui produisent de la chaleur et de la lumière en se combinant : cependant la chaux et l'eau sont saturés d'oxigène et tout-à-fait incombustibles dans le système de Lavoisier. Enfin on sait qu'il existe beaucoup de combinaisons qui donnent lieu à un dégagement de feu sans que l'oxigène y joue un rôle particulier : il suffit pour cela que leur affinité soit assez forte ou qu'ils soient élevés à une certaine température; la production chimique du feu qui en résultera se réduira à un dégagement de chaleur qui porte ces corps à l'incandescence; phénomène qui peut être étranger à la *combustion* dans le sens que nous lui donnons, puisque ce n'est point par l'apparition du feu mais bien par la nature de ses produits que le célèbre chimiste a caractérisé la combustion; mais remarquons que l'acidité ne caractérise pas plus l'oxigénation que le feu ne caractérise la combustion. Long-temps on a cru que l'oxigène était le seul principe acidifiant : plus tard on a reconnu que cette propriété pouvait résulter des combinaisons binaires et ternaires d'un grand nombre de corps; ainsi l'oxigène, l'hydrogène, le chlore, l'iode, etc., en s'unissant à différens corps simples donnent lieu à des composés acides. Nous pourrons cependant observer en général que l'oxigène est le principe qui forme le plus d'acides, et qui donne le plus souvent lieu à la production du feu, lorsqu'il contracte une combinaison.

Voy. ACIDES, OXIGÈNE, OXIDES.

H. THEBAUT.

COMBUSTION. Voy. OXIGÈNE et l'rticle précédent.

COMÉDIE, en latin *comedia.* Le dictionnaire de l'académie définit ainsi la comédie : poème dramatique, pièce de théâtre, dans laquelle on présente quelque action de la vie commune que l'on suppose s'être passée entre des personnes de condition privée. Suivant Marmontel dans sa *Poétique française,* «c'est l'imitation des mœurs mises en action ; imitation des mœurs, en quoi elle diffère de la tragédie et du poème héroïque ; imitation en action, en quoi elle diffère du poème didactique moral et du simple dialogue. » Selon Boursault, « c'est un poème ingénieux fait pour reprendre les vices et pour corriger les mœurs par le ridicule. » Enfin, selon feu Picard, « la comédie est l'image en action des caractères, des mœurs des hommes, et d'incidens ridicules, plaisans, intéressans. » Cette définition nous semble la meilleure.

Autrefois on donnait le nom de comédie à toute espèce d'œuvre dramatique grave ou enjouée, triste ou comique. De nos jours encore, lorsqu'une personne doit se rendre au théâtre, elle dira: *je vais ce soir à la comédie.*— On croit généralement que la comédie n'a pris naissance qu'après la tragédie. C'est l'opinion qu'a émise Horace dans son Art poétique, c'est aussi celle de Boileau qui a dit :

> Des succès fortunés du spectacle tragique
> Dans Athènes naquit la comédie antique,
> Là le Grec né moqueur, par mille traits plaisans
> Distilla le venin de ses traits médisans.

Sous le point de vue historique, la comédie remonte jusqu'à Thespis, qui, avec des acteurs à moitié ivres et barbouillés de lie, parcourait les villes dans un tombereau et amusait les passans de tous les bons mots que lui inspirait l'ivresse. Sous ce point de vue moral, la propension de l'homme à se moquer de ses semblables doit avoir été le principe de la comédie. Les hommes sont sans aucun doute moins bons que méchans, et plus prompts à se moquer qu'à s'attendrir. Ainsi donc de cette disposition à saisir les défauts et le ridicule la comédie a tiré sa force et ses moyens.

COMÉDIE GRECQUE. On attribue aux Athéniens la gloire d'avoir favorisé chez eux l'introduction et les premiers essais de la comédie. Parmi la quantité de comiques grecs, on ne peut remonter avec certitude qu'à Aristophane qui composa des pièces régulières et dont quelques ouvrages nous sont parvenus. Onze comédies d'Aristophane ont été conservées. Ce sont : *Lysistrate*, les *Nuées*, pièce dirigée contre *Socrate*, les *Gre-*

nouilles, les *Chevaliers*, les *Acharniens*, les *Guêpes*, les *Oiseaux*, la *Paix*, les *Harangueuses*, les *Femmes à la fête de Cérès*, et *Plutus*. L'antiquité a nommé Aristophane le comique par excellence, cependant ce titre serait fort usurpé si nous nous en rapportions au jugement de Plutarque qui a dit : « Aristophane outre la nature, et parle à la populace plus qu'aux honnêtes gens; son style est mêlé de disparates continuelles, élevé jusqu'à l'enflure, familier jusqu'à la bassesse, bouffon jusqu'à la puérilité. Chez lui on ne peut distinguer le fils du père, le citadin du paysan, le guerrier du bourgeois, le dieu du valet. Son impudence ne peut être supportée que par le bas peuple; son sel est amer, âcre, cuisant, sa plaisanterie roule presque toujours sur des jeux de mots, sur des équivoques grossières, sur des allusions entortillées et licencieuses. Chez lui la finesse devient malignité, la niaiserie devient bêtise; ses railleries sont plus dignes d'être sifflées q'elles ne sont capables de faire rire; sa gaieté n'est qu'effronterie; enfin il n'écrit pas pour plaire aux gens sensés, mais pour flatter l'envie, la méchanceté et la débauche. » Gardons-nous de croire entièrement à ce tableau, et disons une chose en faveur d'Aristophane, c'est la pureté et l'élégance de sa diction. Après lui vient en première ligne Ménandre. Voici l'opinion que Plutarque a émise sur ce dernier : il sait adapter son style et proportionner son ton à tous les rôles, sans négliger le comique, mais sans l'outrer. Il ne perd jamais de vue la nature ; la souplesse et la flexibilité de son expression ne sauraient être surpassées, il est fait pour être lu, représenté, appris par cœur. » Certes ! voici un bel éloge, et peu de nos auteurs modernes en ont trouvé ou mérité de pareil.

Comédie latine. La comédie a pris naissance chez les Romains l'an de Rome 514. Mais, selon La Harpe, il n'y a point, à proprement parler, de comédie latine, puisque les Latins ne firent que traduire ou imiter les comédies grecques. Les premiers poètes comique romains furent : Livius Andronicus, Névius, puis Ennius ; suivant Cicéron, les pièces du premier étaient d'une médiocrité désespérante : *Livianæ fabulæ non satis dignæ quæ iterùm legantur.* Vinrent ensuite Cécilius, Plaute et Térence. Sur les deux derniers repose toute la gloire de la comédie latine. Le talent de Plaute brille par les situations plaisantes, des scènes pleines de gaieté ; pour défaut il n'a que celui de vouloir provoquer le rire à tout prix. Plaute a fourni à Molière l'idée de l'*Avare* et de l'*Amphitryon*, et à Regnard celle du

Joueur et des *Ménechmes*. Térence a pour lui un style élégant; il a fait entendre sur la scène le ton de la nature et le langage des vraies passions. Plaute est vif, gai, varié. Térence est fin, vrai, pur, élégant. Plaute n'a pas toujours l'art de plaire, Térence a le don de paraître toujours nouveau. La comédie chez les Latins ne comporta pas toujours une licence aussi effrénée que celle des Athéniens; les premiers auteurs hasardèrent bien la satire personnelle, mais n'abordèrent jamais la satire politique.

Comédie moderne. On divise la comédie en deux genre : la *comédie de mœurs* ou *de caractère*, et la *comédie d'intrigue*. La ccomédie de caractère est celle qui peint un caractère particulier, tels sont : *l'Avare* de Molière, le *Glorieux* de Destouche, le *Méchant* de Gresset, le *Distrait* de Regnard. Le but de la comédie de caractère est d'inspirer de la haine et du mépris pour des naturels ignobles ou ridicules, ou de faire aimer les caractères bons et nobles. Ce genre de comédie exige beaucoup de nuances et de variété. — La comédie de mœurs peint les mœurs d'un peuple, d'une nation, d'une famille. — La comédie d'intrigue est celle où l'auteur s'attache à placer ses personnages dans des situations difficiles, pénibles, comiques et embarrassantes. On reconnaît comme chefs-d'œuvre de ce genre l'*Etourdi* de Molière, et le *Ma-riage de Figaro* de Beaumarchais. M. Le-mercier, un de nos auteurs les plus célè-bres, admet dans son *Cours de littérature* une division de genre bien plus large, et reconnaît quatre autres espèces de comé-die: 1° la *satire allégorique dialoguée;* 2° la *comédie mixte* mêlée d'intrigue et de carac-tère; 5° la *comédie épisodique* ou *à tiroir;* 4° la *comédie facétieuse* ou *la farce.* La *satire allégorique dialoguée* est le nom par lequel M. Lemercier désigne la comédie d'Aristo-phane. La *comédie mixte* est la plus par-faite, puisqu'elle admet tous les moyens qui contribuent aux développemens d'une pein-ture comique. — La *comédie à tiroir* ne ren-ferme aucune action et ne se compose que d'une suite de scènes sans rapports entre elles; elle ne saurait offrir qu'un intérêt de style et de détail; cette comédie est aussi ce qu'on appelle *pièce à travestissemens,* par la raison qu'un seul acteur est chargé des prin-cipaux rôles qu'elle renferme et les joue con-sécutivement devant les mêmes spectateurs. On cite en ce genre les *Fâcheux* de Molière, et le *Mercure Galant* de Boursault. — La *comédie facétieuse* remonte aux premières époques du théâtre, et offre pour modèles le *Médecin malgré lui,* les *Fourberies de Scapin, Pourceaugnac* de Molière, puis *l'Avocat Patelin*, d'un auteur inconnu.

HISTOIRE DE LA COMÉDIE. Pendant long-temps notre théâtre ne s'est composé que de pièces appelées *Mystères*, à sujets religieux, ou de comédies à sujets grecs et romains. A la fin du règne de Charles V, on fit un essai dramatique qui n'était rien moins que grossier, informe et profane. Le sujet était *la Passion de Jésus-Christ.* Voici un échantillon du style dramatique de cette époque : c'est un dialogue entre Dieu et un ange.

L'ANGE.

Père éternel, vous avez tort.
Et devriez avoir vergogne.
Votre bien-aimé fils est mort,
Et vous dormez comme un ivrogne.

LE PÈRE.

Il est mort?

L'ANGE.

Foi d'homme de bien.

LE PÈRE.

-- Diable emporte qui n'en savais rien!

On voit par là ce qu'étaient ces anciens *mystères* ou *sollies*, productions barbares en prose rimée. Cependant les acteurs s'adressèrent au roi et se le rendirent favorable en érigeant leur société sous le titre de *Confrères de la passion*. Ils s'établirent à Paris n 1402. La représentation de ces pièces dura près d'un siècle et demi, et ce fut vers 1552 que la comédie et la tragédie introduite en France par *Jodelle* en bannirent enfin les mystères. Plusieurs autres auteurs comiques furent les prédécesseurs de Corneille qui eut beaucoup de peine à percer, tant le mauvais goût subsistait encore. — Enfin ce grand poète s'empara de la scène française et s'y maintint long-temps. Alors vint Molière... le grand, l'inimitable Molière, le prince de la comédie, la gloire de notre pays, celui qui a donné à notre théâtre une supériorité incontestable sur tous les autres théâtres de la terre.

Bienfaits de la comédie. La littérature n'a pas seulement pour but d'amuser et de distraire, mais encore d'instruire et de donner d'utiles enseignemens. La comédie est donc à notre avis le plus noble délassement de l'esprit. Santeul a dit de la comédie *Castigat ridendo mores*, elle châtie les mœurs en riant ; cette devise n'indique pas justement le but de la comédie. La comédie ne dirige pas les mœurs, mais elle les suit, elle en reçoit l'influence et devient pour la postérité l'image des nations qui ne sont plus. L'histoire nous retrace le passé, la comédie nous y transporte. Dernièrement a eu lieu la réception de M. *Scribe* à l'académie française ; nous allons donner la partie de son discours qui se rattache à l'art dramatique, puis la réponse de M. *Villemain* à ce discours spirituel toujours, mais faux quelque.

fois. Laissons parler M. Scribe. « Dans un discours célèbre, rempli d'idées fines et in-génieuses, un de nos premiers auteurs dra-matiques a soutenu que si quelque grande catastrophe faisait disparaître du globe tous les documens historiques et ne laissait intact que le recueil de nos comédies, ce recueil suffirait pour remplacer nos annales. La li-berté littéraire qui règne dans l'Académie me permettra-t-elle de ne pas partager en-tièrement cette opinion? Je ne pense pas que l'auteur comique soit historien, ce n'est pas là sa mission ; je ne crois pas que dans Molière lui-même on puisse retrouver l'his-toire du pays. La comédie de Molière nous instruit-elle des grands événemens du siècle de Louis XIV? nous dit-elle un mot des er-reurs, des faiblesses ou des fautes du grand roi? nous parle-t-elle de la révocation de l'édit de Nantes? Non, pas plus que la co-médie de Louis XV ne nous parle du parc aux cerfs ou du partage de la Pologne, pas plus que la comédie de l'empire ne parle de la manie des conquêtes. Mais si nous sup-posions que semblable à ce lieutenant de Mohamed qui brûla toute la bibliothèque d'Alexandrie et ne conserva que le livre du prophète, il se rencontrât de nos jours un conquérant kalmouk ou tartare, qui, ami de la gaieté et fanatique de la chanson, comme

Omar l'était de l'Alcoran, brûlât tous les livres d'histoire et n'épargnât que le recueil
des virelais, noëls, ponts-neufs, et vaude-
villes satiriques imprimés jusqu'à nos jours,
voyons si par hasard et avec ces seuls documens il serait tout-à-fait impossible de rétablir les principaux faits de notre histoire? Il
me semble qu'à l'aide de ces joyeuses ar-
chives, de ces annales chantantes, on pourrait facilement retrouver des noms, des dates,
des événemens oubliés par la comédie, ou
des personnages historiques épargnés par
elle. — Louis XIV, Louis XV, Napoléon
n'auraient pas souffert au théâtre les grands
événemens de l'histoire, ou n'auraient pas
permis de traduire sur la scène des ridicules
qui les touchaient de trop près. L'auteur comique n'a guère plus d'avantage que ses
devanciers; car, de nos jours, la susceptibi-
lité des partis a remplacé celle du pouvoir.
Dans ce siècle de liberté, on n'a pas celle de
peindre sur la scène tous les ridicules. Chaque parti défend les siens et ne permet de
prendre que chez les voisins; la presse elle-
même, ce pouvoir absolu des gouvernemens
libres, la presse veut bien dire la vérité à
tout le monde, mais comme tous les souverains, elle n'aime pas qu'on la lui dise. Et
par cette thèse, j'ai voulu non pas attaquer
mais justifier la comédie, et prouver qu'on

lui demandait plus qu'elle ne pouvait donner en exigeant qu'elle remplaçât l'histoire. — Mais, du moins, la comédie peindra-t-elle les mœurs? Oui, je conviens qu'elle est plus près des mœurs que de la vérité historique, et cependant, excepté quelques ouvrages bien rares. *Turcaret*, par exemple, chef d'œuvre de fidélité, il se trouve par une fatalité assez bizarre que presque toujours le théâtre et la société ont été en contradiction directe. Ainsi, et puisqu'il s'agit de mœurs... prenons l'époque de la régence; si la comédie était constamment l'expression de la société, la comédie d'alors aurait dû nous offrir d'étranges licences ou de joyeuses saturnales : point du tout; elle est froide, correcte, prétentieuse, mais décente. C'est *Destouche*, la comédie qui ne rit point ou qui rit peu. C'est *la Chaussée*, la comédie qui pleure. Sous Louis XV ou plutôt sous Voltaire, au moment où se discutaient ces grandes questions qui changeaient tous les idées sociales, au milieu du mouvement rapide qui entraînait ce dix-huitième siècle si rempli de présent et d'avenir, nous voyons apparaître au théâtre *Dorat*, *Marivaux*, *La Noue*, c'est-à-dire l'esprit, le roman et le vide!

»Dans la révolution, pendant ses plus horribles périodes, quand la tragédie, comme on l'a dit, courait les rues, que vous offrait le théâtre?... Des scènes d'humanité et de bienfaisance, de la sens'blerie; les *Femmes* et l'*Amour Filial* de Demoustier; et en janvier 93, pendant le procès de Louis XVI, *la Belle Fermière*, comédie agricole et sentimentale. Sous l'empire, règne de gloire et de conquêtes, la comédie n'était ni conquérante ni belliqueuse. Sous la restauration du gouvernement pacifique, les lauriers, les guerriers, les habits militaires avaient envahi la scène; Thalie portait des épaulettes. Et de nos jours, à l'heure où je vous parle, je me représente un étranger, un nouvel Anacharsis tombant tout-à-coup au milieu de notre civilisation, et courant au théâtre pour connaître d'une manière certaine et positive les mœurs parisiennes de 1835... Voyez-vous l'effroi de cet honnête étranger qui n'ose plus s'aventurer dans Paris que bien armé, qui n'ose faire un pas dans le monde, de crainte de se heurter contre quelque meurtre, quelque adultère, quelque inceste, car on lui a dit que le théâtre était toujours l'expression de la société. Comment donc expliquer cette opposition constante, ce contraste presque continuel entre le théâtre et la société? Serait-ce l'effet du hasard? Ou ne serait-ce pas plutôt celui de nos goûts et de nos penchans que

les auteurs ont su deviner et exploiter? Vous
courez au théâtre, non pas pour vous instruire et vous corriger, mais pour vous distraire et vous divertir. Or, ce qui vous di-
vertit le mieux, ce n'est pas la vérité, c'est
la fiction. Vous retracer ce que vous avez
chaque jour sous les yeux n'est pas le moyen
de vous plaire ; mais ce qui ne se présente
point à vous dans la vie habituelle, l'extraordinaire, le romanesque, voilà ce qui vous
charme, et ce que l'on s'empresse de vous
offrir. Ainsi dans la terreur c'est justement
parce que vos yeux étaient affligés par des
scènes de sang et de carnage que vous étiez
heureux de retrouver au théâtre l'humanité
et la bienfaisance qui étaient alors des fic-
tions. De même, sous la restauration où
l'Europe entière venait de nous opprimer,
on nous rappelait le temps où nous don-
nions des lois à l'Europe, et le passé nous
consolait du présent.

« Le théâtre est donc bien rarement l'expression de la société, ou du moins, et comme
vous l'avez vu, il en est souvent l'expression
inverse, et c'est dans ce qu'il ne dit pas qu'il
faut chercher ce qui existait. La comédie
peint les passions de tous les temps comme
l'a fait Molière, ou bien comme Dancourt
et Picard l'ont fait avec tant de gaieté, Colin
d'Harleville avec tant de charme, Andrieux

avec tant d'esprit; elle peint des travers tout exceptionnels, des ridicules d'un instant. » Le reste du discours de M. Scribe appartient au développement de cette idée. La réponse de M. Villemain en est la réfutation, en voici quelques lignes : « Loin de partager l'opinion que vous venez de soutenir, loin de croire comme vous que le théâtre est par état en opposition avec les mœurs, qu'il est le contrepied de la société, et que pour plaire au public il ne doit pas du tout lui ressembler, je m'en tiens, je l'avouerai, à l'ancienne opinion.

« La comédie, sans doute, n'est pas à elle seule toute l'histoire d'un peuple; mais elle explique, elle supplée cette histoire, elle ne dit rien des événemens politiques, mais elle est un témoin de l'esprit et des mœurs publiques qui souvent ont donné naissance à ces événemens; sans nommer personne elle écrit les mémoires de tout le monde. Connaîtriez-vous parfaitement le siècle de Louis XIV sans Molière? sauriez-vous aussi bien ce qu'étaient la cour, la ville? Et *Tartufe* surtout! Il n'est aucune pièce de Molière qui ne vous montre quelque côté curieux de l'esprit humain dans le dix-septième siècle, qui ne vous fasse sentir le mouvement des mœurs, et deviner le travail même des opinions sous le calme apparent de cette grande époque. Et plus tard, ce théâtre subtil et maniéré de *Dorat*, de *La Noue* ou même de *Marivaux*, que vous confondez trop avec eux, êtes-vous bien sûr qu'il soit si fort en contraste avec le temps auquel il appartient? Le dix huitième siècle si *rempli de présent et d'avenir*, pour emprunter vos expressions, n'avait-il pas dans l'oisiveté de ses classes élevées, dans l'abus de l'esprit, dans la mollesse raffinée des mœurs, quelque ressemblance avec la comédie prétentieuse qu'il applaudissait, et ne peut-on pas même trouver à cet égard plusieurs comédies de ce temps, qui, faibles ouvrages, sont peintures fidèles, et qui, peu estimées du critique, ne sont pas indignes du regard de l'historien. Quant aux bonnes comédies de la même époque, elles en disent encore plus; elles en disent trop; et le *Mariage de Figaro*, par exemple, est un renseignement incomparable pour l'histoire de la fin d'une monarchie. J'hésite à vous suivre plus loin et à me jeter avec vous, à propos de comédie, dans les annales de notre révolution. Mais à cette époque même, l'emphase sentimentale, le culte de la vieillesse, de la vertu, de l'enfance qu'étalait le théâtre au milieu des fureurs politiques, n'était-ce pas encore un trait de mœurs? Ne peut-on pas y voir le même mensonge social qui se trou-

vait dans des discours de tribune et des pro-
grammes de fêtes, et qui mêlait un jargon
d'humanité à des actes terribles?.. C'étaient
la prédication et les antiennes des ligueurs
de ce temps.

« Dans les mœurs sont compris les préjugés, les souvenirs, les regrets du peuple ;
c'est pour cela qu'il va chercher parfois sur
la scène des images qui ne sont pas l'expression immédiate de son état présent, mais
qui lui rappellent ce qu'il souhaite ou ce
qu'il a perdu. Ainsi, pour prendre vos exemples, si, pendant les années pacifiques de la
restauration, vos colonels en retraite, vos
vieux et braves soldats, vos guerriers, vos
lanciers, pardon, monsieur ! avaient tant de
faveur, ce n'est pas que ce tableau fût en
contraste avec l'esprit du temps ; c'est qu'au
contraire il le flattait en caressant un dépit
national ; et une politique clairvoyante aurait
pu démêler à ces spectacles si applaudis de
la foule une passion profonde, populaire,
que quinze ans n'avaient pas éteinte, et qu'un
jour fit éclater. — Bon ou mauvais, naturel
ou recherché, le théâtre est toujours un témoin précieux pour l'histoire des mœurs et
des opinions. — Maintenant, la comédie est
à peu près morte chez nous ; sa carrière est
presque fermée... Et pourtant ce n'est pas la
matière qui manque... Il y a de nos jours

assez de ridicules à signaler, assez de vices à châtier, assez de coupables à montrer du doigt... Il y a encore de rusés procureurs, de mauvais militaires, de faux dévots, d'ignorans médecins, de sots pédagogues, d'imbéciles bourgeois, des nobles bêtes et orgueilleux .. Il n'y a plus de Molière !

Joanny Augier.

COMÉDIE FRANÇAISE (Théatre Français).

COMÉDIE ITALIENNE. Il ne faut pas confondre la Comédie Italienne avec le *théatre Italien* Ce dernier théâtre, qui formera le sujet d'un article spécial dans notre Encyclopédie, est celui où depuis trente ans à peu près on ne joue que des opéras italiens tant pour les paroles que pour la musique. La Comédie Italienne est un théâtre de Paris connu seulement dans les deux derniers siècles, et fondé par des acteurs venus d'Italie en France vers 1557, sur l'invitation de Henri III. Les représentations de ces comédiens eurent lieu jusqu'en 1697, époque à laquelle leur théâtre fut fermé par ordre, on ne sait pourquoi. En 1616, le régent rétablit la comédie italienne et permit aux acteurs de jouer au Palais-Royal. Leurs pièces, de sujets différens et d'actions diverses, renfermaient toujours les mêmes personnages, c'étaient : « Arlequin, Scapin,

Scaramouche, Polichinelle, Trivelin, Mez-
zetin, Pierrot, Colombine, Spinette, Dia-
mantine etc. » On sait la réputation des
deux arlequins de la comédie Italienne, *Car-
lin* et *Dominique*. — Les principaux au-
eurs qui ont travaillé pource théâtre sont :
Louis Biacolleli, Lenoble, Regnard, Du-
fresny, Lamotte, puis Favart, Sedaine,
Florian et Desforges. » La comédie Italienne, toujours secondée par un grand nombre d'illustrations soit en auteurs, soit en
acteurs, fut accompagnée d'un succès constant
jusqu'en 1798, époque de sa clôture; elle
rouvrit en 1801, et se joignit à la troupe du
théâtre Feydeau. Plusieurs opéras de nos bons
maîtres ayant été joués sur cette scène, son
histoire se rattache à celle de *l'Opéra-Comique.*   JOANNY AUGIER.

COMÉDIEN, COMÉDIENNE. Celui ou
celle qui fait profession de représenter des
pièces de théâtre. On donne ce nom en général aux acteurs et actrices qui remplissent
des rôles tant dans la tragédie que dans la
comédie, le drame ou le vaudeville. — Les
plus anciens comédiens dont il soit fait mention sont Thespis et ses compagnons, qui,
barbouillés de vin et montés sur des chariots
qui leur servaient de théâtre, parcouraient
les villages, disaient des injures aux passans,
et amusaient le peuple par des contes bouf-

fons, des plaisanteries grossières, ou des chansons obscènes. Nos premiers comédiens ont été les troubadours ou trouvères, et les jongleurs. Aux trouvères succédèrent les confrères de la Passion qui jouaient des pièces appelées *Mystères* (Voy. COMÉDIE). Puis vinrent les comédiens. Les pays les plus civilisés, les villes où les beaux-arts ont été le mieux cultivés, ont toujours eu en grande estime les *comédiens*. Ainsi, à Rome la guerrière, ou plutôt la brutale, ils étaient déclarés infâmes et déchus de leurs droits de citoyen. Mais à Athènes ils étaient en haute considération.—En France, les comédiens. ont été long-temps victimes des préjugés, Vivant comme des parias au milieu de la société, frappés du mépris et du despotisme du public, ils étaient sans doute bien à plaindre. Dans le dernier siècle, vainement les comédiens avaient obtenu quelque considération parmi les classes élevées et les gens de goût, ils n'en étaient pas moins confondus par le peuple ignorant et stupide avec les saltimbanques et les baladins, et soumis aux volontés, aux caprices, aux insultes du parterre. Les grands seigneurs abusaient aussi trop souvent de l'impunité que leur donnaient leur nom et leurs titres. A la moindre faute, pour la plus légère peccadille, les comédiens étaient privés de leur liberté. A cette époque, et à l'occasion d'un procès célèbre qui regardait les principaux acteurs de la Comédie-Française, la partie adverse publia un mémoire dans lequel elle soutint que le serment des comédiens n'était pas recevable en justice, attendu qu'ils exerçaient une profession infâme et flétrie par les lois. — La malignité publique était de même avide d'anecdotes sur la vie privée des comédiens et des comédiennes ; et trop souvent de sales et méprisables pamphlétaires spéculaient sur ce penchant du lecteur au scandale. De bons et braves comédiens avaient la douleur de voir leurs actions les plus innocentes travesties et défigurées dans des romans ignobles , et rien n'arrêtait cet exemple de honteuse publicité. De nos jours, les biographies théâtrales ont bien encore quelque vogue ; elles sont rédigées peut-être avec quelque intention de malignité et de comique, mais sans aigreur, sans scandale ; les faits rapportés peuvent faire sourire le lecteur sans blesser les héros ou les héroïnes, et la pudeur publique a fait justice de ces publications où l'obscénité des faits le disputait à la trivialité du style et à la fausseté des anecdotes. — Si parfois les comédiens et les comédiennes ont prêté à la calomnie par une trop grande insouciance de conduite, des mœurs dissolues, de l'audace ou de l'indiscipline, ils ont souvent fait preuve de beaux caractères et de qualités estimables. Ordinairement les comédiens sont bons et généreux; si la bienfaisance était bannie de la terre, ce serait chez eux qu'il faudrait la chercher. Le comédien, que le clergé catholique repousse de l'église dont la première loi est la charité, fait chaque jour l'aumône. Le prêtre demande toujours, le comédien donne souvent. Venez le soir dans les coulisses, montez au foyer des acteurs, glissez-vous dans les loges des choristes et des comparses, vous y verrez toujours un quêteur ou une quêteuse rappelant les services d'un vieil artiste, ou les besoins d'une pauvre mère; toutes les bourses s'ouvrent, ceux qui n'ont pas empruntent ou font des bons sur le caissier. A ce sujet, je rapporterai qu'un jour une vive discussion s'étant engagée entre deux jeunes filles de théâtre qui se reprochaient mutuellement leurs peccadilles, l'une dit à l'autre : « On peut me re- » procher tout ce qu'on voudra, mais on ne » me dira pas que j'ai refusé de mettre à la » quête. » Ce mot-là peint la classe des comédiens. — Il faut se garder de considérer le talent d'un bon comédien comme chose ordinaire et facile; il lui faut beaucoup d'esprit et d'intelligence, une mémoire distinguée, une grande sensibilité, et même une connaissance profonde des mœurs et des caractères, puis du maintien, de la voix, de la dignité, du geste, et surtout un bon jeu de physionomie. Le célèbre Garrick possédait cet art de changer sa figure à volonté ; on raconte qu'après la mort de son ami Fielding, désirant se faire faire son portrait par le peintre Hogarth, il arriva un jour dans l'atelier de cet artiste avec le visage de Fielding qu'il avait su imiter à un tel point de ressemblance que Hogarth en fut épouvanté. — On compte certainement plus de grands auteurs que de grands comédiens. En France, ont brillé les Baron, les Lekain, les Molé, les Préville, les Talma ; en Angleterre, Kean et Garrick. De nos jours on distingue de bons comédiens non seulement sur notre première scène, mais encore sur d'autres secondaires. Si les Monrose, les Ligier, les Mars, les Dorval sont admirés chaque soir par l'élite de notre public, il sait applaudir aussi les Bouffé, les Vernet, les Déjazet et les Albert. — Aujourd'hui les comédiens ont reconquis justement tous leurs droits ; du reste, ils ont su se mêler à la foule par des qualités morales et une vie estimable, une conduite exempte de blâme et de reproche ; on ne leur conteste plus guère que le royaume céleste , et encore l'abbé Châtel se charge-t-il d'arranger cette affaire-là.

Il est avec le ciel des accommodemens.

Aujourd'hui, les comédiens sont d'honnêtes gens, mariés, pères de famille, propriétaires, gardes nationaux; et si leur profession excite encore du mépris et de la défaveur chez le sot et l'imbécile, l'homme de savoir et de bon sens les regarde et les traite comme ses amis et ses égaux.

JOANNY AUGIER.

COMESTIBLE. Ce qui se mange; synonyme d'aliment.

Malgré l'immense variété de substances que la nature fournit à l'homme pour sa nourriture, cependant il est fort à désirer qu'on parvienne à en découvrir ou à en former de nouvelles qui soient, par leur abondance et leur bas prix, de nature à préserver le peuple des effets de ces affreuses disettes qui, de temps à autre, viennent menacer son existence.

Si le vœu fait par une célèbre amie de l'humanité, de voir un jour les rivières charrier de la bouillie, ne peut se réaliser, nous croyons cependant qu'il est possible à la chimie, aidée de la physiologie végétale et animale, non de créer, mais d'opérer de nouvelles combinaisons des élémens du règne organique, de manière à en former des composés tout nouveaux, et propres à l'alimentation de notre espèce.

On arrivera à ce résultat en changeant,

par des procédés qui restent à trouver (ou
en imitant ceux de la nature que la physiologie indique), l'ordre de composition ou la
proportion des élémens constitutifs de certaines substances végétales, de ces substances
qui, bien qu'elles soient, dans leur état actuel, impropres à la nourriture de l'homme,
auraient cependant peu de changemens à
subir pour devenir nutritives.

Si cette œuvre n'est pas réservée aux chimistes de notre époque, elle sera la gloire ,
nous le prophétisons avec assurance, de ceux
qui bientôt leur succéderont.

Pour aider à cette importante découverte,
ou plutôt pour y faire réfléchir les esprits
supérieurs, mettons en regard les uns des
autres quelques principes admis par tous les
chimistes :

1° Toutes les substances végétales non nutritives se composent tout aussi bien que celles qui ont cette propriété d'hydrogène ,
d'oxigène et de carbone (quelques-unes ont
en outre un peu d'azote) ;

2° La proportion de ces élémens constitutifs pouvant, pour ainsi dire, varier à l'infini, il en résulte qu'il est possible d'avoir
une immensité de composés et que dans ce
nombre il doit s'en trouver beaucoup dont
les propriétés seraient alimentaires ;

3° Quand, dans une substance non azotée, la quantité d'oxigène est dans un plus grand rapport que celle de l'hydrogène n'est dans l'eau, cela suffit pour que la substance soit acide;

4o La même substance sera en général éthérée, résineuse ou huileuse, si au contraire c'est l'hydrogène qui prédomine;

5o En traitant la sciure de bois, de vieux chiffons de linge, etc., par l'acide sulfurique, on obtient une matière sucrée pareille à ce sucre qu'on retire aujourd'hui si facilement et si abondamment de la fécule de pomme de terre et de tous les amidons, en employant en grand le procédé de Berzélius;

6o L'on convertit facilement toutes les substances sucrées en alcool ou esprit ; de l'alcool à une substance huileuse il n'y a peut-être qu'un pas... Ce pas fait, voilà une nouvelle substance nourrissante créée (1). Déjà l'on fait du vinaigre de bois, on tire des gommes, des sucres et des alcools, de corps qui n'avaient pas de similitude avec ces substances, pourquoi n'arriverait-on pas à faire quelque chose de plus nourrissant? Une fois qu'on y sera parvenu, la classe malheureuse, assurée alors de son existence, cessera d'être en proie aux sollicitudes tourmentantes et

----

(1) Un comestible de plus mis dans le commerce.

avilissantes de la misère; elle ne sera plus obligée de vendre, pour vivre, son temps, sa liberté et son honneur. Son travail lui servira à se procurer aisément les choses confortables de la vie et ces nobles jouissances intellectuelles qui la rapprocheront des autres classes. C'est alors que l'égalité sera possible et que le véritable progrès aura lieu, et cela parce qu'on aura augmenté le nombre des comestibles! (1)

Pour mettre plus d'ordre dans ce que nous

(a) Alors aussi la science chimique nous fournira les moyens de faire et de perfectionner beaucoup de choses utiles, telles que chaussures, coiffures et autres vêtemens économiques. Nous avons déjà des pierres, des cimens, des marbres factices, de belle et bonne qualité; des cartons pierres pour couverture d'habitations, etc. Nous croyons possible de faire en outre, en étendant ou variant les procédés connus, des paillassons imperméables et incombustibles pour remplacer la tuile ou servir d'ardoise au pauvre. Il suffirait peut-être de faire pénétrer, par une forte pression, quelques mélanges de résines communes comme la poix avec des poudres argileuses et siliceuses, ou des oxides métalliques mêlés ou d'huile grasse, ou de quelques substances bitumineuses, etc., dans de vieux tissus de laine, de toile grossière ou de paille pour avoir tout à la fois des tapis de pieds, des dessus de toiture, etc., pour toutes les fortunes. L'on fera aussi des meubles délicats avec des compositions de poudres ligneuses colorées, et qu'on agglutinera avec des colles fortes et par ces fortes pressions qui durcissent les corps les plus poreux et les plus mous. Pourquoi, avec de la gélatine et autres substances tirées des membranes rendues solubles, n'imprégnerait-on pas, par exemple, de vieux bas de laine, pour en faire des bottes économiques sans couture? Il ne s'agirait ensuite que de les tanner convenablement et de les passer à l'huile, etc. On ferait de même des casquettes, des chapeaux, etc. En variant les procédés, l'on arriverait de même à faire d'autres espèces de vêtemens de toute pièce.

avons à dire dans cet article, nous allons le diviser en cinq sections.

Conditions d'une bonne alimentation.

1_o Il faut que les comestibles qu'on consacre à sa nourriture plaisent à l'odorat et au goût, ou tout au moins qu'ils n'aient rien qui répugnent à ces deux sens; 2° qu'ils aient reçu de la nature une maturité suffisante, ou de l'art une préparation convenable, telle que la cuisson, lorsqu'ils sont d'une nature farineuse, fibreuse ou animale; 3° qu'ils soient en outre variés; car, par la raison que les tissus de nos organes sont différens, il leur faut aussi des substances différentes pour les réparer, les accroître ou les entretenir. Aux muscles, organes actifs du mouvement, il faut un aliment qui leur fournisse de la fibrine. Voilà pourquoi la chair est nécessaire aux travailleurs, surtout dans les pays froids. A nos organes membraneux conviennent les comestibles féculens sucrés, gélatineux. C'est le besoin de changer d'alimens qui fait naître le dégoût pour l'uniformité du régime diététique. Ce n'est pas assez d'avoir la possibilité de se procurer des mets variés ou à élémens multiples, comme le pain et la viande, il est encore nécessaire que la

quantité en soit proportionnée, non seulement avec les forces digestives, mais aussi
avec la déperdition que l'on fait, avec l'âge
que l'on a, et la saison régnante. En général, les enfans, parce qu'ils croissent, et les
hommes de peine, parce qu'ils sont souvent
en dépense de forces, ont plus à redouter le
trop peu de comestibles que l'abondance. Il
est donc bien important de favoriser la production de tous ceux qui sont le plus essen-
tiels à la vie, de rendre facile leur importation et de dégager de toutes entraves leur
circulation à l'intérieur, d'où la conséquence:
*que le commerce des comestibles doit être
libre.*

En vérité l'on a peine à croire que des
hommes instruits aient pu manifester une
opinion opposée. Ils se sont imaginé que l'a-
griculture souffrirait si l'on supprimait les
taxes sur les viandes et sur les céréales étrangères. Cependant l'expérience a démontré que
les laboureurs ne nourrissaient pas plus de
bœufs et de vaches depuis qu'on empêchait ces
animaux de nous venir de chez nos voisins,
et que cette prime qu'on leur accordait pour
se livrer plus activement à l'engraissement,
était en pure perte et fort injustement payé
par les consommateurs. L'expérience a
aussi prouvé que les taxes sur les blés étrangers n'ajoutent que fort peu en général au

prix de ceux de l'intérieur, et n'en facilitent pas la vente, si ce n'est dans un ou deux ports de mer. Il nous est également démontré que s'il était possible que les céréales pussent entrer en France en très grande quantité, au point que les nôtres en perdissent la moitié de leur valeur, il s'opérerait une révolution dans notre agriculture, qui, au lieu de lui nuire, tournerait à son avantage. Nos agriculteurs seraient alors forcés de cultiver d'autres denrées. Ils sentiraient la nécessité d'en venir enfin à la culture des plantes sarclées, d'un grand nombre de celles qu'on appelle fourragères; et pour consommer toutes ces plantes et en tirer un bon profit, ils sentiraient aussi qu'ils n'ont rien de mieux à faire que d'élever beaucoup de bestiaux, de vaches surtout; qu'avec ces bestiaux ils feraient beaucoup d'engrais, ce qui les mettrait à même d'améliorer leurs terres et de les rendre aptes à porter davantage, et surtout de ces plantes oléagineuses (à huile, colza, navettes), tinctoriales et autres qui se vendent toujours si bien; qu'avec ces bestiaux ils feraient en outre beaucoup d'argent, en les vendant comme comestibles du premier ordre, ainsi que leurs produits (lait, beurre, fromage, cuir, etc.). Mais cette révolution en agriculture, que depuis long-temps tous les hommes instruits désirent et provoquent de toutes leurs forces, il ne faut pas l'attendre de la libre introduction en France des blés et farines étrangères. Jamais l'on n'a introduit dans notre pays, alors que les taxes ont cessé, assez de comestibles pour en nourrir les habitans pendant plus de huit jours. Et dans les temps de disette, il faudrait en acheter pour près de 200,000,000 de francs pour nourrir pendant un mois seulement nos 52,000,000 d'individus (1).

C'est donc des lumières seulement qu'il faut attendre de la culture en grand ces comestibles si précieux qu'on a nommés plantes sarclées, et cette multiplication si importante des races bovines et ovines qui doivent nous fournir un jour quatre à cinq fois plus de comestibles que nous n'en avons maintenant. Une fois qu'il sera possible pour les travailleurs de manger une demi-livre de viande par vingt-quatre à trente heures, avec des pommes de terre, carottes ou navets, œufs, laitage, etc., il y aura alors pour eux augmentation de puissance musculaire, plus d'aptitude au travail; par conséquent plus

(1) Dans ces temps le prix en est excessif et s'élève de plus en plus là où on achète, tandis qu'il tend à baisser là où l'on va les vendre, et comme il y a avec cette mauvaise chance pour des négocians de nombreuses déperditions à essuyer et des frais énormes à supporter, il n'y a pas alors d'individus ni de compagnies qui osent s'opposer à en acheter pour des sommes qui passent 50,000,000.

d'ouvrage fait, plus de richesses produites, plus de bien-être et de jouissances pour tous. Ajoutons aussi qu'il y aura plus de santé ; par contre, plus de chances de vie et plus d'énergie vitale pour résister à ces terribles épidémies qui tuent d'autant plus les hommes qu'ils sont plus mal nourris, plus mal logés et mal vêtus. Résultat final : la multiplication des comestibles par le perfectionnement de l'agriculture, outre les bienfaits que nous venons de signaler, produira encore celui qui n'est pas le moindre de tous, de rendre impossible la disette et la famine. En attendant la réalisation de ces progrès, faisons des vœux pour que le commerce de tous les comestibles soit dégagé de toutes entraves, et que la circulation à l'intérieur en soit facilitée par des canaux, des routes, des chemins de fer et surtout par des chemins vicinaux qui partent des lieux où s'en font la production et la plus grande consommation.

Ce que doit faire la police pour s'assurer des bonnes qualités des comestibles et de leur salubrité.

Il n'y a aucun peuple civilisé qui n'ait senti l'importance de veiller à la salubrité publique ; tous ont cherché à faire régner la propreté dans les rues et les maisons ; à

empêcher qu'on ne viciât l'air, qu'on ne dé-
tériorât les comestibles et qu'on n'en vendît
qui fussent malsains. Les Hébreux ont mêlé
à leurs livres religieux un code de salubrité.
Les Athéniens, les Romains avaient des magistrats pour veiller à l'abondance et à la
bonne qualité des substances alimentaires, et
inspecter les marchés et les boucheries. Nous
avons aussi des réglemens à l'observance
desquels il est bon de rappeler l'autorité.

Comestibles de nature animale.

Il faut qu'on s'assure que tous les bestiaux destinés à l'abattoir ont l'œil vif, l'air
gai, une marche facile, la peau propre
et saine, qu'ils n'ont point de pustules,
de croûtes, etc.; qu'ils ont de l'embonpoint, etc. Quand on les visite tués, il
faut que leurs organes soient trouvés dans
un état normal, c'est-à-dire sans traces d'inflammation, de gangrène ou de pourriture,
sans pustules, ni ulcères, ni engorgement;
que leurs chairs soient sans vergeture, sans
taches violettes, brunes ou noires, etc.

Il faut prohiber la vente de viandes de
toute espèce provenant de trop jeunes ani-

maux ; celle d'individus malades, toutes celles dont l'aspect est violet, bleuâtre ou noir, dont la consistance est flasque, dont l'odeur est désagréable et qui annonce ce qu'on appelle vulgairement le *passé*, *l'éventé* ou la *putréfaction*.

L'on doit exiger des bouchers, charcutiers et débitans de viandes, qu'ils ne se servent d'aucun instrument de cuivre ; que la plu grande propreté règne dans leurs boucheries, étaux et boutiques, qu'un air frais y circule facilement, qu'on les lave tous les jours, sous peine d'amende, etc.

Le poisson vieux, rance ou putréfié, est encore plus dangereux que les viandes en décomposition. On reconnaît à sa couleur d'un pâle terne, ou à une teinte violette ou verdâtre, à sa peau glutineuse, etc. qu'il vise à la putréfaction : il n'y a plus de doute quand il exhale une mauvaise odeur. Alors, il est très mal sain. S'il est salé, sa couleur d'un jaune rance, son air de vétusté, son odeur nauséabonde, doivent le faire rejeter. Dans les ports de mer la police doit veiller à ce que toutes les précautions soient prises pour que les poissons qu'on doit saler et sécher, et qu'on destine au commerce, soient salés ou fumés, et séchés convenablement, et avant qu'ils aient eu le temps de se gâter. Tout poisson altéré est fade, nauséabonde, âcre et caustique. Il peut causer beaucoup de mal à ceux qui le mangent. Quant au lait, beurre, fromage , il existe des réglemens qui défendent de vendre ces comestibles quand ils sont altérés, sophistiqués, ou quand ils proviennent de bêtes malades; mais il est difficile de les mettre en pratique. L'on sait qu'on mêle au lait de l'eau, ce qui le rend aqueux, bleuâtre et diminue sa sapidité, ou qu'on y augmente la consistance avec de la farine, ce qui se reconnaît aisément en le cuisant, car il s'épaissit alors en bouillie. On ne doit jamais le renfermer dans des vases de cuivre. Le beurre ayant la propriété de dissoudre les oxides de plomb et de cuivre, ne doit jamais être mis en contact avec des vases ou ustensiles formés de ces métaux. Le beurre rance est malsain. Celui qui en vieillissant a contracté cette mauvaise qualité est quelquefois renfermé dans de l'autre beurre qui est frais. La fraude se reconnaît en faisant ouvrir le pain. La différence des couleurs est un indice qui ne trompe guère. D'ailleurs on le goûte; la rancidité de ce comestible, lorsqu'elle n'est pas trop ancienne, peut s'enlever par un lavage et pétrissage réitérés à l'eau de fontaine.

Quant aux fromages, leur aspect et leur odeur dénoncent assez leur mauvaise qualité. Trop décomposés, ils sont âcres, d'un goût de putridité : dans cet état ils peuvent rendre malade.

Des comestibles appartenant au règne végétal.

Les céréales qui servent à faire les farines dont on fait le pain sont les plus importantes. C'est sur celles-là plus particulièrement qu'on doit exercer une grande surveillance. L'on connaît le danger des seigles ergotés, des blés chargés de carie noire, de ceux avariés par les insectes ou par l'humidité et la fermentation, etc. Tous doivent être repoussés du commerce et des marchés. Leur aspect, leur couleur et leur odeur les font reconnaître à ceux mêmes qui ne sont point connaisseurs. Les propriétaires peuvent cependant tirer parti des seigles qui ont l'ergot, en les agitant et les criblant ensuite ; des blés à poussière noire, par le lavage, etc. Les farines, lorsqu'elles proviennent de blés humides ou lorsqu'elles n'ont pas été séchées s'échauffent, fermentent et contractent un mauvais goût. Dans cet état, elles font un mauvais pain. Il faut en défendre la vente : on les reconnaît à leur tassement, à la perte de leur gluten, et surtout à leur odeur.

Une falsification qu'on dit commune dans les farines, surtout dans celles qui servent à la fabrication du pain de soldat, c'est celle qui résulte de leur mélange avec celle de haricots, de vesces, de pommes de terre. La chimie a donné des moyens de la reconnaître; mais il serait trop long de les rapporter ici.

Le pain mérite une attention toute particulière : ce n'est point assez qu'on exige qu'il ait le poids requis. Il est nécessaire qu'on veille à ce qu'il soit fabriqué avec de bonnes farines, et une levure qui ne soit point trop aigre. Il faut qu'il ne soit point compact, ni lisse; qu'il soit au contraire léger, à yeux multipliés et bien répartis, qu'il ait particulièrement un goût agréable et une odeur qui attire. Lorsqu'il est vieux, il est dangereux.

La vente des pommes de terre mal mûres, parce qu'elles n'ont rien de nutritif; celles à taches verdâtres qui ont pris naissance à la superficie du sol, au contact de la lumière, et quiont, à cause de cela, une acrimonie narcotique, devraient être prohibées. Il devrait en être de même des pois, des haricots, des lentilles, etc., lorsqu'ils sont piqués des insectes, qu'ils ont subi quelque altération par l'effet de l'humidité et de la fermentation.

Nous ne dirons rien des fruits. L'on sait que lorsqu'ils sont mal mûris ou altérés, ils sont nuisibles, surtout les prunes, et particulièrement lorsqu'on les prend en trop grande quantité.

Nous renvoyons aux articles spéciaux, *huile*, *graisse*, *épices*, *gibier*, *fruits*, etc., et à l'article *sophistication*.

De quelques précautions à prendre pour conserver les comestibles et faire disparaître en eux un commencement de détérioration.

Principe général : Pour conserver une substance organique, il faut la soustraire à l'action de l'air, de la lumière, de l'humidité, du calorique du très grand froid pour quelques-unes, et de l'électricité. C'est particulièrement la chaleur humide qui favorise le plus la décomposition des substances nutritives.

Les viandes sont conservées quelques jours de plus que leur terme ordinaire (qui est pendant l'été de vingt-trois jours, et plus du double l'hiver), (1) par le soin qu'on prend de les tenir dans un lieu sec et frais tout à la fois, où l'air venant du nord circule facilement. Pour les garder plus long-temps on les enveloppe, après en avoir enlevé l'humidité, d'un linge propre ; puis on les enferme dans un pot ou autre vase dans lequel on aura mis du charbon pilé (2). La volaille sauvage comme la privée est pré-

(1) Ce terme varie selon le degré de température, l'âge des animaux et la nature de la viande.
(2) De la poudre de charbon sec en dessous et en dessus.

servée pendant trois à quatre semaines de la putréfaction, si, tout aussitôt qu'on l'a tuée, on la place dans une cave froide, sur une table de marbre, couchée sur la poitrine et le ventre, après avoir auparavant arraché les plumes de ces parties. L'on conserve plus de temps encore du gibier et même d'autres viandes, en les enfermant dans un pot calfeutré avec de la pâte et dans lequel pot on aura mis assez de lait caillé pour le couvrir en haut comme en bas. Si l'on a une glacière, il n'y aura besoin d'autre précaution que celle d'y déposer ce qu'on veut y conserver. L'on fait voyager en Russie les volailles entourées de glace; dans le Midi, on les fait voyager tout aussi long-temps sans altération, toutes déplumées et vidées et entourées de graisse fondue dans le vase qui les contient.

Quand on ne tient plus à avoir des chairs fraîches, on les fume ou sale, par les procédés connus. Cependant un Allemand a donné un moyen de conserver fraîches les grosses viandes par milliers de livres, en les faisant cuire aux trois quarts à la vapeur; puis ensuite on les entasse fortement (1), après les avoir râpées à l'aide d'une machine. Ainsi préparées on les place dans des lieux frais. Ce procédé a quelque rapport avec celui de M. Appert,

(1) Dans des tonneaux qu'on ferme bien.

qui consiste à les cuire incomplétement, à une douce chaleur, et à les renfermer dans des vases de fer-blanc bien privés d'air.

Le poisson se corrompt plus vite que la viande. Pour retarder cette corruption, on le tient au frais sur du marbre à la cave, ou bien on l'environne de glace. ou on le plonge dans le vinaigre. Si l'on tient à le conserver long-temps, alors on le fait dessécher ou saler.

Les substances animales qui ont subi un commencement de décomposition sont ramenées à leur état primitif par un commencement de cuisson avec du charbon.

Au poisson salé on enlève la rancidité par une infusion d'eau de chaux ou de carbonate de soude.

Les œufs plongés à l'état frais dans un vase (1) rempli d'eau de chaux, (une livre suffit pour dix litres d'eau, pourvu qu'elle soit en pierre), se conservent très bien plusieurs années à la cave.

Entourés de poudre de charbon, ou frottés d'huile, ils se conservent aussi fort bien à l'abri de la chaleur, de la lumière et de la gelée.

Sur mer on conserve les jaunes d'œufs dans des tonneaux de vinaigre.

Du bœuf et du porc on fait des salai-

(1) Où il faut qu'ils séjournent constamment.

sons selon les recettes connues , etc (1).

Les céréales, ainsi que les graines légumineuses, remuées et séchées convenablement, doivent être renfermées de manière à n'avoir à redouter ni le froid, capable de les geler, ni l'humidité et la chaleur, qui les feraient fermenter, ni la poussière, ni les insectes. Les silos remplissent ce but. On peut, par économie et pour d'autres avantages encore, les faire en terre argileuse, préparée comme celle à briques. On les bâtit en forme de voûtes coniques.

On fait dans leur intérieur, lorsqu'ils sont ressuyés, un feu de branches demi-vertes, qui les durcit sans les faire fendre. Une fois secs, on y renferme les blés qu'on veut y garder, puis on referme hermétiquement, on les recouvre de paille et de terre, en ayant soin que l'humidité n'y pénètre jamais.

On se préserve de la voracité des mites, charançons, teignes, etc., en tenant les céréales et autres farineux à une température au dessous de 9 à 10 degrés, ces insectes ne mangeant ni ne pullulant qu'à une température plus élevée.

(1) Le lait, pris en bouteille, et qui a subi une légère ébullition, se garde quelquefois pendant trois mois ; le fromage, en le tenant à l'état de desséchement, ne s'altère pas, le beurre, bien dépouillé de la battue et tenu sous de l'eau fraîche souvent renouvelée, reste à l'état frais assez longtemps, comme nous l'avons déjà indiqué dans un journal d'agriculture.

L'on sait comment on conservé les pois et haricots verts. Voyez d'ailleurs ces *mots*.

Quant aux pommes de terre, carottes, betteraves, on les place dans des celliers, des caves, ou mieux dans des fosses à l'abri de l'eau et de la gelée, et que pour cela on recouvre de terre. C'est surtout réduites en farine que les pommes de terre se conservent avec toutes leurs propriétés autant d'années qu'on veut, et sous cette forme elles deviennent l'une des plus grandes ressources pour le pauvre dans les années où le pain est rare ou cher (1).

Comment dans les mauvaises récoltes il serait possible de remplacer les céréales et le pain.

Nous avons déjà dit que la culture en grand des carottes, navets, betteraves, et pommes de terre, rendrait, à l'avenir, impossibles les maux qu'enfante l apénurie des céréales et leur trop haut prix, si on la faisait coïncider avec la multiplication des races ovines et bovines. Mais la routine continuant à prévaloir, indiquons sommairement les substances qui pourraient rempla-

(1) Voyez, pour d'autres détails, les articles *lait, fromage,* pour le procédé de M. Braconnot ; les art. *fruits, légumes, pommes de terre,* etc.

cer, sinon en totalité, du moins en partie, les farineux qui font la base de l'alimentation ordinaire.

D'abord nous dirons que dès qu'il y a grande abondance d'un comestible comme le blé, susceptible d'être conservé, il faut en faire sa provision, au moins pour deux ans. Le gouvernement pour ses places fortes et même ses armées, les villes pour leurs hôpitaux et leurs bureaux de bienfaisance, et les particuliers pour leurs besoins éventuels. Les petites fortunes devraient, quand elles ne peuvent faire de fortes provisions de céréales, au moins amasser des farines de pommes de terre, faire avec ces farines qu'on broie avec du lait caillé, ou mieux, quand on le peut, avec du bon lait, des espèces de fromages qui ont la propriété de se conserver à l'état de siccité pendant bien des années, surtout quand on les a salés. Dans le besoin ces fromages, qu'on amollit à la manière des autres, deviennent d'une grande ressource. L'on doit avoir aussi en réserve autant qu'on le peut, surtout quand on prévoit de mauvaises récoltes, des viandes salées, des légumes secs, des pâtes réduites en galettes sèches, du riz, des semoules, etc.

Enfin quand une disette arrive, que toutes ces provisions sont à la veille d'être consommées, que le besoin de se procurer d'autres ressources est pressant, il faut alors recourir à beaucoup de substances qu'on eût dédaignées dans d'autres circonstances. Aussi nous allons indiquer toutes celles qui peuvent, avec certaines préparations, devenir alimentaires.

En première ligne se présentent les os, qu'on peut faire moudre, et mettre au four avec de l'eau, pour en faire des bouillons gélatineux, etc. Ces bouillons peuvent se pétrir avec les farineux qu'on a à sa disposition, et l'on en fait des galettes qu'on fait sécher pour les conserver pour le besoin journalier. On réduit aussi en gélatine par une cuisson long-temps continuée, ou à la vapeur, les cornes et sabots d'animaux, ou on les râpe pour en faire aussi des pâtes ou des bouillons.

Le sang de tous les herbivores, qu'on perd ordinairement dans les autres temps, est, dans les cas que nous supposons, d'une grande ressource ; cuit avec des graisses, des herbes ou des farineux, il fait une bonne et saine nourriture, si l'on en prend peu à la fois. On le fait sécher aussi et réduire en poudre pour le conserver ; mais le mieux est de le mêler frais avec du lait caillé ou autre, et des farines ou fécules, pour en faire des espèces de gâteaux qui, bien séchés, se conservent assez longtemps.

Pour e procurer ce genre de comestible l'on peut saigner toutes les semaines une fois, vaches, bœufs et chevaux; pourvu qu'on les nourrisse bien et qu'on ne tire pas plus d'une à trois livres de sang aux vaches, et plus de trois à cinq aux bœufs et chevaux, suivant au reste leur âge et volume. On agite ce sang pour empêcher le sérum de se séparer.

Quand on a des étangs dans un pays de disette, les riches doivent se cotiser pour en acheter le poisson, le faire saler et mettre en magasin, pour en faire faire une distribution journalière.

Nous ferons remarquer qu'il serait plus convenable de le faire râper en grand, moudre ou écraser avec des légumes secs ou d'autres farineux, pour en composer des espèces de pâtes qu'on distribuerait ensuite au poids.

Cela serait tout à la fois plus économique et plus salubre.

Les huiles, graisses, etc., pourraient se mélanger de la même manière, ou elles s'emploieraient à cuire les herbes et légumes.

Enfin, quand tous les bons alimens sont épuisés, et qu'une partie de la population est affamée, comme nous l'avons déjà vu, l'on a recours aux herbes, racines, écorces, etc. Ici il y a un grand choix à faire ; car sans un choix fait avec discernement, l'on risquerait de s'empoisonner (1).

Les herbes à préférer sont : les chicorées, les laitues, les bardanes, les chiendens, tiges et racines (surtout ces dernières qui sont très-sucrées), les orties, pimprenelles, chardons, les scorsonères des prés, etc. On fait cuire ces plantes à la manière des épinards ; on y mêle les graisses qu'on peut se procurer. L'on a aussi les fécules (qu'on extrait par un lavage répété pour en enlever les principes âcres et narcotiques) des racines ou tubercules, du colchique, de la brione, de l'arum ; la fécule des orchis n'est pas mélangée avec une substance malsaine, elle ne demande pas les mêmes préparations. Enfin, *in extremis*, l'on a, comme certains peuples du Nord, les lichens ; ceux qui ont un petit goût sucré sont à préférer ; les écorces de bouleaux et d'érables, surtout le tissu qui est sous l'écorce qui contient du sucre. Chez ces peuples ces écorces se pilent avec des os de poissons, et servent à faire une espèce de pain. Chez nous, si l'on en était réduit à ce chétif aliment, il faudrait y joindre des hachures très fines de racines,

(1) Nous avons vu de graves diarrhées-flux en être la suite.

de chiendent par exemple, et d'autres plantes à mucilage sucré, etc.

Voyez *aliment, farine, pain, pâte, salaison*, etc.

FIN DU SEIZIÈME VOLUME.

TABLE DES MATIÈRES

CONTENUES DANS LE SEIZIÈME VOLUME

	pages	auteurs.
CIVILISATION. (suite.)		V. Martin.
CIVILITÉ	53	A. Husson.
CLAIE	55	H. Lacroix.
CLAIR, CLARTÉ, CLAIR-OBSCUR	56	H. Thébaut.
CLAN	57	Touchard-Lafosse.
CLARIFICATION	63	H. Thébaut.
CLARINETTE	65	G. Ulson.
CLASSE, CLASSEMENT, CLASSIFICATION. V. science, genre, etc.		
CLAUDICATION	id.	A. Ménestrel.
CLAUSE	67	J. Augier.
CLAVECIN ET CLAVIER. V. piano		
CLAVICULE	68	N. Clermont.
CLÉ	70	H. Lacroix.
CLÉMATITE. (bot)	73	J. L. Numa.
CLERC, CLÉRICATURE ET CLERGÉ. V. ecclésiastique, église		

	pages.	auteurs.
CLIENTELLE.	75	E. D.
CLIMAT.	id.	V. Martin.
CLINIQUE.	90	V. Martin.
CLIO. V. *Muses.*		
CLIOS. (Zoologie).	94	J. L. Numa.
CLIVAGE.	id.	C. Favrot.
CLOCHE.	96	H. Lacroix.
CLOCHE DU PLONGEUR.	100	H. Thébaut.
CLOCHER.	102	Bernard.
CLOITRE.	103	J. Augier.
CLOPORTE.	110	N. Clermont.
CLOS. V. *enclos.*		
CLOTHO, V. *parques.*		
CLOUS. V. *fer.*		
CLOUS, (médecine).	111	Chambeyron.
CLUB.	114	E. D.
COAGULATION.	id.	H. Thébaut.
COALITION.	115	Danton.
COATI, (mamm).	143	J. L. Numa.
COBALT.	155	H. Thébaut.
COBÉE, (bot).	147	E. Pirolle.
COCAGNE, (pays de).	149	J. Augier.
COCARDE.	150	J. Augier.
COCCINELLES, (insec-tes).	152	N. Clermont.
COCCIA.	155	N. Clermont.
COCHENILLE.	156	N. Clermont.
COCHLÉARIA.	160	N. Clermont.
COCHON, (mamm).	162	E. Pirolle.
COCO ET COCOTIER.	174	J. L. Numa.
COCON ET COQUE. V. *insecte et ver à soie.*		
COCTION et CUISSON.	172	H. Thébaut.

	pages.	auteurs.
CODE............	179	
CODEINE.		C. Favrot.
CODEX...........	189	C. Favrot.
CŒCUM. V. *intestins.*,		
COEFFICIENT. V. *multi-plication algébrique.*.........		
CŒUR............	199	J. L. Clot-Mner.
COFFRE..........	204	H. Bernard.
COFFRES, (poisson)..	205	J. L. Clot-Mner.
COGNASSIER ET COING.	206	A. R.
COGNÉE...........	207	E. D.
COHÉRITIER.......	208	Charles Gireau.
COHORTE ROMAINE...	209	A. Letourneur.
COHÉSION..........	210	C. Favrot.
COIFFE ET COIFFURE...	213	H. Lacroix.
COIN............	218	E. Durand.
COINCIDENCE,......	*id.*	Théodore Lacombe.
COING. V. *cognassier.*.		
COKE. V. *houille.*...		
COL. V. *cou.*........		
COLCHIDE. V. *Min-grélie.*.........		
COLCHIQUE, (bot.)...	219	J. L. Numa.
COLCOTAR. V. *fer.*...		
COLÉOPTÈRES.......	220	N. Clermont.
COLÉORAMPHE......	923	J. L. Numa.
COLÈRE.	224	H. Thébaut.
COLIBRI........	227	Jérôme Boissard.
COLIQUE, ...	230	N. Clermont.
COLISÉE.	234	V. Martin.
COLLABORATEUR, COL-LABORATION. ...	240	J. Augier.

394   TABLE DES MATIÈRES.

	pages.	auteurs.
Collage, colle, colleur.	246	B. R. A.
Collége électoral. V. élections.		
Collége.	247	Eugène Lefebvre.
Collègue.	253	J. Augier.
Collier.	id.	J. Augier.
(ordre du).	id.	L. de Valvert.
(procès du).	254	J. Augier.
Colline.	265	
Collyre.	id.	N. Clermont.
Colombe.	266	Jopline G.
Colombie (république de).	270	G. Lefebvre.
Colombier.	310	H. Bernard.
Colombo.	312	A. Menestrel.
Colonage.	313	J. F. A. C.
Colonel.	316	A. Letourneur.
Colonie.	318	J. Maison.
Colonne et Colonnade.	322	E. Henrion.
Colophane.	333	H. Bernard.
Coloquinte. Voy. Cocumère.		
Coloration (des corps.) V. lumière.		
Coloris, Colorisation.	334	C. Favrot.
Colosse.	337	S. Pérault.
Colportage.	339	Al. Robert
Combat.	341	
Combustibles (corps)	342	H. Thébaut.

	pages.	auteurs.
COMBUSTION. Voy. ci-dessus et *oxigène*..		
COMÉDIE............	346	J. Augier.
COMÉDIEN		J. Augier.
COMESTIBLES.......		Thouvenel.

FIN DE LA TABLE.